JN431155

International Marketing

국제마케팅

김성호

비즈프레스

머리말

국제 마케팅과목을 강의하면서 대학원에서 공부하였던 책들과 논문 그리고 스승과 동료 교수들의 저서들로부터 큰 도움을 받았다. 그때 마다 한권의 책을 쓴다는 것은 결코 쉬운 작업이 아니라는 것을 실감하여 왔다. 그러나 교재만으로는 부족한 것을 느끼게 되어 신문과 잡지 또는 인터넷 등의 자료를 가지고 함께 읽고 토론도 하였다. 때로 이러한 과정은 진도를 지연시키기도 했지만 학생들은 더 많은 관심 내지 흥미를 보여 주었다.

평소 경영학 특히 국제경영은 현장(現場)-이 책에서는 시장(市場)-에 뿌리를 내려야 하는 친실무적(親實務的)인 학문이라고 믿어 왔다. 이제 국제경영은 더 이상 새롭거나 신기하지도 않다.

'우리는 세계, 세계는 하나'(We are the World, We are the One.)라는 노래가 널리 유행된 적 이 있다. 이제 시장은 하나의 시장으로 세계시장(Global Market)이 되어 졌고 세계의 모든 사람들이 우리의 고객이 되었다. 바로 여기에 국제마케팅의 의의(concept)와 소명(mission)이 있다.

이제 Harry Porter(哈利波特)와 Avata(阿凡达)는 런던이나 뉴욕과 동시에 서울의 Mega Box와 CGV에서 볼 수 있게 되었으며 Starbucks 커피는 전국 어디서나 Barista가 만들어 주고 있으며 젊은이들은 좁은 골목길을 막아 선채 Krispy Donouts를 기다리고 있다. 또한 오늘 저녁에도 뽀로로는 프랑스 빠리의 Michelle과 독일 뮌헨에 있는 Timmner의 눈길을 붙잡고 있으며 훈남 John과 그의 절친 Mary는 햇볕이 따사로운 오후에 Manhattan의 5번가에 있는 Caffe bene에서 만나고 있다.

언젠가 우리들이 미국에서 Kroger에 들리게 되면 JFE의 스시 김밥을 먹고 유럽에 가면 안토니의 Veiner신발을 신자. 그리고 바이어를 만날 때는 그들의 자녀들에게 樂高(LEGO) 대신 Aurora를 주고 부인에게는 Lock&Lock을 선물하기로 하자. 지금 베이징에서는 한국에서 공부를 끝마치고 돌아온 이샨샨이 이마이더(易買得)에서 辛라면과 하오리여우파(好朋友)를 카트에 담고 있을 것이다.

이 책에서 다룬 사례들은 강의실에서 학생들과 함께 읽고 공부하였던 내용들로 부족한 부분들이 많다. 따라서 이 책은 저자의 시각이나 설명만이 아니라 미래의 고객이며 경영인이 될 그들의 시각이며 경험담으로 저자는 '미래의 주인공들'이 보고 느낀 것들을 수정하고 보완한 결과물이다.

이제 마음속 깊이 감사하여 할 단체가 있다. 바로 한국국제경영학회와 한국국제경영관리학회이다. 이들 학회가 여름방학 때마다 중국-홍콩-몽골-태국-인도네시아-인도-일본-베트남 등지에서 개최한 해외 세미나와 현지국 기업들의 방문을 통하여 국제경영의 이론들이 구체적으로 접목(接木)되고 실현(實現)되는 현장의 모습들을 살펴 볼 수 있었다. 특히 권영철회장(영남대), 이광철회장(홍익대), 이철회장(서강대), 신만수회장(고려대), 김종식회장(한림대), 이중우회장(인제대), 김주헌회장(숙명여대), 박상철회장(전남대), 정기성회장(강릉대) 등에게 감사를 드린다.

마지막으로 이 책을 통해 읽고 배웠던 모든 내용들이 멀지 않은 장래에 이 땅의 젊은이들에 의하여 체험되고 실현하는데 있어 크게 도움이 되었으면 한다.

2012년 3월 봉담에서

김성호교수/harveykim@hanmail.net

차 례

제4장 국제마케팅의 정치적 환경

제5장 국제마케팅의 문화적 환경

제6장 국제마케팅과 해외시장조사

제7장 국제마케팅에서의 세분화 및 표적시장 전략

제8장 국제마케팅의 제품전략

제9장 국제마케팅의 가격전략

제10장 국제마케팅의 유통전략

제11장 국제마케팅의 촉진전략

제12장 글로벌 시대의 국제마케팅

제 1 장

기업의 국제화와 국제마케팅

제 1 절 기업의 국제화

국제화와 개방화 그리고 정보화를 특징으로 하는 글로벌시대인 21세기에 이르러 기업들은 본래적으로 수행하여야 할 기업활동 가운데 특히 시장활동 즉 마케팅에 집중적인 노력을 기울이고 있다.

기업은 그들이 투입하는 자원이나 종사하는 분야에 상관없이 생산활동-마케팅활동-인사와 조직활동-재무활동을 수행하게 된다. 그러나 점차로 고객들은 상품에 대하여 효율적인 가격(reasonable price)을 최우선의 조건으로 선택하고 있으며 시장은 세계의 고객을 지향하는 등 이미 국내(國內) 또는 내수(內需)라는 지리적인 한계를 벗어났다.

또한 기업을 움직이는 조직 구성원이나 이들의 관리문제는 생산에 필요한 자원의 조달(sourcing)이나 지역 및 시장관리를 위한 국제적인 인물의 고용(employment) 및 배치(placement)등으로 이미 오래전부터 활발하게 이뤄져 왔으며 생산과 마케팅 활동 등에 필요한 투자자본이나 재원에서의 자본의 조달(調達)과 운용(運用)도 이미 세계의 금융시장을 통하여 이뤄지고 있다.

이제 기업들의 경영활동은 지역과 시장은 물론 심지어는 국가와 국경을 뛰어 넘으면서 (borderless and stateless) 성장하고 발전하면서 계속기업(going concern)으로서의 역할을 다하게 되었다.

기업이 국내에 생산시설과 시장 및 소비자를 갖고 있고 목표로 하고 있을 경우 내수기업 또는 국내기업이라고 부르지만 이와는 반대로 상품과 서비스를 외국의 시장과 고객을 상대로 하여 거래를 하고 교역을 할 경우에는 수출기업이라고 한다.

한편 수출 대상국이 1, 2개국에 머무르지 않고 다수의 해외시장을 대상으로 할 경우에는 국제기업이라고 부르고 있으나 세계의 시장(global market)을 하나의 시장으로 보면서 지역이나 국가(state) 또는 국적(nationality)에 제한을 두지 않고 이윤을 창출하는 지역을 중심(profit center)으로 사업 및 경영활동을 수행하는 기업은 글로벌기업(global enterprise) 또는 다국적기업(multinational corporation)이라 부르고 있다.

다음의 〈표 1-1〉은 기업의 국제화과정이 국내에서의 경영활동에서 점차로 해외로까지 확장하면서 본격적인 국제적인 경영활동으로 발전하기까지를 단계별로 보여 주고 있다.

〈표 1-1〉 기업 국제화의 단계 및 특성

구 분	단 계	중 요 한 특 징 들
1 단 계	국 내 기 업 단 계	국내 시장활동에 국한
2 단 계	수 출 이 전 단 계	수출 및 해외시장에 대한 관심 고조
3 단 계	시험적 진출 단계	제한적 수출시도(간접수출/단기이익추구)
4 단 계	적극적 진출 단계	국제마케팅활동(신시장 개척/직접 수출)
5 단 계	국 제 기 업 단 계	기업 보유자원의 국내·외 배분

자료: S. Cavusgil & J. Nevin, "Int'l Determinants of Export Marketing Behavior; ;An Empirical Investigation,", *Journal of Marketing Research*, Vol.,18, 1981

위의 〈표 1-1〉에서와 같이 단계에 상관없이 국내시장지향에서 국제시장지향으로의 경영활동을 수행하는 글로벌시장(global market)은 국내시장보다도 더 높은 이익 마진(profit margin)의 제공, 투자에 대한 회수율(rate of return on equity investment)의 증대, 시장점유율의 확대를 가져오는 기회(opportunity)의 제공 등을 통하여 기업의 국제화(internationalization)와 다국적화(多國籍化)를 촉진시키고 있다.

물론 국제화를 추구하는 기업들은 아래의 〈표 1-2〉에서와 같은 이질적인 기업환경의 조건을 특징으로 하는 해외시장에 관련하여 정부와 경제 그리고 법률 및 사회·문화적인 측면 등을 사전적으로 검토하여야만 한다.

〈표 1-2〉 국제화시향의 기업들이 검토해야할 현지국의 기업환경

정부	법률
· 정부의 안정성 · 정부의 형태 · 산업에 대한 정부의 역할과 개입의 정도 · 민간 기업에 대한 태도 · 외국인투자에 대한 태도와 정책 · 산업 및 개발 정책	· 외국인 투자에 대한 법률 · 자본/수익/로열티의 송금 조치 · 타국과의 무역 및 투자협정 · 공해 및 제품에 대한 법률 · 조세 및 회계 제도 · 노동과 근로의 관계 법률(후생/보험제도등)
경제	**사회 · 문화**
· 경제성장율 및 발전 단계 · 1인당 GNP · 인구 증가율 및 인구 분포 · 인플레이션율 · 주요 상품 보급률(전화/PC/TV/자동차 등)	· 교육 제도 및 수준 · 주택사정 및 생활비 수준 · 신제품 과 기술에 대한 태도 · 과학적 방법과 관행에 대한 친근감 · 종교(신앙 태도/도덕관)

자료 : 어윤대· 김성호 외, 국제경영, 학현사, 1988

기업의 국제화를 촉진시키는 동기들은(motives) 다음의 〈표 1-3〉에서 보는 것 처럼 매우 다양하다. 이는 경영활동의 확대 내지 이익추구에서 비롯되기도 하지만 판매시장의 추구(search for selling market)를 위하여 내수시장의 포화(market saturation)나 국내에서의 시장규모로는 더 이상의 규모의 시장(economy of scale)을 실현할 수 없을 경우 또는 수출환경의 악화에도 불구하고 해외시장을 유지·확대시켜야 할 필요성이 클 경우이다.

〈표 1-3〉 국제화의 촉진 또는 억제 요인

국제화의 촉진 이유	국제화의 억제 요인
1. 국제무역환경 자유화(무역장벽 감소 등) 2. 기술·경제적 요인(기술변화/물류비 감소) 3. 통신수단의 발달(지구적 조정 가능) 4. 소비자 기호 동질화(현지 적합성 증대)	1. 신보호무역주의·지역주의 등장 2. 기술·경제적요인(수송·물류비용의 한계) 3. 조정 비용 증가(지구적 정보 비용증대) 4. 국가 간 시장 차이(관습/시장 구조/ 소비자의 기호(嗜好)의 다양성 등)

자료 : 어윤대· 김성호 외, 전게서, 1988

특히 인터넷을 중심으로 하는 통신수단의 발달은 국제화를 촉진시키는 전형적인 요인이 되고 있다.

미국 최대의 유통업체 Walmart는 15년 전 중국에 선전(深川)지역에 첫 매장을 내며 진출한 이후 350여개 점포를 냈다.

세계 최대의 소비 시장으로 커가는 중국에 사활(死活)을 걸고 깊숙하게 들어간 것이다. 그러나 매장 수가 수백 개로 늘어나면서 월마트 식(式) 경영과 문화를 일관되게 이식(移植)하기가 쉽지 않다는 문제가 등장하게 되었다.

그렇다고 해서 매장마다 회계 · 총무 · 인사 · 고객 관리 등을 담당할 직원을 미국 본사에서 수십 명씩 따로 파견할 수도 없는 없었기에 WalMart China는 '공유 서비스 센터(Shared Service Center)'를 도입했다. 이 SSC 방식은 세계에 흩어진 해외 법인의 업무를 통합하여 효율성을 높이는 경영 기법으로 이미 IBM에서는 글로벌 통합 콜센터가 세계에서 걸려오는 고객들의 문의 전화를 접수하여 총괄적으로 업무를 수행하고 있다.

Walmart는 상하이(上海) · 창두(昌都) · 후저우(湖州) · 선전에 IT 개발센터 · 지출관리센터(Expense Center) · 회계센터 · 다(多)기능센터를 설치하여 중국 전 매장에서 발생하는 모든 전표(월급 명세서 포함)의 처리를 창두의 '지출관리센터에서 관리하고 전(全) 매장의 회계는 후저우의 회계센터가 담당하게 하였다.

또한 IT 업무는 상하이, 기타 지원업무는 선전에서 맡게 하여 소수의 관리자를 통해 중국 모든 매장의 경영상황을 미국 본사에서 한눈에 파악하고 통제할 수 있게 하였으며 이러한 중앙 집중식 시스템은 결과적으로 전체 Walmart China의 관리자 비중을 40%에서 22%로 줄게 하였다. 이러한 중앙집권식 통제로 경영 효율성을 제고시키려는 공유서비스는 아웃소싱과 유사한 개념으로 오래 전 부터 기업현장에서 적용되어 왔다. 즉 70~80년대의 경우 직원 수 2~3명의 중소규모 해외 수출상사들은 인건비 절약을 위하여 같은 건물에 있는 유사업체 3~4개가 서무 직원을 공동으로 채용하여 전화 응대(고객 관리)와 각종 지출 전표를 처리(회계 관리)하며 각종 타이핑 업무(IT지원 서비스)를 담당하는 식으로 단순한 '비용 절감'이라는 수준에서 관리 인력 감축을 통한 경영효율의 향상만이 아니라 일사불란(一絲不亂)한 글로벌 경영체제를 구축 하였다.

Walmart나 삼성전자 같은 글로벌 기업이 해외에 매장이나 공장을 설립할 경우, 공유서비스는 최소한의 인력으로 글로벌 통합 운영체제를 만들 수 있는 도구가 되고 있다.

SSC를 통해 각 기업이 부수적으로 얻는 소득은 내부 혁신이다. 예를 들어 30여 개의 해외 법인에 IT 담당자가 10명 단위로 흩어져 있을 경우 매일 반복적인 IT 지원 업무만 할 수밖에 없으나 이들을 300명의 대조직으로 개편하면 혁신적인 시스템 개발이 가능할 수 있다.

현재 SSC의 주된 영역은 사원교육 · 회계 · 고객관리(콜센터 등) · 비품구매 · IT 지원 등으로 본사의 경영 방침을 명확하게 표준화하고 전파하기 쉬운 분야이다. 그러나 전문가들은 앞으로는 데이터 분석이나 시장 조사 · 법무와 같은 비(非)정형적인 업무에도 SSC가 도입될 것으로 전망하고 있다. 물론 이는 클라우드 컴퓨팅의 도입으로 세계 어디에서나 본사 시스템의 접속에 의한 각종 정보의 공유화가 가능하게 되었기 때문이다.(조선일보, 2011. 12.5)

국제화를 촉진(促進)시키는 또 다른 요인은 특정의 기업이 원자재의 조달(search for raw materials)을 위하여 기업의 다국적화(多國籍化)를 시도하는 경우이다.

또한 점차로 상품 수출에 의한 해외시장 진출이 어려워지면서 기술 또는 경영 등의 노하우 이전(移轉)과 WTO의 영향력 증대로 세계시장(global market)의 전면적인 개방이 실현되면서 해외시장진출에 대한 기회가 확산되는 시장환경에 적극적으로 대응하기 방편으로서도 기업들의 국제화는 지속적으로 이뤄지고 있다.

뿐만 아니라 기업들의 다국적화(多國籍化)는 EU, NAFTA, ASEAN 등 점차로 확산되는 세계경제의 블록화현상에 대한 대응으로서도 촉진(促進)되고 있으며 반트러스트법(Anti-Trust Act)이나 공정거래법(Fair Trade Law) 또는 환경오염 규제에 관련한 국가들의 경제정책을 회피하기 위해서도 적극적으로 이뤄지고 있다.

더불어 기업의 최고경영자(CEO)가 기업의 글로벌화 또는 국제화에 대하여 적극적인 의지를 갖고 경영활동을 수행하려는 것도 다국적화의 직접적인 요인이 되고 있다.

그러나 기업의 국제화는 이윤의 창출이 가능한 시장이면 상품의 수출은 물론 현지국에 대한 간접 및 직접투자로 부(富)를 축적하는 과정에서 현지국의 경제성장을 가져 오기도 하지만 다른 한편으로는 현지국 또는 투자국의 국민들과 불화(不和)를 발생시키는 원인이 되기도 한다.

이는 현지국의 기업과 소비자들이 자신들의 시장이 점차로 좁아지고 저렴(低廉)한 임금과 열악(劣惡)한 노동조건 및 미비한 환경여건에 대한 관심이 높아진 것도 있지만 국민 경제적인 측면에서 자주적인 국가를 회복하려는 이유도 있다.

한편 다국적 경영활동을 수행하고 있는 국제기업들은 현지국의 정부로부터 재산을 몰수(confiscation) 당하거나 명목상의 보상(報償) 등을 통한 재산의 수용(expropriation) 또는 시장 점유율이나 고용정책 등에서의 규제조치, 자본·인력·기술의 이전에 대한 제한, 계약의 일방적 파기(破棄)나 변경, 또는 현지 진출기업(인)에 대한 폭행이나 폭동과 같은 물리적인 피해까지도 당하고 있다.

제 2 절 국제마케팅의 의의

마케팅이란 특정한 기업의 특정한 시장에서의 모든 활동을 의미하는 것으로 미국 마케팅학회에서의 '상품 또는 서비스를 생산자로부터 소비자 또는 사용자에게 유통시키는 것에 관련한 경영활동의 수행을 의미한다.'는 정의와 같이 기업의 기본적인 경영활동(business activities)이다.

Philip Kotler교수는 마케팅을 '선택된 고객들의 니즈와 욕구를 이익을 올리면서 충족시키려는 목적으로 고객에게 투하되는 기업의 자원·정책·활동을 분석하고 조직하여 계획하고 통제하는 것'이라고 하면서 '교환과정을 통하여 인간의 욕구를 충족시키려는 조직(organization)의 활동으로까지 확대하여 설명하고 있다. 결국 마케팅이란 '시장활동 내지 대 시장활동(對市場活動)'이라고 할 수 있다.

최근 Kotler교수는 [마켓 3.0]이라는 저서에서 '조직의 구성원을 파트너로 생각하고 주주를 감동시키며 고객과 함께 호흡하여야만 기업의 성공을 가져 온다'고 하면서 마켓 1.0의 시대는 '제품 중심'이었으며, 마켓 2.0의 시대는 '소비자 지향의 시대'이었으나 마켓 3.0의 시대는 '고객의 영혼까지도 감동시켜야 하는 가치 주도의 시대'라고 강조하고 있다.

다음의 〈표 1-4〉는 P. Kotler 교수가 주장하는 시대별 마켓의 유형을 요약한 것이다.

〈표 1-4〉 1.0 시장, 2.0 시장, 3.0 시장의 특징

	1.0 시장	2.0 시장	3.0 시장
목 표	제 품 판 매	고객 만족 및 보유	더 나은 세상만들기
동 인	산 업 혁 명	정 보 화 기 능	뉴 웨이브 기술
기업의 시장 인식	물리적 필요성의 대중 구매자	이성과 감성을 지닌 영리한 소비자	이성과 감성, 영혼을 지닌 완전한 인간
핵 심 컨 셉	제 품 개 발	차 별 화	가 치
기업의 지침	제 품 명 세	기업/제품의포지셔닝	기업의 미션과 비전, 가치
가 치 명 제	기 능	기능과 감성	기능, 감성, 영성
소비자와의 상호작용	일대다(一對多) 거래	일대일(一對一) 관계	다대다(多大多) 협력

P. Kotler(안진환역), 자료: 마켓 3.0, 타임비즈, 2010, p. 23

흔히'판매(販賣)'로 번역되는 Selling은 기업이 제품이나 서비스를 생산하고 고객을 설득시키기 위하여 사용하는 판매 방법(技法)을 말하는 것으로 기업은 공급수준에 맞는 소비 수요에 관심을 가져야만 한다.

그러나 점차로 시장에서의 경쟁이 치열해 지면서부터는 상품의 판매 이후에 이뤄지는 A/S 보다는 B/S에 대한 중요성이 점차로 커지고 있다.

현대자동차는 '찾아가는 Before Service'를 전개하면서 'New Thinking, New Possibilities'라는 슬로건을 내세우고 적극적으로 수행하고 있다.

이는 판매점을 방문하는 고객들이 편안한 마음으로 상담을 할 수 있게 오감만족(五感滿足)의 전시장을 지향하는 가운데 전시용 전용 음악, 현대 오감차(茶), 현대 특별향(香), 스마트 뷰 편안한 상담공간을 통한 차별화된 서비스와 함께 고객응대에서의 대한 품질향상을 위한 CS 컨닥터제도를 도입하고 있다.

그리하여 'Before Service'를 통하여 업계 최초로 전국의 32개 점포를 위한 전담 순회반의 운영(2006년)과 홈페이지를 통한 서비스신청(2008년) 등으로 95% 이상의 만족도를 얻게 되었다. 또한 차량에 대해서는 A/S의 일환으로 Blue Service제도를 도입하여 멤버십카드로 자동차관리서비스, 생활제휴서비스, 통합 포인트서비스 등과 같은 체계적인 서비스를 통하여 치열한 자동차 판매시장에서의 지속가능한 경영활동의 대안(代案)으로 삼고 있다.

마케팅은 고객의 원하는 것(needs)을 발견하고 이를 만족시키는 가운데 그들의 수요 의지에 맞는 상품이나 서비스를 공급하려는 활동인 것이다. 따라서 마케팅은 소비자가 단순히 목이 말라(thirsty) 물을 찾는 수요(needs)에 그치지 않고 그들이 시원한 음료수를 마시려(drink)는 욕구(wants)까지도 충족시키려는 것이다.

그러므로 Selling이 단순하고 수동적이라면 Marketing은 훨씬 적극적이고 기술적인 소비자를 위한 판매지향적 접근법(技法)이다.

다음의 〈표 1-5〉는 Selling과 Marketing의 차이를 가치기준, 기업의 입장 및 관리방법과 계획으로 나누어 정리한 것이다.

〈표 1-5〉 Selling과 Marketing의 구분

Selling	Marketing
• 가치는 곧 상품 • 먼저 상품 생산한 이후 판매 • Management는 판매량의 제고 지향 • 계획은 단기간의 상품이나 시장을 목표	• 가치는 곧 고객의 욕구 • 먼저 고객 욕구 결정 후 상품 개발-생산 • Management는 이익의 창출 지향 • 계획은 장기적 차원에서의 상품 개발과 지속적 성장 지향

한편 V. Pulmutter는 국제마케팅을 수행하며 기업들이 시장에 진입하여 확장시키는 과정에 대하여 다음의 〈표 1-6〉에서와 같은 EPRG 이론으로 설명하고 있다.

〈표 1-6〉 V. Pulmutter의 EPRG 이론

본국시장중심(Ethnocentric)	• 국내 시장지향의 내수 상품 생산 • 해외시장을 세계시장의 확장으로 인식 • 해외지사를 본국 소속으로 인식 • 본국 임원이 관여, 통제
해외시장중심(Polycentric)	• 해외지향 • 해외시장을 겨냥한 제품 생산 • 본국에서 예산 통제 • 현지 관리자들은 본국 결정을 무시 못함
지역시장중심(Regiocentric)	• 기본적으로는 글로벌 지향 • 세계를 단일시장으로 인식 • 생산은 국내, 판매(시장)는 세계 • 중요 사항은 본국에서 결정
세계시장중심(Geocentric)	• 생각은 현지화, 활동은 현지화 • 독립적으로 네트워킹화한 전문기업 • 총체적인 사업을 세계 시장지향으로 수행

Howard V. Pulmutter & Davis Heenan, Multinational Organizational Development, 1919, Addison-Wesley, USA

제 2 장

국제마케팅의 환경

제 1 절 국제마케팅환경의 의의

시장에서의 환경들이 유사한(homogeneous) 국내 마케팅과는 달리 국제 마케팅은 정치와 사회 그리고 법과 제도는 물론 상관습(商慣習)과 유통채널 그리고 고객까지의 모든 경영환경이 서로 다르다(heterogeneous)는 점에서 큰 차이(differences)를 보인다.

이러한 국제마케팅은 해외시장에 진출하는 단계(stages) 내지 성장하는 과정(process)에 따라 다음과 같이 구분할 수 있다.

첫째는 국제마케팅의 처음 단계로서 해외에서의 요구, 즉 수입업자의 요청에 따라 상품을 공급하는 단계인 수출마케팅(export marketing)이다.

둘째는 수출에 의한 상품의 해외진출이 늘어나고 수익이 증대됨에 따라 주재원의 파견이나 현지법인의 설립 등을 모색하는 단계이다. 이는 현지에서의 상품 서비스나 고객행동에 대한 조사 및 의존도가 커지는 해외마케팅(overseas marketing)의 단계이다.

셋째는 해외마케팅의 활동 내지는 본국 기업에 미치는 영향이 커지면서 단순한 시장활동에 머무르지 않고 현지에서의 유통채널의 확대 및 생산을 고려하면서 본국보다는 현지국의 상황에 밀착하게 되는 다국적 마케팅(multinational marketing)의 단계이다.

넷째는 세계 여러 곳의 지역(國家)이나 시장에 진출하여 마케팅활동을 수행하는 단계로 해외에 복수의 생산입지와 시장을 갖는 범세계적 마케팅(global marketing)이다. 이는 세계를 하나의 시장으로 보면서 생산이나 판매는 물론 유통채널과 광고에 이르기까지를 통합하여 계획하고 관리하며 통제하는 단계이다.

따라서 본격적인 마케팅활동 수행을 위해서는 진출국의 경제동향, 시장수요의 패턴, 경쟁여건, 유통구조나 마케팅관련의 법률이나 규제, 정부정책 및 정치적 환경, 경제와 사회 그리고 문화 등과 같은 통제불능(uncontrollable)의 요소들을 극복하고 이용할 수 있어야 한다. 나아가서는 해외에서의 마케팅환경들을 내부에서의 강점과 약점 그리고 외부환경에서의 기회와 위협을 찾아내어 잘 활용할 수 있어야 할 한다. 그리하여 국제 마케팅활동을 수행하려는 기업들은 다음의 〈그림 2-1〉에서와 같이 장기적인 측면에서 계획을 수립하여야 할 것이다.

〈그림 2-1〉국제 마케팅활동을 수행하려는 기업들의 마케팅 환경의 내용들

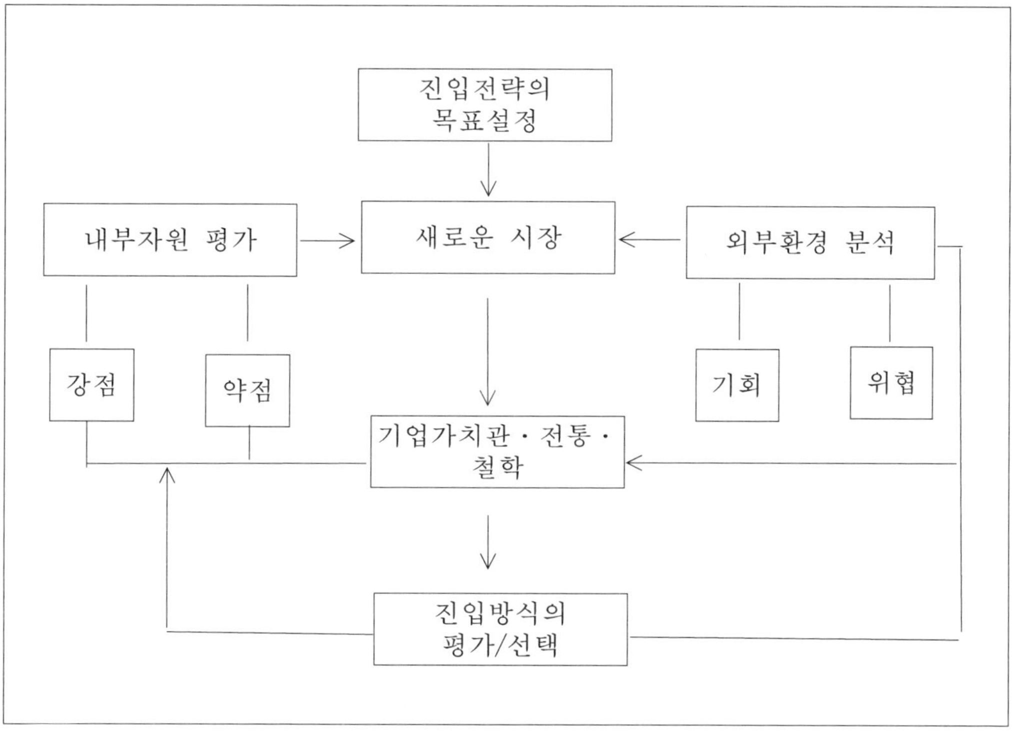

특정의 기업이 제품을 생산하여 시장에 상품으로 판매를 할 경우에는 먼저 효율적인 생산에만 집중하는 생산지향의 경우가 있고, 더욱 좋은 제품의 생산을 제조 및 개발하려는 제품지향이 있으며, 자사의 상품을 구매하는 소비자에 대한 판매지향의 경우가 있고, 목표로 하는 시장의 수요와 욕구를 파악하여 이를 충족시키려는 마케팅지향이 있으며 끝으로는 기업의 이익과 소비자의 만족 그리고 사회적 이익을 조화시키려는 사회지향의 경우가 있다.

이는 국내의 시장에서 국내의 소비자를 만족시키기 위하여 요구되는 것이지만 국제적인 시장, 곧 국제마케팅의 경우에서도 동일하게 해당되는 것이다.

그리하여 마케팅 환경은 크게는 거시적 환경(macro environment)과 미시적 환경(micro environment)으로 구분하여 볼 수 있다.

먼저 전자의 경우는 통합정보시스템을 도입하여 업무의 신속화와 효율화를 얻으려는 기술 환경, 환경 친화적 자연보호 및 탄소배출과 같은 자연환경, 사회 기본적인가치와 문화적 관습 등에 관련한 사회문화적 환경, 경제체제, 경쟁유형, 시장형태 등 경제 환경, 시장을 형성하는 기본적인 요소인 특정 지역의 인구에 대한 정서(情緖)나 소득(所得) 및 여가 형태 등에 관련한 인구 통계적(人口 統計的) 환경, 특정의 기업이 속한 국가의 정치와 법률 등의 환경 등이 해당된다.

후자에는 제품이나 서비스를 구매하여 소비하거나 사용하는 고객, 물품의 제조에 필요한 원자재를 조달하여 주는 공급업자, 공장에서 제조된 제품을 소매업이나 중간 도매상 또는 시장에 조달·유통시키는 중간상, 물품을 제조하고 판매하는 당사에 대하여 시장에서 가격이나 품질 등에서 시장점유율을 제고하려는 경쟁자, 제품의 생산과정이나 유통 등이 각 단계에서 요구되는 관계 당사자들이 그들의 입장과 입지를 옹호하기 위하여 설립된 노동조합 등이 속한다.

그런데 이러한 마케팅환경에서 정치나 법률 그리고 문화와 상관습이 동질적인 환경(homogeneous environment)하에 놓여있는 국내의 경우 비록 서로 간에 겪고 부딪히게 되는 갈등이나 문제점이 야기(惹起) 될지라도 어느 정도의 시간이나 협상 과정을 거치게 되면 해결되고 조정될 수 있으나 해외의 경우에는 법률이나 제도는 물론 특히 언어와 상관습 등 문화적인 차이가 큰 이질적 환경(heterogeneous environment)이기에 상당한 시간과 함께 충분한 협상의 단계 내지 과정이 요구되고 있다.

이를 극복 내지 조화를 이루는 것은 현지에서의 활동 즉 국제 마케팅활동에서의 성공 여부에 직결되는 것으로 해외 시장에 대한 의존도(依存度)가 크면 클수록 이의 중요성에 대한 인식은 더욱 장기적이고 종합적이어야 한다.

여기서 장기적이라는 것은 현지국(host country)에서의 성과(output)가 즉시 나타나지 않는다는 의미도 있지만 그보다는 오랜 시간에 걸친 탐색(survey)과 조사(research) 그리고 실질적이고도 구체적인 투자와 노력이 필요하다는 것이다.

또한 종합적이라는 것은 특정의 담당 부서나 또는 지역이나 국가(市場)에만 국한되는 것이 아니라 본국(home country)의 본사(HQ)와 현지의 지사(Branches)가 함께 협력(collaboration)하고 노력(cooperation)하여야 한다는 것이다.

제 2 절 이마트와 이마이더

1. E-Mart의 등장

지난 1930년에 설립된 한국 최초의 백화점인 미스코시 경성점(京城店)을 1963년에 인수한 삼성그룹의 신세계 백화점은 1967년에 국내에서는 최초로 바겐세일을 실시하였다. 또한 1969년에는 크레디트 카드 제도를 도입하면서 본격적인 의미에서의 근대적 유통산업을 일으키고 활성화시킨 증인이며 산 역사이다.

한국의 유통산업분야에서 이마트는 전국 최대 점포망에서 오는 강력한 바잉파워를 통한 규모의 경제 실현, 첨단 정보시스템의 운영, 전국망을 연결하는 3개의 물류센터 운영으로 전국 단일 물류망 구축, 적극적인 상품 개발 및 기획, 고객중심의 매장 운영 및 판매, 할인업계를 선도하는 강력한 마케팅 전략, 유통업계 최고의 인재들이 모인 조직에서 오는 경쟁 인프라가 뛰어나다는 점에서 높은 인지도를 갖고 있다.

그리하여 매출, 이익, 시잠점유율(M/S), 그리고 고객만족에서 브랜드 가치 등에서 지난 13년간 전 부문 1위 자리를 차지하며 비약적인 성장을 계속하여 오고 있다.

이러한 강점(strength) 으로 1993년 11월에 국내에서는 최초로 대형 할인점인 이마트를 서울 창동에 설립, 운영하고 있으며 2006년에 이르러서는 세계 1위의 유통기업인 월마트의 16개점을 인수하였다.

또한 중국에서는 이마트 1호점인 취양점(상하이)을 시작으로 루이홍(상하이), 인뚜이(상하이), 아오청(텐진), 팅구(텐진), 무단장(상하이), 싼린(상하이) 등에 7호점을 개점하는 등 눈부신 글로벌 경영활동(global business activities)을 수행하고 있다.

이제 국내에서의 이마트의 발전 단계 또는 성장 과정을 시기별로 구분하여 살펴보기로 하자.

1) 태동기(1993 - 1996)

국내에 할인점이 최초로 선을 보이기 시작한 시기는 1993년을 전후(前後)해서이다. 이마트는 창동에 이마트 1호점을 오픈하면서 국내 최초의 할인점 탄생을 기점으로 일산, 안산, 부평등 서울 인근 지역부터 개점(開店)하기 시작하여 2007년 4월 현재 상주점에 이르기까지 106호점을 개점하였다.

당시 국내에서는 뉴코아 백화점이 대대적인 부동산 투자와 더불어 중소형의 점포인 킴스클럽을 점포를 지속적으로 확장하였던 시기였으며 해외로부터는 프라이스 클럽, 까르프, 마크로 등이 국내에 속속 진출하였던 시기였다.

그러나 이마트는 LOW COST OPERATION(이하 LCO)을 바탕으로 하여 EVERY DAY LOW PRICE라는 캠페인성 슬로건으로 하여 저렴한 가격(competitive price)을 무기로 유통업계에서의 막강한 영향력을 통하여 새롭고 참신한 쇼핑문화를 이끌 수 있었다.

물론 여기에는 소비자들이 과거와는 달리 가격대비, 실용성 합리성으로 대변되는 원가의식 내지는 가격의식(price-conscious)에 의한 쇼핑태도 또는 의식이 정착되고 있는 시대적 흐름도 큰 이유가 되었다.

2) 성장기(1997 - 1998)

이마트는 LCO, EDLP를 기본으로 하여 디스카운트 스토어로서의 입지를 굳히면서 본격적인 외국계 할인점의 진출에 맞서고 있었다.

당시 국내에는 까르프와 월마트가 진출하고 있어 국내 할인점들은 경영에서의 어려움을 겪고 있었으나 이마트는 1997년부터 비롯된 IMF의 경제적 위기로 인하여 그 어느 때보다도 가격에 민감해진 소비자들에게 반사이익(反射利益) 또는 호기심(好奇心) 이상의 관심을 끌 수 있었다.

예를 들어 '최저가격 2배 보상제도'를 도입하여 동일 상권에서 만일 이마트 보다 싼 상품이 있을 경우(가져오면) 차액의 두 배를 환불해 주는 제도의 도입이라든지 1차 식품의 신선도 만족 보장제 및 지역단체에 대한 재정 지원 등이다.

1997년부터 산업의 분야와 업종에 구분이 없이 어렵다고 하는 이른바 IMF 경제의 난관속에서도 한국 최초로 제조업체와의 공동작업으로 '자사상표(Private Brand)제도'를 도입(최초의 PB 제품은 E-plus우유이다)하였을 뿐만 아니라 '계산착오 보상제', '101가지 서비스', '무조건 교환 환불제' 등 새롭고 다양한 전략을 구사하였다.

3) 성숙기(1999년 이후)

1999년 이후 IMF 체제를 벗어나면서 할인점들은 다점포화에 박차를 가하면서 본격적인 경쟁체제들 도입하게 되었다. 국내 할인점으로는 이마트, 롯데의 자금력을 바탕으로 한 마그넷, 농협과 1차식품 유통의 잇점을 활용한 하나로마트 등이 있고 외국계 할인점으로는 까르프, 월마트가 본격적으로 점포를 확장하기 시작했다.

최근 들어서는 국내업체와 외국업체의 합작인 삼성 테스코의 홈 플러스도 점포수를 늘리면서 할인점 시장의 점유율을 제고시켜 나가고 있다. 그리하여 할인점들은 백화점 수준에 맞먹는 판촉을 경쟁적으로 시도하면서 대형 백화점의 세일과 같은 시기에 대대적인 판촉행사도 실시하고 있다.

이제 할인점들은 종전처럼 싼 가격(cheap or low price)으로 '알아서 사가라'는 식의 판매에서 과감히 벗어나 백화점 수준에 근접한 서비스와 접객으로 '소비자 끌어안기'의 노력을 아끼지 않고 있다.

이마트는 LCO나 EDLP를 경쟁력의 원천으로 하는 디스카운트 스토어에서 벗어나 디스카운트 스토어와 GMS(General merchandise store)를 접목한 대형 저가격 판매점의 형태로 지속적인 성장세를 유지하고 있다.

2. 이마트의 성장 요인

1) 신속한 다점포화(多店鋪化)

2007년 4월 현재로 106개의 매장을 개점하여 지역의 물가의 안정과 함께 소비문화의 선도 및 지역 경제의 발전에 기여하는 것은 물론 대량구매 및 판매를 통한 가격경쟁력 확보 등으로 할인점 시장 1위를 고수하여 오고 있다.

이마트는 고객과 함께하는 '우리의 이마트, E가격, E기분, E마트'라는 이미지를 심어 가면서 고객으로부터 압도적인 인지와 선호도를 가진 국내 할인점의 선구자라는 목표를 실현하여 왔다. 즉 다점포 전략은 결국 구매력의 강화, 저비용 투자에 따른 고효율의 수익창출, 점포 표준화를 통한 기존 점포의 지속적인 안정화 및 신규점포의 조기 안정화를 가져오게 하였다.

2001년에 이마트는 총 41개의 점포를 운영한다는 계획으로 인력과 조직을 강화하면서 Buying power를 강화, 유통경로의 확립, 제품 개발에서의 영향력 강화 등으로 상품의 마진율 평균을 15%선에서 17%까지로 제고시켰다.

2) 고객중심의 매장 변화

이마드 매장을 찾아오는 고객의 체형에 맞도록 매장 형태 및 시설 집기 등을 낮게 배치하여 여타의 매장보다 즐겁게 쇼핑을 할 수 있도록 설계하는 것은 물론 넓고 아늑한 휴게 공간의 마련 그리고 주부 고객을 위한 수유실의 운영과 같은 편의시설을 대폭 강화함으로써 한국인이 선호하는 매장으로 변화시켰다.

매장의 후방도 창고가 아닌 판매를 위한 대기 장소로 이용할 수 있게 하여 납품 상품의 판매 로스(loss)를 감소시키는 것은 물론 신속하게 매장에 진열하며 결과적으로는 점포 오퍼레이션의 효율을 제고시켰다.

가격에 민감한 고객을 겨냥하여 ELP(Everyday Low Price)에 의한 저가주의와 철저한 지역 밀착형의 전략으로 고정적인 고객을 확보하면서 고객만족을 극대화시키려는 고객만족주의(customering)의 실현은 이마트를 명실상부한 한국형 할인점(Discount Store)으로 자리잡게 하였다.

이마트는 각 점포의 주차, 셔틀, 아르바이트 등의 부문에서 아웃소싱제도를 적극 활용하여 경비절감에 큰 효과를 보고 있으며 인원의 투입도 조기 채용을 통하여 조직 시스템에 있어서도 유연하게 관리하고 있다. 특히 이마트는 점포 표준화팀, MSV(merchandising supervisor)라는 조직의 운영을 통하여 점포의 표준화와 오퍼레이션의 수준 향상에 노력하고 있다.

더불어 윤리경영방침을 도입하여 우선은 협력업체와 관계를 개선하는 것이지만 결과적으로는 유통업체와 제조업체의 선순환적(善循環的) 연결문화의 정착으로 대 고객만족이라는 서비스에서의 궁극적 이상을 실현하고 있다.

3) 첨단의 점포 정보운영시스템과 물류센터

이마트는 첨단의 정보 시스템가 다점포화를 가능하게 하는 핵심으로 인식하여 한국에서 상품 바코드의 사용을 보편화시키는데 선도적 역할을 담당하였다.

또한 재고와 판매에서의 즉시 관리(real-time)가 가능한 엔진 시스템 및 자동발주시스템의 운영으로 3만 5천여개의 상품에 대한 효율적인 관리를 용이하게 하였으며 1998년부터는 업계 최초로 EDI 시스템 도입하는 등 국내 유통산업의 정보화 발전은 물론 협력업체와의 상품정보 교류에도 앞서 나갔다.

지난 2000년에는 대구에 물류센터를 오픈하여 이마트는 전국적인 물류망을 확보, 명실상부한 전국 물류 배송체계를 완벽하게 갖추면서 거래 상품의 93%를 당일에 배송할 수 있게 되면서 본격적인 의미에서의 Low Cost Operation을 효율적으로 관리할 수 있게 되었다.

그 결과 적시 배송(JIT)의 강점을 누릴 수 있게 되었으며 협력업체로부터 입고(入庫)되는 상품과 전국의 산지에서 바이어가 구매한 상품을 1일 2회 적시배송(適時配送)하여 적정(適正) 재고유지 및 최상의 선도(鮮度) 유지로 상품의 가치를 극대화하면서 차별화된 경쟁력을 확보하고 있다.

다시 말해 이마트의 성공요인은 철저한 Low Cost Operation과 이를 뒷받침하는 정보 시스템, 물류 시스템 그리고 신속한 다점포화에 의한 대량매입으로 최저가격 판매를 실현하는 것에서 비롯되었다고 할 수 있다.

4) 전략적인 상품기획과 운영

이마트는 한국형 새로운 할인점의 모형을 정립한다는 목표로 쇼핑 환경을 한국인의 감성(感性)에 맞게 만드는데 주력하였다.

즉 한국인의 체형에 맞는 매장 형태를 디자인하여 진열대를 고객의 키 높이로 할 뿐만 아니라 백화점식의 친근한 매장으로 구성하여 식품코너를 직영화시켜 신선 제품을 당일 판매가 가능하게 하고 식품을 현장에서 가공, 유통하는 Wet Center를 운영하였다.

특히 식품의 경우 제조업체에서의 유통기한이 아니라 자체적으로 1/2로 단축하였고 각 점포로부터 필요수요를 파악하여 본부에서 관리하는 제도를 도입하였으며 제품구매는 수요에 맞게 발주(發注)하여 잘못된 수요 예측으로 인한 과다재고와 품절발생을 절감하고 있다.

이를 효율적으로 수행하기 위하여 국내의 유통업체로서는 최대 규모인 120여명의 전문 바이어 조직을 갖추고 고객이 원하는 상품을 언제나 저렴한 가격에 공급하고 있으며 협력업체들과의 공동기획으로 상품의 차별화를 이룩했다.

이러한 전략을 통하여 성공한 상품으로는 오징어 산지 직계약 출어, 메론이나 아이스크림 (빙과에서 아이스크림으로 상품 형태 차별화), 시네마 플러스 TV 및 매일유업의 매실 요구르트, 해태의 새코미 요구르트와 소형가전의 스핀 플러스 믹서기, 문구의 피크닉 온 칼라 등을 들 수 있다. 이러한 제도들은 결과적으로 중소 협력업체의 PB개발을 유도하여 판로 확보와 함께 매출의 확대를 가져오게 하였으며 이는 타사와 차별화를 이루게 하는 구매 경영활동(MD)

으로 자리 잡게 하였으며 또한 이마트는 보다 나은 품질관리를 위해 자가의 품질관리연구소도 운영하고 있다.

특히 '일물일가(一物一價)'에 익숙하여 온 한국의 제조업체와 소비자들에게 충격적이라고 할 정도로 유통에서의 혁명적 사건이었다. 즉 제조업체에 의해 가격이 책정되는 것이 아니라 제조업체와 유통업체 및 소비자에 의해서 결정되고 이익은 마진이 아니라 서비스에 의해 달라진다는 시대의 변화를 때로는 숙지시키고 가르치며 도전을 받으면서 이마트는 비협조와 냉담한 반응 속에서도 소비자들의 뜨거운 호응속에 지속적인 성장을 이룩하여 왔다.

위에서 언급한 비협조와 냉담한 반응이라는 것은 기존의 업체들이 상품의 납품을 거절하거나 반품하여 가거나 특히 PB상품인 E-plus 우유의 출시 당시 우유를 납품하던 업체들의 제품 반품거부 및 철수 및 이마트가 처음 개점할 당시 인근의 소규모 슈퍼 등에 의해 벌어진 격렬한 반대 등을 말하는 것이다.

3. 이마트의 글로벌리제이션

이마트는 1997년 2월 99%의 지분을 소유하면서 거의 단독투자로 상하이에 취양점을 개점하면서 중국에 진출하였다. 투자규모는 510만 달러이었으며 1999년의 경우 매출액은 3억5천 위안 정도에 머물렀지만 점차로 신장되고 있다.

그리하여 이마트는 한국유통업체 최초의 해외 진출이라는 국제화에서의 선도적인 자리를 구축하였다.

이후 철저한 현지화에 집중된 경영전략을 수행하여 오고 있으며 2006년 3월에는 중국 이마트 6호점인 무단장점을 개점 하는 등 국제화를 지속적으로 추진하면서 2012년에는 중국 내에 총 50여개, 2014년에는 100개의 점포망을 구축하여 명실상부한 글로벌 유통전문의 기업으로 성장할 계획으로 있다.

이제 이마트가 중국에 진출하게 된 배경들을 몇 가지로 나누어 정리하여 보면 다음과 같다.

첫째는 할인점을 포함하여 유통산업 전반에 걸쳐 성숙기의 시장에 진입하였다는 점과 본격적인 WTO체제에 들어서면서 외국의 각종 형태의 유통업체들이 진입하고 있는 등 치열한 경쟁국면에 돌입하는 시장 포화기(飽和期)에 접어들었기 때문이다.

둘째는 신세계는 한국에서 유통업의 선도 기업인 동시에 그동안의 지속적인 성장을 바탕으로 세계 초일류(World-class)의 전문 유통기업체를 지향하면서 해외시장으로의 진출을 시도할 시점에 이른 시기가 되었기 때문이다.

셋째는 1977년 덩샤오핑(鄧小平)이 복권(復權)되면서 개혁(改革)·개방(開放)의 정책이 실현되고 경제성장이 가시화되는 중국시장은 세계로부터 관심을 끌고 있어 이미 선진국들이 진출을 하였거나 고려하고 있는 신시장(emerging market)에 이마트도 목표시장(target market)으로 하여야 할 시기가 된 점이다.

1) 제품(Product)

유통업 분야에서의 Product는 서비스이다. 그러나 서비스만은 결코 아니다. 제품을 수배하고 진열하여 판매를 하면서 공장과 소비자를 연결시키는 유통의 기능을 하기도 하지만 이를 전달하고 공급하는 물류의 역할을 수행하고 있다.

그러나 유통업은 매장이라는 공간에서 이들을 연결시키는 기능을 기본으로 하고 있지만 바로 그 장소에서 수익을 창출하는 대(對) 고객에 대한 인적(人的)·물적(物的) 접점(contact point)의 중요성으로 성공을 이끄는 진정한 의미에서의 마케팅활동의 결정적인 요인(key success factor)이 되는 기업의 기본적인 경영활동이다.

이마트는 '세계 공장의 굴뚝'인 동시에 떠오르는 '거대한 시장'(Big emerging market)인 중국, 특히 가장 국제화의 진전이 빠른 상업 도시인 상하이의 소비 형태를 파악하여 이른바 현지화(localization)에 성공하였다. 즉 상하이(上海)의 고객들도 한국에서 처럼 쇼핑을 하면서 '먹고 즐기는 등의 공간'을 원하며 특히 주 고객층인 맞벌이 부부들의 경우 하루에 1 주일분의 쇼핑을 끝내는 점이나 새로 생겨난 중소형의 편의점들이 가정주부들을 저가의 신선한 야채를 매개로 하여 추가 쇼핑을 유도하는 등 전통적 유통업체인 백화점을 압박하는 것이 현지의 상황이었다.

이미 한국 시장에서 이를 실감한 바 있는 이마트는 오히려 이러한 국내에서의 위기를 오히려 기회로 삼아 현지의 상황 내지 문제점을 해결 또는 풀어 나갈 수 있었다.

또한 상품 진열대에는 매일 2-3개씩의 신제품을 구비하여 호기심을 자극하고 있는 점, 대중들의 지대한 관심을 갖게 하는 한류(韓流)열풍의 나라이며 이마트의 본국인 한국의 신상품을 보고 살 수 있는 장소, 먹거리에 관심이 많은 중국인을 끌어들이는 신선하고 풍성한 신선식품의 매장, 특히 단(sweet)것을 좋아하는 중국인들에게 과자류의 비중을 높인 점, 고정 고객의 확보를 위한 직영매장, 높은 객수에 낮은 객단가를 지향하는 낱개 판매위주의 상품구비나 진열 등은 중국인의 소비패턴에 적응하려는 전략으로 기존의 타 매장들과는 다른 차별화 전략이었다.

2) 유통(Place)

상하이 이마트의 또 다른 성공 요인으로는 지리적 위치를 들 수 있다. 즉 이마트는 이웃의 다른 상점들과 어울려 시너지 판매 효과를 내는 대형 쇼핑센터의 핵심지역에 입점(入店)을 하여 위층에는 가전 및 가구 전문 매장, 옆에는 홈 인테리어 전문매장이 들어서게 하였다.

이마트는 'One-stop Shopping'을 통한 생필품의 제공하여 교통과 쇼핑센터의 핵심지역인 민허루에 자리를 잡아 매장은 항상 인산인해(人山人海)를 이루게 되었다. 또한 이마트 위층에서는 전문의 가구·가전 전문매장이 있어 원스톱 쇼핑이 가능하게 하였다.

특히 매입 물량의 조절로 재고확보, 납기를 탄력적으로 조정하여 유실율의 절감을 이루면서 거래선(去來先)의 납품능력에 따라 결제대금을 차별시키고 재고 및 판매관리의 효율성을 높혀 상품 회전율을 제고시키는 동시에 운영비의 절감, 자체 바코드 및 POS 시스템의 도입, 거래 상품에 대한 선물거래(先物去來)를 도입, 특히 매장의 업그레이드로 고급스러운(luxury)의 서비스 등으로 고급의 이미지를 갖도록 하였다.

3) 가격(Price)

이마트는 10,000가지의 품목을 판매하고 있으며 최고 수준의 전문 바이어들에 의하여 저가(低價)이면서도 고품질(高品質)인 제품을 구매(merchandising)하고 있다. 또한 이들에 대한 관리도 철저하여 높은 급여를 지급하면서도 잘못된 행동과 처신에는 엄격하게 관리하여 한번에 70%이상 해고한 적도 있다.

4) 광고와 홍보(Promotion)

이마트와 발음이 비슷하면서도 뜻이 통하는 이름을 찾기 위하여 중국인을 대상으로 한 앙케이트의 결과로 '이마이더'로 작명(naming)하게 되었다.

이마이더(易買德)란 '쉽게 사서 이득을 얻는다'는 의미를 갖고 있는 동시에 이마트의 중국식 발음이 되어 쉽게 들리면서도 오래 기억할 수 있는 상호(商號)로 성공한 점포명(brand)이었으며 특히 공짜를 좋아하는 중국인의 문화에 쉽게 접근할 수 있는 요인이 되게 하였다.

중국인들도 한국인들처럼 쇼핑과 함께 먹고 마시는 것을 동시에 할 수 있는 공간을 좋아하여 타 유통할인점과는 비교가 될 정도로 넓은 쉼터를 마련하였다. 그리하여 대다수의 고객들은 하루에 2번씩이나 이마이더에 내점(來店)한다는 입소문이 날 정도로 높은 고객충성도를 보이게 되었다.

홍보의 경우 선별적인 매체의 선택 및 A/S 네트워크의 구축으로 최저 가격보상제와 100% 교환·환불 제도를 실현하였으며 꾸준한 전단지 광고(DM)의 시행과 더불어 행사를 좋아하는 중국인들의 특성을 겨냥하여 시간대별, 주말별로 각종 이벤트를 벌였으며 각종 기부행사와 여성인권 및 사회봉사활동에도 적극적으로 참여하고 있다.

5) 요약과 비전

이마트가 중국시장에 진출하여 지속적인 성장세를 보여 왔으나 무한경쟁의 시대인 미래에 있어서는 지금까지와는 다른 전략적 접근 내지는 경영활동의 필요성이 더욱 커지고 있다.

현재 중국에는 자러프(까르프, 프랑스), 월마(월마트, 미국), 마이더룽(메트로, 독일), 이추리앤화(로터스, 태국), 다룬파(RT Mart, 대만), 러고우(Hy-Mall, 대만), 하오유뒤(Trust Mart, 중국)), 스지롄화(Century Mart, 중국), 화롄지마이셩(HL GMS, 중국), 농궁상(NGS Mart, 중국), 우메이(WUMEI, 중국), 짱 원평(WF Mart, 중국), 장쑤스다이(WF Mart, 중국), 자스제(Home World, 중국), 런런리(Ren Ren Le, 중국), 신이자(A Best, 중국) 등의 대형 할인점들이 치열한 경쟁을 벌이고 있다.

지난 1998년에 중국에 이어 한국에 진출한 세계 1위의 할인마트점인 월마트가 한국시장에서의 성공을 발판으로 중국 본토와 아시아 지역에서의 교두보를 마련하겠다는 공격적 진출을 8년만에 접고 지난 2006년 10월에 신세계마트에 인수된 사례는 지금까지의 성장세를 지속적으로 추구하려는 이마트에게는 타산지석(bench marking)이 되는 동시에 반면교사(反面教師)의 교훈을 남겨주고 있다.

여기서 잠시 이마트에 인수된 월마트의 사례를 살펴 보기로 하자.

첫째로 한국에 진출할 당시에는 정보 및 전산화 등에 있어 우수한 시설과 기술이었을 런지는 몰라도 끊임없이 발전되는 첨단 및 선진의 시스템을 구축하지 못한 점 직원들의 정보화 마인드가 부족하였다.

즉 유통산업의 원활한 추진을 위해서는 절대적으로 요구되는 물적 기반(교통이나 행정 관련의 시스템) 및 통신 네트워킹에 적극적이지 않아 바코드체계나 POS시스템 등에 있어서도 다른 업체에 뒤지고 있었으며 크레디트 카드의 도입에 있어서도 타 경쟁기업보다 늦게 실시하였다.

둘째는 자금 조달상의 문제점으로 8,740억원의 예산(총자산)을 투입하였음에도 불구하고 100억원의 손실이 발생하였다는 것은 국내가 아닌 외국의 기업으로서 자금조달의 문제가 용이치 않았을 뿐만 아니라 이의 운용에도 상당한 비용이 소요되었기 때문이었다.

즉 한국에서는 대형의 다점포가 성공의 필수요건인 바, 이에는 대량의 자금과 지속적이고도 장기적인 고금리의 조달문제는 위협(threat)이 되어 결과적으로는 외국의 기업이 현지국에 진출하게 될 때에 부담되는 외국비용(cost of foreignness)에 대한 문제를 해결하지 못했다는 것이다.

셋째는 글로벌 소싱(global sourcing)의 한계이다. 할인점 유통업계에서 세계1위인 월마트의 경쟁력은 가장 인건비가 싼 곳에서 가장 싼 원료로 상품을 제조, 공급하는데서 창출되고 있는데 월마트는 특히 한국에서 이러한 강점(strength)을 적극 활용하지 못했다.

넷째는 현지화 내지 토착화의 미비로서 한국내의 고객들인 소비자나 기업은 물론 기반 인프라에 대한 정확한 파악과 적응력이 타 유통업체들에 비해 뒤떨어진 점이다.

일반적으로 외국계 업체들은 현지의 소비패턴과 국내유통산업의 특수성을 이해하고 적응하는데 있어 늦거나 많은 시간이 소요된다.

월마트가 본국에서는 성공했지만 남미나 아시아에서는 고전하는 이유는 바로 이것 때문이며 최근 들어 점차로 나아지기는 하나 여전히 동양적, 한국적인 기업문화와 조직풍토가 통(通)하는 한국의 문화(특히 소비자)에 대한 이해부족도 현지화의 걸림돌이 되었다.

특히 월마트는 1998년에 한국 마크로를 인수하면서 한국의 슈퍼마켓 업자가 월마트라는 상표권을 미리 등록해 놓는 바람에 브랜드 분쟁을 벌이느라 1년 이상 'Makro' 상표로 장사를 하였으며 이들 마크로의 4개 매장도 모두 시내 외곽에 위치하고 있어 입지면에 있어서도 경쟁력을 잃었다. 이 후 점포 확장에 노력을 기울여 2002년에는 15개까지 증가되었으나 개별 점포들이 이익을 내지 못하면서 개점 비용은 800억-1000억원이 소요되어 더 이상의 점포 확장은 실현되지 못했다.

다섯째는 불리한 입지문제로 Wal-Mart는 본사가 있는 미국의 경우 외곽에 입지하여 고객들이 찾아오기를 기다리면 되었으나 국토의 면적이 좁고 교통망 등 접근성에 있어 한계점을 갖고 있는 한국에서는 그와 같은 장점을 누릴 수 없었다는 것으로 고객에 대한 기본적인 컨셉 내지 활동이 무시되거나 부족하였던 것이다.

또한 한국 소비자들의 소비 패턴은 외곽입지에 익숙하지 않은 여건임을 간과한 점으로 한국에서는 소량 위주의 다량 상품을 빈번하게 구매하는 특성이 있어서 외곽까지 가서 대형점포를 이용하기보다는 가까이 있는 점포를 애용하고 있는 점에 능동적으로 대응하지 못하였던 점이다.

이제 한국 유통산업의 첫 번째 해외진출이라는 선도기업(先導企業)으로서의 명성의 유지와 함께 고급화된 쇼핑환경 및 차별화된 서비스의 제공이라는 장점으로 지속적인 성장과 함께 계속기업(going concern)으로서의 경쟁력을 확보, 유지하기 위해서 요구되는 점들을 살펴보면 다음과 같다.

첫째는 새로운 전략의 필요성으로 소비자들의 쇼핑 트랜드에 주시하여 과거와 같은 충동구매에서 벗어나 목표 지향적인 가계 관리를 추구하면서 제품이나 상품 관련의 정보를 비교하려는 경향으로 발전하고 있다는 점에 유의하여야 한다.

브랜드 로열티보다는 점포 충성도를 중시하여 상품이나 서비스별로 점포를 선택하려는 경향 그리고 단순히 상품의 가격만을 고려하는 것이 아니라 가격대비, 시간대비, 사용대비 등 합리적 가격의 고품질 점포를 선호하는 점을 중시하여야 한다.

그리고 상품의 구매에 있어 질적 가치, 혜택의 파악 등 상위개념의 가치에 중점을 두는 등 상품의 선택에 있어 까다로워진 점을 감안하여야 할 것이다.

흔히 개인이나 조직이 어느 정도의 성공을 이루면서 여유 내지는 느슨한 상황이 이르게 될 경우 '초심(初心)으로 돌아가자!(Back to the Basics)' 또는 '처음처럼!'등을 구호로 내세우면서 추스르는 모습들을 보게 된다. 이마트 역시 처음 한국시장에 진출하면서의 내세웠던 선언(宣言) 내지 사명(mission)을 다시 한 번 기억하면서 끊임없이 변화를 요구하는 국내 · 외의 경쟁환경에 대응하여야 할 것이다.

선진국의 경우 백화점의 성장이 한계점에 달하고 있었고 국내 백화점도 어느 정도 성숙기에 도달하여 한계점에 근접한 것으로 판단되었고 소비자의 흐름이 생활필수품은 가깝고 가격이 싼 점포에서 구매하는 쪽으로 흐르고 있는 것으로 판단되어 새로운 업태를 찾던 중 선진국에서 공부하고 있는 디스카운트 업태를 우리나라 실정에 맞게 적용시켜 보자고 결심하게 되었다.(신세계 백화점 권국주사장 / 주우진, 신세계 이마트-합리적인 소비문화 창조와 유통근대화의 선구자, 경영사례연구 28권 1호, 서울대학교 1994)

둘째는 중국은 물론 한국의 제조기업들과 전략적인 제휴(strategic alliance)를 구축하여 양질의 국산 제품을 안정적으로 공급받을 수 있게 하는 동시에 중국 현지로부터의 조달 능력도 점차로 제고시켜 나가야 할 것이다.

셋째는 다양한 상품구매력을 갖고 있을 뿐만 아니라 자체적인 인공위성망까지 지닌 정보와 물류시스템 및 막강한 자본력으로 매출액에 있어 세계 1, 2를 자랑하는 월마트와 까르푸까지도 한국 시장에서 철수한 것을 교훈으로 삼아야 한다는 것이다.

중국은 지역적으로 광대하여 이에 따라 물류인프라가 열악한 환경에 있으므로 장기적이고 지속적인 물류·정보에서의 인프라를 구축하여 지형 및 물류면에서의 위기를 기회로 만들어야 할 것이다.

월마트 코리아가 창업시부터 자신들의 강점(strength)인 저비용(Low-Cost)원칙을 한국에서 고수(固守)하면서 청과나 야채 등의 신선식품(新鮮食品) 분야에 등한했던 점이나 장점인 창고형 매장만을 중시하여 왔던 점 등이 한국에서의 시장실패의 원인이라고 지적되는 점은 중국 이마트에게 있어 시사(示唆)하는 바가 크다.

즉 과감한 PB 브랜드 개발이나 소비자의 간절한 꿈(dream) 또는 소원(needs)들을 충족시켜 줄 수 있는 '값 싸면서 품질이 뛰어난 제품(competitive price with high quality products)의 개발 및 판매와 같은 시장이나 소비자들에 대한 끊임없는 천착(穿鑿)과 이를 반영할 수 있는 즉각적인 변화(paradigm shift)와 혁신(innovation)은 아무리 강조하여도 지나치지 않는 것이다.

특히 최근에는 구매담당자들(MD)이 해외로부터 직접 상품을 조달한 후 적정 이윤을 붙여 판매하는 '편집매장(直輸入賣場)과 같은 차별화 내지 새로운 수익모델의 창출에도 노력을 기울여야 할 것이다.

넷째는 월마트와 까르프의 경우 한국에서는 비록 철수를 하였음에도 불구하고 해외, 특히 중국에서는 오히려 성장세를 보이고 있다. 특히 까르프는 중국에서 가장 우수한 할인점으로 인정을 받고 있는데, 이는 대도시를 중심으로 좋은 입지에 선점하여 중국의 소비자들의 구미에 맞는 다양한 상품의 제공으로 소비자들에게서 좋은 반응을 얻었기 때문이다.

이마트는 중국시장에 진출을 하면서 상호(Brand)를 '이마이더(易買得)'라는 명명(branding)하여 고객들로부터 호기심을 넘어선 커다란 관심과 반응을 갖게 하였다.

상표(商標)라고 번역되는 브랜드는 그저 단순히 제품에만 표시되는 정도로 알고 있으나 이는 표시와 상징에 대한 통괄적인 명칭으로 제품이나 서비스에 상관없이 상거래에 관련한 모든 것들이 나타나게 된다.

세계적으로 알려진 코카콜라의 상표가치는 360억 달러가 넘는 것으로 알려져 있으며 이는 '고객이 필요할 때 자동적으로 집어든다'는 것을 말해 주는 것이다. 상표가치는 기업의 성패를 좌우하는 제4의 자산이라 할 수 있다.

예를 들어 코카콜라는 중국에 진출하면서 '커커우커러(可口可樂)', 펩시콜라는 '바이시커러(百事當樂)', 켄터키는 '컨더지(肯德基)', 맥도날드 '마이당라오(麥當勞)', 현대자동차의 투스카나는 '쿠파이(惑派)', 앨란트라는 '아란터(伊蘭特)', 소나타는 '쒀나타(索娜塔)', 르망은 '레이왕(累望)', Volswagen은 '쌍하이따총)上海大衆', 크라운제과의 죠리퐁은 '리리뻥(粒粒鵬)', 패션회사 신원은 '시이(熙伊)', CJ는 '시제(希杰)', 치킨 프렌차이징 기업인 교촌은 커이춘(客怡村), 제과기업인 파리바게트는 바리빼이띠엔(巴黎貝), 그리고 프랑스의 Cietron과 Thomson는 각기 '쒜띠에롱(雪鐵龍)', '탕아이 (湯梅遜)' 등으로 브랜딩한 것은 세계적인 상표임을 널리 홍보하려는 것이기도 하지만 세계 최대의 떠오르는 시장인 중국인을 겨냥한 고도의 상표전략인 것이다.

이마트의 경우에는 중국 내의 신흥 성장도시를 겨냥하여 위와 같이 고객에게 단순한 호기심 그 이상의 관심을 일으키며 진출하여 지속적인 다점포화를 다지역에 시행하여 진출하여 나갔으며 한국과는 달리 도보나 자전거를 타고 가까운 지역에서 쇼핑을 선호한다는 기호 내지 습관 등도 감안하였다.

최근 중국은 유통 전체의 매출 증가율이 137%에 이르는 등 경제성장에 따른 구매력이 상승되자 백화점들간에 자국 또는 내륙에서의 공격적인 영토전쟁이 이뤄지고 있다.

즉 일본의 소고백화점은 다롄(大連)·톈진(天津)·칭다오(青島) 등 5개 도시에, 말레이시아 화교자본 백화점인 파크슨은 현재 25개의 백화점을 운영하고 있으면서도 베이징(北京)·상하이(上海)·시안(西安) 등에 5개 도시에 추가로 개점할 계획이며, 장쑤성(江蘇)의 대형 백화점인 진잉(金鷹)은 옌청(掩城)·화이안(淮安)과 윈난성(雲南省) 쿤밍(昆明)에도 개점 하였다.

한국의 대형 백화점인 롯데의 경우에도 우선은 베이징에 진출하고 점차로 대도시는 물론 중소도시로까지 확장할 계획으로 있으며 외국업체들 까지도 가세할 추세로 있다.

다섯째는 마케팅적인 접근법이 요구되는 점으로 한국에 대한 정서적 호감에 의하여 생겨난 한류 마케팅과 중국내의 경제성장에 따라 출현된 소황제(少皇帝) 마케팅에 적극 반응, 내지 활용하여야 한다는 것이다.

즉 1998년에 한국시장에 진출하면서 중국과 아시아의 교두보로 삼겠다는 의욕을 보였던 월마트를 인수한 모기업인 신세계의 저력 내지는 명성에만 도취하고 있다면 이는 어디까지나 국내용 일 뿐 글로벌 시장에서는 후발주자에 불과한 것이다.

국내에서도 치열한 경쟁상대인 롯데마트가 2007년에 네델란드의 대형마트인 중국의 마크로 8개를 인수하면서 회원제 창고형의 대량판매 위주에서 벗어나 일반 고객 중심의 지역 밀착형 할인점 형태로 왕징, 쓰다우커우, 청언먼 등에 Lotte Mart(樂天瑪特)를 개점한 것은 비록 이마트가 진출하고 있는 상하이(9

개), 텐진(2개), 쿤산(1개) 등과 현재는 중복되고 있지는 않지만 결코 경시해서는 안 될 국내 기업들간의 경쟁환경인 것이다.

따라서 이미 현지국에서의 치열한 노력은 물론 글로벌 차원에서의 상품 구매력의 제고와 함께 영업 및 고객관리시스템 구축 등도 적극적인 노력을 기울여야 한다.

결국 글로벌리제이션을 추구하는 다국적 유통업체들의 해외 진출에서의 성공 여부를 결정하는 요인은 자사 경쟁력의 표준화와 현지시장의 적응 사이의 조화이므로 더욱 철저한 현지 밀착적인 마케팅의 개발과 함께 현지의 소비자들에게 차별적인 가치를 제공할 수 있는 철저한 사전적 준비(ex ante)만이 최고의 대안(alternatives)이 될 것이다.

제3 장

국제마케팅의 경제적 환경

제1절 경제적 환경의 의의

제2절 Aurora, 세계의 모든 어린이에게 꿈을 선물하다.

제 1 절 경제적 환경의 의의

세계경제는 독립적인 경제체제 또는 자급자족의 경제활동을 수행할 수 없는 대세 속에서 상호 개방적이면서도 의존적인 시스템으로 변화하며 발전하고 있다.

특히 21세기에 이르러서는 냉전시대가 끝나고 몇몇 남지 않은 사회주의의 국가들조차도 친자본주의(親資本主義)의 경향을 보이면서 세계화(Globalization)라는 거대한 시대적 흐름에 적극적으로 부응하고 있다.

그리하여 일반적으로 이질적인 기업환경을 언급하는 경우 정치, 경제, 사회, 문화적인 요소 등으로 순차적으로 하여 왔으나 최근에 이르러서는 경제적인 환경에 대한 중요성이 점차로 커지고 있다.

다음의 〈그림 3-1〉은 기업의 국제적인 마케팅활동에 영향을 미치는 요인들을 보여주는 것으로 유의할 것은 이들은 상호간에 유기적인 관계에서 이뤄진다는 점이다.

〈그림 3-1〉환경변화의 상호연관성

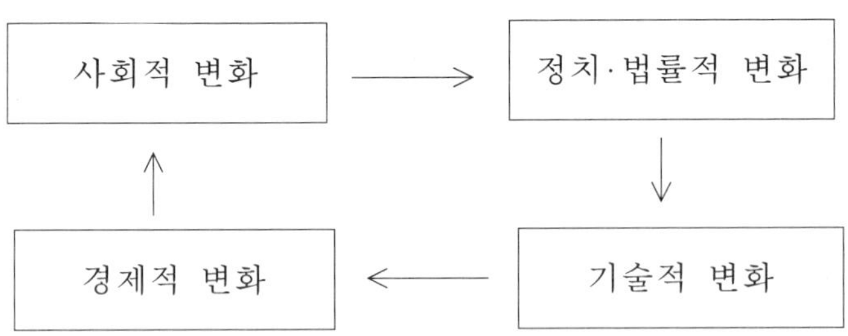

자료 : 어윤대 · 방호열, 전략경영, 학현사, 1998, p.120

그러므로 진출하려는 현지국 시장에서의 경제 성장률이나 경제발전의 단계 그리고 국민 1인당 GNP와 함께 인구의 증가율이나 재무적인 측면에서의 안정성이나 인플레이션의 비율 그리고 구체적인 자료에 따른 인터넷이나 자동차

등의 활용도 내지 소비패턴 등에 대한 과학적 접근법에 따른 자료를 수집하고 면밀한 분석을 통하여 장기적인 차원에서 접근하여야 한다.

일반적으로 거시적 환경으로 알려지고 있는 경영환경들은 서로 연관성을 갖고 영향을 미치게 된다. 다음의 〈표 3-1〉은 이의 내용을 구체적으로 요약한 것이다.

〈표 3-1〉 거시적 환경의 내용

인구통계학적 환경	저출산 및 고령화의 급속한 진행 등
경제적 환경	환율 급변(가격상승/급락), 만성적 실업
기술적 환경	급격한 기술의 혁신, PLC 단축
정치 ·법률적 환경	세계경제의 블록화, 규제 완화, 정권 교체
사회· 문화적 환경	딩크족의 등장, 소비의 동시·동일화 신드롬

자료 : MBA 마케팅, 김하경· 김수광, 나무 한그루, 2005, p.35

또한 이러한 경제적 요인들은 다음의 〈표 3-2〉에서와 같이 산업이나 제품에서의 PLC나 수익성에 크게 영향력을 미치게 된다.

〈표 3-2〉 기업의 경영환경에 미치는 요인 및 이들의 범위와 정도

변화의 요인	영향의 범위	영향의 정도
· 가치관의 변화 · 라이프 스타일의 변화 · 기술적 환경변화 · 경제적 · 법률적 환경변화	· 소비자의 욕구/ 수요변화 · 생산방식, 제품유형의 변화 · 경쟁환경에서의 유리성/불리성의 변화	· 산업의 장기적 성장성 및 PLC에 대한 영향 · 산업의 중기적 성장성의 PLC에 대한 영향 · 수익성에 대한 중 · 단기적 기업성과

최근 한국의 관광업계는 요우커(遊客-중국 관광객)가 새로운 성장 동력으로 등장하고 있다. 그동안 이들은 한류를 중심으로 하는 일본인 관광의 틈새시장(niche market)이었으나 요우커는 이제 매년 500만 명씩 늘고 있다.

특히 중국의 국경절(10 · 1절)로 이어지는 연휴에는 7만명 정도가 한국을 찾을 예정이며 최근에는 깃발 대신 여행 책을 든 개별 관광객이 늘어 난데다 씀

씀이도 커지고 있다. 이는 외국 관광객 가운데 가장 높은 비용으로 전체 요우커(5400만 명)의 10%만 유치(작년에는 3.5%)한다고 해도 100억 달러에 달하게 된다.

이들 관광객들의 한국 방문은 중국 경제의 급신장에 따라 해외에서의 여가를 즐기려는 경제적 여유 때문으로 전체 요우커의 규모는 매년 500만 명씩 증가하고 있다.

이렇게 된 배경은 비자 발급을 쉽게 하고 골드카드 소지자 등 상류층에만 한정됐던 복수 비자를 2011년부터는 중국 500대 기업의 임직원과 교사 및 우수 대학 졸업자 등 중산층까지로 확대시킨 점, 가족 여행객 기준을 직계가족에서 부부와 양친까지로의 확대, 한류 스타들의 인기 및 일본의 대지진의 영향 때문이기도 하다.

물론 한국의 상품에 대한 인식 변화도 영향을 미쳤다. 문화체육관광부에서는 한국 상품의 중국 진출이 늘어나면서 '한국에 가면 같은 제품을 싸게 살 수 있다'는 인식이 퍼진 것이 요우커가 늘어난 것을 주요 원인이라고 보고 있다. 또한 20대 요우커의 지난 2년 사이의 방한(訪韓) 증가율은 69.7%로 연령대별 최고 수준을 보이고 있다.

과거의 중국 관광객들과는 달리 이들은 강남의 테헤란로-청당동 길-가로수길-압구정역-코엑스를 거치며 맛집과 멋집을 순례한다. 특히 10·1절 연휴 기간중에는 첫날부터 사흘간 코엑스 광장에서 '강남패션 프리미엄 마켓'도 운영한다. '의료+강남쇼핑+맛집순례'를 노리는 '강남 트라이앵글 요우커'들을 잡기 위해 강남의 피부과·성형외과에 대한 정보도 제공한다고 한다.

이들 가운데는 '김태희 같은 연예인이 가는 헤어숍이나 맛집이 어디냐'고 묻는 경우도 많아 졌으며 고가 화장품인 '설화수' 매장은 요우커의 독무대다. 하루 열 팀 이상의 단체 요우커가 찾는다고 하며 최고 인기 품목은 110만원대의 '진설' 세트로 영양크림 하나가 40만원이넘지만 중국 현지보다 싸다는 이유로 높은 판매율을 보이고 있다.

이는 아래의 표에서 보는 것처럼 해외명품에 대한 호기심이나 즉흥적인 소비의 단계를 벗어나 안정적이고 이성적인 소비행태를 보이고 있다는 트렌드와 함께 한국 상품에 대한 구매 호감도가 점차로 높아지고 있음을 보여주고는 것이다.

중국인들 선호 상품군 어떻게 변했나

단위: %, 전체에서 차지하는 비중 기준

	2009년 상반기		2011년 상반기
해외명품	61.1	→	23.8
여성 캐주얼	10.2	→	30.1
여성 정장	9.4	→	15.0
잡화	3.6	→	5.1
아동·유아	0.5	→	3.2

여성 의류 브랜드인 '오브제'의 경우 매월 열 팀 이상의 중국 관광객이 찾고 있으며 한번에 300만원 이상 구매하며 어떤 관광객은 1000만원이 넘게 구매하기도 한다고 한다. 심지어 어떤 관광객의 경우에는 '신상품이 나오는 시점을 챙겨뒀다가 때맞춰 내한하여 필요한 옷들만 골라 구매하는 매니어 층도 형성되었다고 한다.

그동안 루이뷔통 · 샤넬 · 구치 · 게르랑 · 클라린스 등 서구 명품에만 눈을 밝혔던 요우커들이 이젠 국산 명품으로 쏠리고 있음을 보여주는 것이며 한국의 질 좋은 화장품과 의류가 요우커의 관심을 '바이 코리아(Buy Korea)'로 변화하게 하였다고 볼 수 있다.

그리하여 일본의 관광객들은 '티셔츠 한 벌, 소주잔 한 개'식으로 소량 구매를 하여 왔으나 중국인들은 한번에 200만~500만원씩 박스째 구입하여 서울 시내의 유명 백화점 매장 직원 사이에는 요우커가 '따팡(大方-통 큰 고객)'으로 통하고 있다.

중국인들에게 인기 있는 브랜드는

※롯데백화점 은련카드 매출 기준 상위 브랜드

•화장품	라네즈, 설화수, 오휘·후, 에스티로더
•여성 정장	아이잗바바, 빈폴레이디, 타임
•남성	폴로, 시스템옴므, 빈폴, 라코스테
•아동·유아	휠라키즈, 빈폴키즈, 닥스키즈
•해외명품	구찌, 샤넬, 루이뷔통, 미우미우

자료: 롯데백화점

이러한 변화는 남성 관광객들의 경우 뛰어난 품질과 위상 그리고 동질간에 따라 한국 양복에 대한 선호도가 매우 높아 졌다는 점에서도 찾아 볼 수 있다. 즉 중국 남성이 선호하는 브랜드 가운데 한 벌에 100만원인 '솔리드 옴므'는 이태리의 '아르마니'보다 값이 저렴함에도 불구하고 인기가 더 있는 것은 '아르마니'가 서구적인데 반해 '솔리드 옴므'는 동양적인 편안한 느낌을 준다고 느끼기 때문이라는 것이다. 이들 '요우커들은 반드시 메이드 인 코리아인지를 확인한다'고하며 이는 한국산에 대한 믿음이 크다는 증거가 되고 있다.

제 2 절 Aurora, 세계의 모든 어린이에게 꿈을 선물하다.

1. 기업의 연혁과 전반적인 경영활동

정도경영, 주주중시경영, 고객감동경영,
세계경영을 실현해 나가는 다국적 기업

오로라월드(주)는 글로벌 초우량기업을 지원하는 캐릭터디자인 전문기업으로써 캐릭터 디자인과 브랜드 마케팅 분야에서 세계 수준의 핵심 역량을 갖고 있다.

- 회사명 : 오로라월드 주식회사
- 주소 : 서울시 강남구 대치동 997 오로라월드 H.Q 빌딩
- 설립일 : 1985년 9월 25일
- 자본금 : 4,320,000,000
- 종업원 : 92명 (2006년 12월 31일 현재)
- 부설연구소 : 오로라 디자인 연구소
- 코스닥 등록일 : 2000년 12월 29일
- Home Page : www.auroraworld.com / www.aurora.co.kr
- 인터넷쇼핑몰 : www.etoynet.co.kr
- 연락처 : Tel : 02)3420-4114 FAX : 02)3420-4004

1981년 9월 오로라무역상사로 출범하여 1990년에는 인도네시아에 현지 생산을 위한 법인설립을 설립되었고 1992년에는 홍콩 현지 판매법인, 1993년과 1995년에는 중국의 청도와 남경에 생산법인 및 사무소를 설립하였으며 미국과 영국에도 판매 법인을 운영하고 있다.

고부가가치 산업인 캐릭터 디자인 개발의 활성화를 위해 1999년에는 국내 업계 최초로 캐릭터디자인 전문의 디자인 연구소를 설립하였으며, 해외 현지시장에 맞는 고객만족 상품을 개발하기 위해 해외 현지법인에 리서치 센터를 두

고, 현지 고객의 Needs와 Life Style을 철저히 연구하면서도 글로벌 R&D 네트워킹을 통하여 독창적인 캐릭터 개발을 진행하고 있다.

1) CI

AURORA의 Corporate Symbol은 '최고'와 '미소'와 '만족'을 상징하고 있으며, 특히 미소짓는 모습을 형상화 시킨 심벌은 최고만을 담겠다는 활기차고 자신감에 넘치는 World Best AURORA의 의지를 보여주고 있다.

2) 사업영역

3) 디자인 연구소

오로라월드는 업계 최초로 캐릭터 디자인 전문의 디자인 연구소를 설립하여 고부가가치(高附加價値) 창출과 캐릭터산업의 글로벌 리더가 되기 위한 전문 인력의 양성 및 캐릭터 브랜드 개발에 자원의 투입을 집중하고 있다.

한국, 미국, 영국, 홍콩 및 독일에 지역 Research Center를 운영하면서 캐릭터 Design 개발에 박차를 가하고 있으며, 특히 100여명의 유능한 디자이너와 상품기획 전문가들이 시장의 고객 Needs에 부합하는 Character Brand와 Hit Design을 탄생시키고 있다.

4) R&D Project 현황

- 시장 차별화된 뉴 캐릭터 디자인의 컨셉 발굴
- 글로벌 상품 전략회의 개최
- 1-2년 선행의 캐릭터 신상품 기획 및 샘플 개발
- Aurora 디자인 제공에 의한 고급 선물용품의 해외 아웃소싱
- 신소재 개발기획 및 아웃소싱

5) 글로벌 네트워크

본사 (AURORA WORLD CORPORATION)는 세계적인 브랜드를 보유(세계시장 4위)하고 있으며 수출 비중은 95%, 브랜드 수출비중은 85%인 우량기업으로서 디자인 연구소가 있으며 해외시장별로 R&D센터를 설치, 운영하고 있다.

01 디자인 및 마케팅

오로라 디자인 연구소와 해외 현지법인의 Research Center의 Network을 통하여 세계적 수준의 캐릭터 디자인을 연구,개발하고, 세계적인 마케팅을 전개하고 있습니다.

02 라이센싱

오로라 디자인연구소에서 개발된 캐릭터는 캐릭터 브랜드 사용권을 제공해 주는 댓가로 국내외 업체로부터 로얄티를 받고 있으며, 그 규모와 비중이 해마다 커지고 있습니다.

03 머천다이징

자체 개발된 캐릭터 브랜드는 해외 생산법인에서 상품화되어 미국, 유럽 등 선진시장의 유통 네트워크를 통해 판매되고 있습니다.

04 캐릭터 브랜드 개발

Aurora Baby, Aurora Classic, Mooty, Murphy, WishWing, Hodoo등 세계시장에서 지명도 높은 캐릭터 브랜드를 보유하고 있습니다.

05 국내 유통사업

Off-Line에서의 자체유통망 확대와 On-Line에서의 전략적 사업제휴및 공동 마케팅 제휴를 통하여 On/Off-Line이 결합된 시너지 높은 네트워크 마케팅 사업을 전개해 나가고 있습니다.

오로라월드(주)는 각 분야에 특허, 상표권, 의장권 등을 국내외에 출원하여 지적 재산권 보호를 강화시켜 나가고 있습니다.

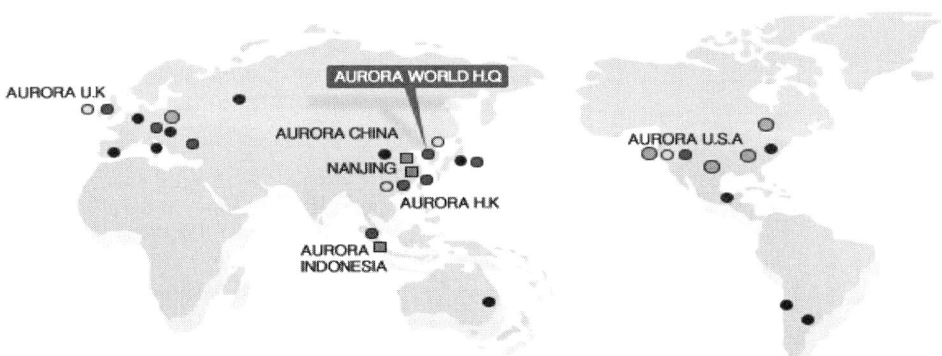

● 디자인 리서치 개발센터 9개소 ■ 생산거점 3개소 ○ 판매거점 4개소
◎ 상설전시장 5개소 ● Distributor 12개소

6) 오로라월드의 국내마케팅

- 2001년도부터 해외 브랜드 마케팅 성공사례를 바탕으로 하여 국내시장에서는 오프라인 및 온라인 사업을 동시 전개하고 있으며 직영점, 전국 총판대리점 및 온라인 쇼핑몰을 운영하고 있다.

7) 경영 전략

8) 비전과 전망

디자인과 마케팅을 기반으로 하는 초우량의 다국적 기업을 목표로 하고 있다.

9) 재무구조

수익성의 측면에서 볼 때 지속적인 매출액과 경상 이익율 및 매출액 그리고 순이익으로 지속적인 호조를 보이고 있으며, 안정성의 경우 80%대의 부채비율과 1% 미만의 금융 비용부담으로 우수한 재무 안정성을 보이고 있다.

10) OEM의 한계와 자체브랜드 전략

Aurora의 창업자 노희열사장은 국민소득 2만불 이상의 선진국에서 인형 수요가 높다는 것을 간파하고 1981년 오로라무역상사를 설립하여 사업에 뛰어들었다. 그러나 1985년 오로라 무역(주)업을 설립할 당시 전국에 약 1천여 개에 달하는 중소 완구업체가 난립해 있었으며 이들은 대부분 OEM방식으로 미국, EU, 일본 등 선진국으로부터 제품을 주문받아 하청생산(下請生産)을 하고 있었다.

OEM(Original Equipment Manufacturing)이란 '주문자상표부착(注文者商標附着)의 생산방식(生産方式)'을 말하는 것으로 고유상표수출에 반대되는 개념이다. 이런 경우 공급업자는 단순생산만을 담당하고 주문자가 상표, 광고, 유통, 시장조사 및 제품개발 등 제반 마케팅 기능을 담당 하는 방식이다.

이렇듯 OEM방식에 치중할 경우 빠르고 쉽게 해외시장으로 진출할 수 있고 성장을 할 수 있는 장점을 가지고 있기는 하지만 바이어의 주문에 전적으로 의존 하고 있어서 자기 기업의 이미지를 시장에 홍보할 수 없다.

특히 인건비가 크게 차지 하는 제조업의 경우 국내 인건비 상승과 후발 개도국의 추격으로 경쟁력이 떨어져 바이어를 잃을 경우 계속경영을 수행하는데 막대한 위험을 초래하게 된다.

1980년대에 전국에 산재한 1천여 개의 봉제완구업체들이 대표적 수출 효자 산업 이었으나 최근에는 10여개의 봉제완구업체만이 존속하고 있는 것을 보면 OEM의 단점을 명확히 알 수 있다. 즉 전적으로 바이어의 결정에 의존해야만 하는 단점 때문에 많은 어려움을 겪게 되는 것이다.

Aurora의 경우 미국으로부터 3개월 안에 200만 개를 맞춰 달라는 주문을 받고 대만에 하청을 주면서까지 납기를 맞추어 공급했지만 바이어는 당초 제시했던 공급 가격을 계속 낮추려 하였고 이를 양보할 수 없어 의견 차이를 좁히지 못하자 바이어로부터 느닷없이 주문을 취소하겠다는 통보를 받은 경우도 있었다.

결국 매달리고 호소하는 방식으로 3개월을 끌다가 겨우 대금결제를 받을 수는 있었지만 OEM의 한계를 절감하는 계기가 되었다.

자체브랜드의 한계와 단점은 OEM 하청방식을 고수하는 대부분의 기업들이 실감하고 있는 현실이고 반드시 극복해 내야 할 부분이다. 하지만 자체브랜드 추진 시 기존 바이어들과의 마찰, 방해 및 거래중단 등으로 심각한 경영난에 빠질 수 있고 자체 브랜드를 갖기 위하여 막대한 비용부담을 가져야 하는 점 역시 중소업체가 극복하기에는 힘든 부분이다.

그리하여 Aurora는 자체브랜드의 전략을 수행하기로 하게 되었다. 브랜드전략이란 자사의 회사나 상품에 네이밍(naming)을 하는 것으로 이를 통하여 소비자들에게 기업과 제품의 이미지를 널리 알림으로써 경쟁자들과의 차별화를 두고 경쟁상 유리한 입장을 구축하기 위한 마케팅전략이다. 이는 궁극적으로 소비자의 상표충성도(brand loyalty)를 이끌어내기 위한 것이라 할 수 있다.

기업이 OEM 하청방식을 채택할 할 경우 바이어의 이름을 자사의 제품에 달고 공급해야 하기 때문에 소비자들에게 자사를 홍보할 수 있는 방법은 없다. 자체브랜드의 성공을 위해서는 우선 기업의 확고한 의지가 필요하다. 기업가의 확고한 경영철학을 바탕으로 기술력, 마케팅능력, 유통망, 제품력 등이 조화를 이뤄야 성공할 수 있는 것이다.

Aurora는 기업을 포기할 것인가 아니면 자체 브랜드를 가지고 경쟁을 할 것인가의 기로에서 과감히 경쟁을 선택하였다. 물론 OEM이었지만 오랫동안 인형을 만들면서 그동안 축적한 노하우를 가지고 승부수를 던진 것이었다.

그 결과 자체 브랜드를 가지고 공략을 시작한 미국에서는 현재 브랜드 인지도 3위, 신흥시장인 러시아에서는 시장점유율 1위라는 성과를 이루면서 세계 60여국에서 동심(童心)을 사로잡게 되었다.

2007년의 경우 매출액은 468억원, 순이익은 35억원을 보였으며 해외수출이 본사 매출의 91.4%를 차지하게 되었다. 특히 해외로 수출되는 상품의 85%가 자체 브랜드 상품인 것을 감안할 때 Aurora의 자체브랜드전략의 성과는 매우 높다고 볼 수 있다.

2. Aurora의 글로벌 마케팅 전략

1) SWOT 분석

[Strength]	[Weakness]
· 글로벌 네트워크 · 캐릭터 브랜드 · 생산기술 · 세계적 품질 · 풍부한 자금력 · 대형 거래선 및 판매방 · 디자인 개발 능력 및 창조력	· 내수시장 확보의 미비 · 낮은 국내 인지도 · 미디어제품과의 경쟁력 미비 · 주 캐릭터의 부재
[Opportunity]	**[Threat]**
· 거대 캐릭터 시장 (한국 2조 758억원, 미국 338조, 일본 23조) · 220억 달러 규모의 미국 인형시장 · 인류가 아이를 낳는 한 죽지 않는 시장 · 국민소득 2만 불에 따른 국내시장의 확대 · 중국의 소득 증대로 중국 내 판매 확대	· 기존의 대형 업체들 · 미디어제품 생산업체의 막강한 파워 · 새롭게 등장하는 다양한 캐릭터 업체들 · 값싼 노동력을 기반으로 하는 경쟁업체 · 국내의 낮은 지적재산권 보호 의식

2) STP 분석

① Segmentation

Aurora는 국가별, 지역별 시장특성과 라이프스타일에 따라서 메인 브랜드와 차별화된 개별 브랜드를 운영하여 캐릭터의 특성을 부각시키는 방법을 택하고 있다.

목 적	비 용	소 득
인형 수집	고가	최소 중산층 이상
선물 및 기타	중.저가	모든 계층

② Targeting

"당장 먹고 살기 힘든데 오로라 인형을 사려 하겠냐"는 홍기우 대표이사의 말처럼 Aurora는 국민소득 2만불 이상의 국가들을 대상으로 경영활동을 수행하고 있다.

미국, 유럽, 일본, 러시아 등의 국가에서 Aurora는 이미 경쟁력을 확보하였고 우리나라의 경우 국민소득이 증가하여 2만불에 이르렀던 6년 전부터 본격적인 국내 시장을 공략하기 시작하였다.

Aurora의 주 타겟은 경제력이 있는 중산층 이상의 자녀들이지만 실은 인형을 소비할 수 있는 모든 연령대가 오로라월드의 타겟층이다. 따라서 보통 인형을 좋아하고 갖기를 원하는 유아에서부터 30대 여성까지를 타겟으로 선정하고 있다.

오로라 클래식은 소장을 목적으로 하는 매니아들을 대상으로 하고 있어 어린 청소년층에게는 부담이 갈 만큼의 고가 제품으로 주 타겟은 청장년층을 겨냥하고 있다. 그 밖에도 어린아이들을 위한 제품과 캐릭터인형으로 청소년과 20-30대의 여성을 타겟으로 하는 다양한 제품도 보유하고 있다.

③ Positioning

"Gifts of Smiles"라는 슬로건에서 볼 수 있듯이 오로라월드는 단순히 인형을 만드는 제조업체가 아닌 고객에게 미소를 선물하면서 고객의 감성을 자극하는 브랜드 업체이다. '인형업계의 나이키'가 되겠다는 오로라의 목표는 이를 잘 보여준다.

Aurora는 기본적으로 고급 캐릭터완구 브랜드를 지향하여 고객층과 가격대에 따라 브랜드 네임을 다르게 하는 전략을 취하고 있다.

즉 오로라 클래식, 오로라 베이비, 오로라 기프트 등 고가의 브랜드에는 '오로라' 메인브랜드 네임을 노출시키지만 테마파크, 할인점 등으로 나가는 중·저가의 캐릭터완구에는 예스클럽, 피플팔스 등 별도의 브랜드네임을 붙이고 있다. 이는 고급 캐릭터 제품의 일관된 이미지를 유지하기 위한 마케팅전략이다.

Aurora는 장난감 인형으로서의 이미지를 뛰어넘어 마음을 두드리는 이미지를 고객에게 심어주고 있다. 미국 사회를 비탄(悲嘆)에 잠기게 했던 9.11테러 당시에 오로라월드는 '아메리칸 히어로'와 희망을 상징하는 날개달린 고양이 '캐터필러'를 출시하여 고객들로부터 큰 사랑을 받게 된 경험을 가지고 있다. 또한 틈새시장인 병원과 카드업체 등에도 진출하여 빠른 쾌유를 바라는 "Get Well Soon"등의 문구를 들고 있는 인형을 판매하거나 발렌타인데이 등의 기념일에는 카드업체들과 협력하여 인형을 판매하고 있다.

3) 4P 분석

① 제품 (Product)

시장별, 소비자계층별 세분화를 통하여 다양한 제품을 고객의 Needs에 맞게 출시하고 있다. AURORA Classic, AURORA Baby, HY Plush, Yes Club 등의 메인 브랜드와 캐릭터별 특성에 따라 Peky, Alfie, Milly 등 개별 캐릭터를 부각한 제품을 출시함으로써 브랜드의 확장을 이뤄나가고 있다.

본사의 디자인연구소와 세계 9개의 국가에 디자인 리서치 개발센터를 설립하여 체계적으로 R&D 네트워크망을 통해 트렌드를 읽어냄으로써 고객의 기대와 욕구에 부응하는 경쟁력있는 제품을 선보이고 있다. 또한 아이들이 가지고 노는 제품의 경우 인형을 물거나 빨아도 인체에 아무런 해(害)가 가지 않는 원단을 개발하여 사용하는 등 제품의 질을 향상시키는 노력도 게을리 하지 않고 있다.

Aurora는 다양한 제품을 시장에 선보이고 있다. 이들 중 성공한 몇 가지 제품의 사례를 알아 보기로 하자.

먼저 플럽시 인형을 들수 있다. 초기에 자체 브랜드로 미국시장에 진출했을 때 시장의 반응은 좋지 못했다. 그리하여 Aurora는 수십 차례의 디자인 개발회의를 통하여 획기적인 인형인 플럽시인형을 탄생시켰다.

이는 기존의 인형들이 속을 솜으로 채우는 것이 보통이었지만 어린 시절 오자미 놀이를 하던 것에서 착안하여 인형에 콩으로 채운 것이다. 플럽시 인형은 독특한 촉감으로 출시 후 어린이들 사이에서 선풍적(旋風的)인 인기를 모았고 미국 수출의 20% 이상을 차지하면서 자체브랜드의 성공 가능성을 보여주었다. 이 인형은 현재까지도 약 1,000만개 이상이 팔리면서 미국시장에 진출한지 1년 만에 오로라의 이름을 세상에 알리게 한 제품이 되었다.

◆ 아메리칸 히어로와 날개달릴 고양이 캐터필러

(캐터필러)

9.11 테러는 미국인은 물론 세계 사람들에게 커다란 충격과 슬픔을 안겨주었다.

미국에서 9.11테러가 발생했을 때 오로라월드는 비상이 걸렸다. 자사 생산인형 가운데 67%가 미국으로 수출되고 있었기 때문에 미국시장에서의 테러는 소비위축과 함께 커다란 손실로 나타날 것이 분명하였다. 대부분의 기업은 이런 상황이라면 판매율을 유지하거나 높이기 위한 대책을 마련하는 것에 몰두하게 되는 것이나 Aurora는 오히려 슬픔에 잠긴 미국인을 위로하기 위한 방법을 찾아 내었다.

이 당시에 직원들은 이러한 본사의 조치에 당황스러웠으나 9.11 당시에 영웅들이었던 응급 요원, 소방대원, 군인, 경찰 등을 캐릭터화한 아메리칸 히어로를 드디어 출시하게 되었다. 이와 함께 희망과 평화를 상징하는 날개달린 고양이 캐터필러를 당시의 상황에 맞게 재포장하여 출시한 것이다. 이러한 감동적인 마케팅활동의 효과는 엄청났다. 이들 제품은 출시 3개월 만에 1천만 달러어치가 판매되면서 단숨에 100만불의 매출을 올리게 되었다.

◆ 오로라클래식 레오파드(aurora classic leopard)

플럽시 인형으로 기업을 어느 정도 알린 오로라는 제2기의 전쟁을 위한 준비가 필요하였다. 기존 인형시장의 아이템은 거의 100%가 의인화된 동물을 소재로 한 제품들이었다. 이 부분에 착안하여 오로라월드는 발상의 전환을 하게 된다. 누가 봐도 실제 동물과 같은 인형을 만들기로 한 것이다.

〈오로라클래식 제품 중〉

실제 동물을 보는듯한 느낌과 실제 동물을 만지는 듯한 느낌을 최대한 살려내는 것이 관건이었다. 하지만 단순한 섬유재질로 사실적인 동물을 표현하는 것은 어려운 일이었다. 숱한 시행착오 끝에 비대칭 형태로 만들게 되면 인형이 더욱 생동감이 나는 것을 알 수 있었다. 그 결과 인형의 부분에 솜을 더 넣어 근육의 형태를 잡이 최대한 사실감을 주도록 하였으며 원단 역시 최대한 동물의 실제 모습과 비슷한 느낌을 주도록 하여 차별화된 고급스러움을 추구하였다. 제품 개발 한 달 만에 밀림에서 나온 듯한 레오파드가 탄생하였다. 이렇게 탄생한 인형에 오로라클래식 레오파드라는 이름을 붙여 시장에 내 놓았고 이는 고가의 제품으로 나이가 많은 청장년층의 매니아들을 만들게 되는 계기를 만들었다. 레오파드를 필두로 현재 총 500여종이 넘는 오로라클래식 동물 인형들이 태어났다.

◆ 팬시팔스(Fansy Pals)

Aurora는 항상 새로운 발상으로 고객의 욕구를 만족시킨다. 'Must Have Item'! 이는 미국 여자아이들이 꼭 가져야 할 제품을 말할 때 쓰는 말로 팬시팔스는 아이들 사이에서 필수품이 되어 버렸다. 팬시팔스는 2006년 국내외로 크게 성공한 제품으로 외출할 때 개나 고양이를 바구니에 넣어 다니는 동물애호가들에게서 힌트를 얻어 개발한 제품이다.

2005년 출시된 이 제품은 무려 800만 개나 팔려가면서 오로라월드가 미국시장에서 캐릭터 완구업계 브랜드 인지도 3위에 올라 갈 수 있는 원동력을 마련하였다. 오로라는 '팬스팔스'로 미국 기프트 비트 4월호에서 미국 캐릭터완구업계 인지도 3위에 올랐다. 물론 '1위도 아닌데 뭐가 그리 대단하냐 하는 이들

(팬시팔스 제품 중)

도 있을 수 있지만 10위권의 기업들 중 미국 이외의 국가에는 오로라월드 하나밖에 없는 것을 보면 미국 시장에서 살아남기가 얼마나 힘든 것인지 잘 알 수 있을 것이다.

이는 발 빠르게 시장의 트렌드를 읽고 소비자의 Needs를 파악하여 제품화한 기업의 노력의 결과이다.

그 밖에도 Aurora는 다양한 형태의 캐릭터를 만들어 냈고 또한 캐릭터와 함께 스토리도 만들어 고객으로부터 많은 관심과 사랑을 받고 있다. 물론 인형 이외에 자동차용품, 컵, 노트 등의 팬시제품도 출시하여 시장영역 확장에 본격적으로 가속도를 내고 있다.

② 가격 (Price)

가격 역시 각 제품군 별 다양한 가격책정이 이루어지고 있다. 일반 캐릭터 제품의 경우 중저가로 책정되어 누구나 하나쯤 구입할 수 있도록 하였으며 오로라클래식은 인형의 값이라고는 생각할 수 없을 정도로 고가제품을 출시하고 있다.

오로라클래식 제품들은 고가인 60만원 정도에 팔리고 있다. 미국에서는 경쟁사의 비슷한 제품군 가격에 85%-90% 수준의 가격으로 책정하면서 미국인들의 합리적인 가격 선호도를 반영하고 있다.

③ 유통(Place)

현재 Aurora는 생산품의 91.4%를 수출하고 있다. 주로 선진 시장에 수출하고 있으며 수출액의 85%를 자체브랜드로 판매하고 있다.

1992년 LA에 현지 판매법인의 설립을 시작으로 현재 전 세계에 4개의 판매거점과 5개의 상설전시장, 12개의 Distributor를 두고 60여 개국 이상의 시장에 진출하고 있다.

이후 미국시장에서의 성공을 발판으로 EU 시장 및 영국 판매법인과 독일 전시장 등을 설립하여 시장을 선점하였으며 국내 업체로는 최초로 세계명품 백화점인 영국의'헤롯'백화점에 입점시키는 성과를 거두기도 했다.

최근에는 러시아 등 동구권 시장에서도 큰 성과를 거두고 있는데 러시아에서는 현재 약 5천개의 점포망을 갖고 있는 최대 완구 및 선물용품 유통업체인 Saks사와 판매계약을 맺고 시장점유율 부동의 1위를 차지하고 있다. 그 밖의 동구권 시장에서도 매년 30%이상의 높은 매출 신장을 보이고 있다.

또한 중국의 칭다오, 인도네시아 자카르타에 생산법인을 두고 있으면서 올초 중국 거남에 생산법인을 설립하였다. 오로라는 지난 3월부터 본격적인 제품 생산에 착수한 중국 거남 공장의 효율성을 높이는데 주력하고 있서 이 공장이 안정화될 경우 월 150만 달러 규모의 제품생산이 가능하여 오로라월드는 전체 생산능력을 30% 이상 끌어올릴 수 있게 된다.

한편 국내유통을 위한 전략으로 지난 5월 14일 쌈지와 전략적 제휴를 체결하여 자체캐릭터를 이용한 상품을 쌈지의 국내 영업망을 통해 판매하여 국내시장 활성화의 기반을 조성하고 브랜드마케팅을 통해 캐릭터전문 업체로 발돋움 할 계기를 마련하였다. 이와 함께 오로라는 쌈지 계열사인 (주)아이들이 실시하는 유상증자에도 참여, '아이들'이 파주에 운영하게 될 테마파크 '딸기가 좋아Ⅲ-집에 안 갈래'에서 매장을 운영할 계획이다. 쌈지 역시 오로라월드의 해외 영업망을 이용하여 수출 증대를 꾀하고 있어 윈-윈의 시너지 효과를 거둘 수 있을 것으로 기대된다.

④ 촉진 (Promotion)

Aurora는 브랜드 인지도 세계 정상의 Total Gift Company를 최종 목표로 끊임없는 노력을 계속하고 있다. 1996년 'Summit Aurora 99'를 선포하고 정상에 이르기 위하여 기업의 내부시스템 정비와 인적자원 확보 및 인프라를 확충하는 작업을 수행하였으며 1999년에는 'Aurora Vision 2003'을 선포하고 본격적으로 대외역량을 높여갔다.

삼성동에 신사옥을 마련하고 2000년 시각디자인 부분에서 코스닥 등록 제1호 기업이 되었으며 2001년부터는 본격적으로 내수 시장을 공략하였다. 2002년에는 'Aurora world vision 2007'을 선포하여 현재의 CI와 "Gifts of Smiles"라는 슬로건을 내걸고 캐릭터 브랜드 인지도 1위, 세계 시장점유율 10%를 목표로 지속적인 노력을 기울이고 있다.

또한 기업 홈페이지 이외에 캐릭터 홈페이지를 별도로 마련하여 캐릭터에 부합하는 스토리와 함께 애니메이션, 만화 등 다양한 볼거리를 제공하고 있다. 특히 캐릭터 Alfie, 와 Milly는 각각의 홈페이지를 가지고 있어 친근하게 고객에게 다가서고 있다.

홈페이지의 게시판에 많은 아이들이 직접 Alfie와 Milly에게 사랑한다, 귀엽다는 등의 많은 글을 남기고 있는데 이를 통해 캐릭터의 인기를 실감할 수 있다. 이 밖에도 다양한 방법으로 촉진전략을 실행하고 있는데 이중 몇 가지 예를 들어보자.

◎ PPL 마케팅

Product Placement (PPL)은 영화, 드라마 등에 상품을 등장시켜 간접적으로 광고하는 마케팅 기법의 하나이다. 원래는 영화나 드라마를 제작할 때 소품 담당자가 영화에 사용할 소품들을 배치하는 업무를 뜻하던 용어였으나 최근 들어 광고효과가 두드러지게 나타남에 따라 광고를 노리고 영화에 제품을 등장시킨다는 의미로 쓰이고 있다.

Aurora는 국내에서 인지도를 높이기 위하여 PPL마케팅을 활발하게 수행하면서 많은 프로그램에 참여하였다. 인기드라마 '불새', '백만장자와 결혼하기', '루루공주'. '미스터 굿바이'를 비롯하여 시트콤 '논스톱', '똑바로 살아라', 교양프로그램 '러브하우스' 등의 다양한 프로그램에서 오로라월드의 캐릭터 인형을 찾아볼 수 있다.

기업측면에서 커다란 PPL효과는 얻을 수 없다고 한다. 프로그램의 시청률이 상승하면 제품역시 반짝 주문이 늘기도 하지만 시청률이 좋지 않은 경우 홍보로 얻을 수 있는 효과는 제로에 가깝다는 것이 업체의 설명이다.

한 예로 '루루공주'가 시작할 당시에는 좋은 시청률로 시작하여 기업측면에서 특수를 누리나 싶었지만 방송회수가 늘어가면서 점차 시청자들에게 호응을 얻어내지 못하여 큰 효과도 누릴 수 없었다고 한다. 하지만 지속적으로 다른 영상 프로그램에 자사의 제품을 노출함으로써 시장에서 고객들에게 기업을 알릴 수 있는 한 방법이 되기 때문에 Aurora는 지속적인 PPL마케팅을 펼치고 있다.

◎ CIS(Customer Invitation Service) Season 2

지난 2004년부터 서울 본사에 직접 고객을 초대하여 추억을 만들어 주는 고객방문 프로그램을 이어오고 있다. 2007년에는 더욱 알찬 프로그램으로 CIS Season 2를 고객들에게 제공하고 있다. 매월 첫째, 셋째 주 목요일 두 번씩 고객을 초대하여 기업을 소개하고 원단실, 디자인 연구실, 쇼룸 등을 견학하고 직접 인형을 만드는 등 다양한 프로그램을 제공하여 고객에게 흥미와 관심을 유발하고 있다.

직접 인형을 만들 경우 인형 속에 솜을 채워 넣기 전 자신이 사랑하는 사람에게 직접 카드를 써 넣음으로써 자신만의 특별한 인형을 가지게 되는 경험을 하게 된다. 이렇게 만든 인형은 시상을 하여 '사랑의 카드 상', '톡톡 데코상', '인형 만들기 대상' 등을 수여함으로 써 고객들이 참여 프로그램에 적극적으로 참여할 수 있도록 동기부여를 하고 있다.

또한 프로그램 시간대가 기업업무에 지장이 가지 않는 5시에서 8시 사이에 진행되어 참석자들은 출출한 기분을 갖게 되는데 오로라는 고객방문프로그램을 마치기 전 샌드위치타임을 만들어 고객들의 허기를 채워주는 세심한 배려까지도 시행하고 있다. 이러한 고객에 대한 배려는 곧 고객 감동을 위한 것으로 감성마케팅의 정석을 보여주고 있다.

4) 성공요인의 분석

① 전문가로 구성된 역량 있는 인적자원

Aurora가 글로벌화를 추진하여 온 이래 성공적인 성장을 달성 할 수 있었던 가장 큰 이유는 철저하게 전문화된 경영방식을 통하여 모든 구성원들을 그 분야의 전문가로 구성되게 하고 있다.

창업자 노희열 회장은 오로라월드를 설립하기 전에는 조그만 완구 업체의 무역부 과장으로 일하는 평범한 인물이었다. 하지만 인형산업의 가능성을 보고 직접 인형 제조업체를 설립하여 사업가로서의 첫발을 내 밀게 되었다.

OEM으로 기업을 운영하던 중 이의 한계를 깨닫고 자체브랜드를 갖기 위하여 무모하지만 과감한 결단을 하게 된다. 기업에 이름을 달고 이를 세계시장에 알리기 위하여 노회장은 해마다 직접 미주 전역에 열리는 완구 전시회와 박람회장을 40여 곳 넘게 찾아다니며 오로라 브랜드를 알리기에 나섰다.

미국 내 인형 제품의 유통망은 세일즈랩이란 전문 판매원들이 장악하고 있다는 것을 알게 된 노회장은 세일즈랩에서도 폴 로체라는 경력 34년의 베테랑 세일즈맨을 통하여 미국시장 개척의 물고를 트게 된다.

당시 폴 로체는 이미 그 분야에서 정상을 달리고 있었으므로 굳이 알려지지 않은 작은 인형업체인 오로라에 대하여 별다른 관심이 없었지만 노회장의 배짱과 철학에 마음이 끌려 노회장을 도와주게 되었다. 현재 노회장은 경영에는 직접적으로 관여하지 않는다. 디자인 연구소장으로서 오로라의 핵심가치인 디자인과 상품개발, 미래 전략을 지휘하는 한편 특유의 발품경영으로 해외마케팅에 주력하고 있다. 이러한 이유로 1년 중 8개월은 해외출장을 가고 있다.

국내 경영은 홍기우 대표이사가 담당하고 있다. 지난 1994년 오로라와 인연을 맺은 뒤 중소기업의 장점과 대기업의 시스템을 접목하면서 오로라월드의 변신을 주도해 왔다. 즉 중소기업의 장점인 신속한 의사결정과 끈끈한 인간관계, 오너의 빠른 판단력 등에 대기업에서 볼 수 있는 인사, 기획, 조직관리 및 시스템을 결합한 것이다. 2002년부터는 CBO(Chief Brand Officer)로서 브랜드 경영을 위한 브랜드 관리 및 브랜드 혁신을 주도해 나가고 있다.

가장 역점을 두고 추진하고 있는 비전은 조직내에 부문별로 일등 인재를 육성하는 것이다. 자체브랜드를 가지고 세계화를 시작하던 무렵 힘들던 시기에도 직원의 연수와 교육을 지속적으로 실시하여 직원들 모두가 철저한 프로가 되도록 유도하였다.

Aurora는 중소기업 중 가장 교육을 많이 시키는 회사로 꼽히고 있다. 해외파견, 순환근무, 해외전시회 참가 등으로 견문을 넓히게 하고 교육학점 이수제도를 도입하여 경력개발에 도움이 되는 교육과정을 이수하도록 하고 있다. 1년에 2회 업무성과를 측정하여 인센티브를 지급하고 매년 당기순이익의 20%를 연말 인센티브로 지급함으로써 직원들에게 동기부여를 하고 있다. 이러한 오로라의 인재육성 시스템이 오로라월드 경쟁력의 핵심이 되고 있다.

② 자체브랜드

10년 동안이나 OEM으로 운영되던 기업이 자체브랜드를 갖는다는 것은 어려운 일이다. 이는 열정 만으로만 되는 것은 아니다. 하지만 오로라월드는 자체브랜드를 갖기 위한 도전을 시작하였고 첫 공략 대상은 미국시장이었다. 미국은 세계 인형 시장의 45%를 차지하는 최대 시장이기 때문이다.

1992년 미국 판매법인과 브랜드 이름을 'A&A PLUSH'로 정하고 본격적으로 미국시장 공략을 시작하였다. OEM방식으로 운영되던 기업이 자체브랜드를 달 경우 당장 OEM 바이어들이 주문을 끊을 것이고 그렇게 되면 생존 자체가 어려웠기 때문에 '오로라'라는 이름을 숨기고 경쟁력을 갖추기 위한 시간이 필요했다.

당시 미국 캐릭터시장은 대부분이 방송과 영화를 통하여 사랑받는 캐릭터가 주류를 이루고 있었다. 하지만 이러한 미디어(Media) 제품의 경우 막대한 자금이 필요하고 또한 미국의 거대 기업들과 경쟁을 해도 승산이 없었다. 이는 단기간에 폭발적인 호응을 이끌어낼 수 있는 장점은 있지만 사이클이 짧다는 단점을 가지고 있다.

Aurora는 Non-Media 제품으로 기업의 방향을 정하고 기존의 거대 인형업체와 정면에서 경쟁하기 보다는 측면을 공격하는 방향으로 전환하였다. 이러한 자체 브랜드전략의 노력으로 오늘날과 같은 결과를 얻을 수 있었으나 이에 만족하지 않고 '스타벅스와 같이 브랜드를 판다'는 마음으로 '브랜드 인지도, 세계 정상의 토탈 기프트 컴퍼니!'를 목표로 하면서 브랜드 가치를 높이기 노력을 기울이고 있다.

미주지역 Plush 인형 부분 기업 인지도	
순위	기업명
1	TY
2	GUND
3	BOYDS
4	**AURORA**
5	RUSS
6	DOUGLAS CUDDLE TOYS
7	GANZ
8	WISHPETS
9	BEARINGTON

(Gift Beat 2005년 자료로 현재는 3위로 상승)

③ 디자인연구소

브랜드 경영의 중심에는 디자인연구소가 있다. 본사 전체 직원의 약 40%가 디자인과 관련된 인력으로 디자이너들은 입사 후 일정기간 교육과정을 거친 후 상품을 디자인 할 수 있다.

한국의 대학에 인형디자이너를 육성하는 전문과정이 마련되어있지 않아 선발된 디자인 전공자는 3-4년간의 자체 교육 프로그램에 따라 집중 훈련을 받게 된다. 각국의 트렌드를 파악할 수 있도록 세계 각국으로 파견하는 순환근무는 기본으로 공장에서부터 소비자에게 공급되는 전 과정을 직접 살피는 것을 필수 코스로 하고 있다.

이런 과정을 마친 디자이너들은 서울에서 4회, 미국에서 2회 등 총 6회에 걸쳐 상품기획과 마케팅, 글로벌 생산품 개발 미팅을 가지게 된다. 오로라월드는 현재 세계 9개국에 디자인 리서치 개발센터를 설립, 운영하고 있다.

디자인 개발을 지원하는 웹 (ERP(Enterprise Resource Planning)는 전사적 자원관리 시스템을 뜻하는 말로서 이를 통하여 디자이너들은 세계 어디에서나

발 빠르게 상품개발 작업을 할 수 있게 되었다. 여기에는 그동안 개발된 4만 5천여 종의 캐릭터 디자인과 매뉴얼이 DB로 구축되어 있어 실시간으로 자료를 공유함으로써 작업시간을 단축시키고 효율을 극대화하는 효과를 얻고 있다.

④ 경쟁력 있는 글로벌 네트워크

Aurora의 경쟁력은 매년 각국의 문화와 생활방식에 맞는 1000여 종의 제품을 신속하게 내놓는 '다품종 소량생산' 시스템에 있다. 현재 세계 각국에서 팔리고 있는 제품만도 3500여종에 이른다. 다품종 소량생산을 할 수밖에 없기 때문에 중국에 두 곳과 인도네시아 한 곳에 생산 공장을 설립함으로써 이를 해결했다.

또한 시장별로 주요국가에 판매법인을 설립하여 현지 전문가를 채용하여 세일즈에 나서는 한편 전 세계 바이어들의 집결지인 홍콩에도 법인을 설립하여 정보수집활동을 수행하고 있으며 미국, 홍콩, 영국, 독일 4곳에 현지 판매 법인을 설립하고 있으며 러시아, 일본, 대만 등에도 판매대행업체를 두어 효과적인 글로벌 판매망을 조직했다.

미국시장을 개척함에 있어 소홀히 하지 않았던 부분은 세일즈 랩(Sales Representative)을 발굴하여 확보하는 일이었다. 미국과 같이 넓은 지역을 한 회사가 모두 관리하는 것은 쉽지 않은 일이다. 따라서 미국의 환경을 가장 잘 알고 있는 전문 세일즈맨이 필요하였다. 오로라월드를 위하여 일하고 있는 세일즈 랩은 약 200여명으로 이들의 거대한 네트워크망이 미국시장에서 영향력을 미치면서 매년 50% 이상의 꾸준한 매출증가를 이끌고 있다.

또한 세일즈랩(Sales Lab)을 위하여 매년 실적에 따라 인센티브를 지급하고 있고 전 세계 세일즈랩이 모이는 세일즈 랩 미팅 행사를 마련하여 소속감 증대와 정보교류의 장으로 활용하고 있다.

오로라월드의 수직 계열화 된 네트워크

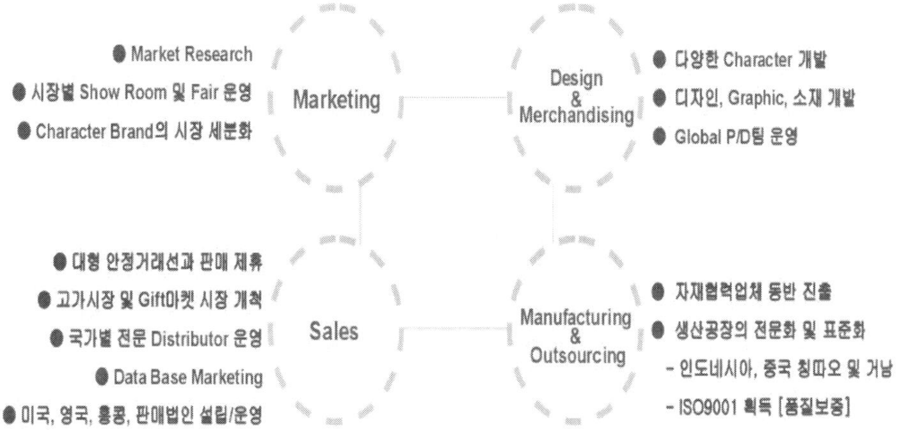

디자인 리서치 개발센터는 세계 9개국에서 네트워크를 형성하고 있으며 ERP시스템도 세계에 흩어져 있는 본사, 생산거점, 판매거점 등을 효율적으로 통합 관리하는 정보네트워크이다.

ERP시스템은 '바이어-판매법인-본사-생산법인'으로 가는 주문 시간을 12시간에서 1시간 이내로 단축했고 제품개발 기간도 3개월에서 1개월로 단축시켰으며 연간 200개 이내에 불과하던 생산품목을 2천개로 확장시켰다. 이를 통한 사업장별 축적된 지식의 효과적인 활용은 고객서비스의 향상에 크게 기여하였다.

⑤ 우수한 상품과 철저한 품질 관리

매년 5천여 종의 아이템을 선보이지만 실제로 시장에 선보이는 제품은 20% 정도이다. 이는 경쟁력 있는 제품만을 시장에 출시하기 때문이다. 그동안 오로라월드가 개발한 인형은 약 5만여 종으로 노회장은 중요한 모든 디자인을 의장등록을 하였다고 하면서 이는 '오로라의 가장 큰 재산'이라고 말하고 있다.

Aurora는 뛰어난 품질로 인하여 영국 헤롯백화점에 우리기업으로는 최초로 입점을 하였다. 이는 삼성전자보다 3-4년이나 빠른 것으로 인형은 특히 아이들이 가지고 놀기에 인체에 무해하여만 한다. 오로라월드는 '생활용품시험연구소'에 의뢰하여 합격된 품질의 원단만으로 생산하기에 한 해 검사비로만 1억 원을 쓰고 있다.

1999년에 ISO9001 인증을 획득하여 전문화, 표준화를 이루었으며 각지에 흩어진 하청공장에서의 작업이라 하더라도 최종 공정은 오로라가 직접 수행하여 캐릭터 고유의 특성을 살릴 수 있도록 하고 있다. 제품에 하자가 발생할 경우 전량 새로운 제품으로 재생산, 공급함으로 바이어들과의 신뢰를 계속 이어오고 있다.

⑥ 노사 상생 '2-3-5 원칙'

2-3-5 원칙이란 이익의 50%는 재투자에 쓰고, 30%는 주주, 20%는 직원에게 돌려주는 원칙을 말한다. 회사의 지속적인 성장을 위하여 오로라월드는 1996년부터 꾸준히 이를 지키고 있다.

1931년 설립 이후 한 번도 적자를 내지 않은 기업으로 1990년대 국내 완구산업의 위기 속에서도 지속적인 수익을 창출했다. 이렇게 얻은 수익을 회사의 발전과 주주, 직원을 위하여 재투자 하고 있어 이익의 50%는 기업을 위한 재투자로 사용되며 직원의 몫인 이익의 20%는 1년에 2번 평가를 통하여 차등 지급하면서 스스로 노력하는 직원에게 보상을 한다는 원칙을 지켜오고 있다.

6) 요약 및 비전

Aurora의 비전은 '디자인과 마케팅 전문의 초우량 다국적 기업 실현'이다. 창업주인 노희열회장은 인터뷰에서 "우리는 인형이 아닌 행복을 판다. 우리는 스타벅스처럼 브랜드를 파는 회사다."라고 말한다.

작은 OEM방식의 인형제조업체로 세계의 수많은 국가에 글로벌 네트워크를 가지고 세계적인 회사들을 따돌리는 중견기업이 되었으나 여전히 오로라월드가 가야할 길은 멀다.

세계시장의 환경은 끊임없이 변화하기에 능동적으로 적응하지 못할 경우 지금은 잘 나가는 기업이라도 계속기업(going concern)으로서의 경영환경을 장담할 수 없다.

컴퓨터 게임이 기존의 장난감 시장 영역을 좁혀 오는 가운데 단순한 완구 제조기업에 머물지 않고 '마음을 선물하는 기프트사업'으로 사업 영역을 넓혀 가고 있다. 특히 기프트 산업의 경우 세계적으로 1000억불의 시장을 형성하면서 국내에서도 1.5조원 규모로 성장하고 있어 앞으로 Aurora는 원소스-멀티유즈로 이 분야에서 영역을 크게 확장할 계획으로 있다.

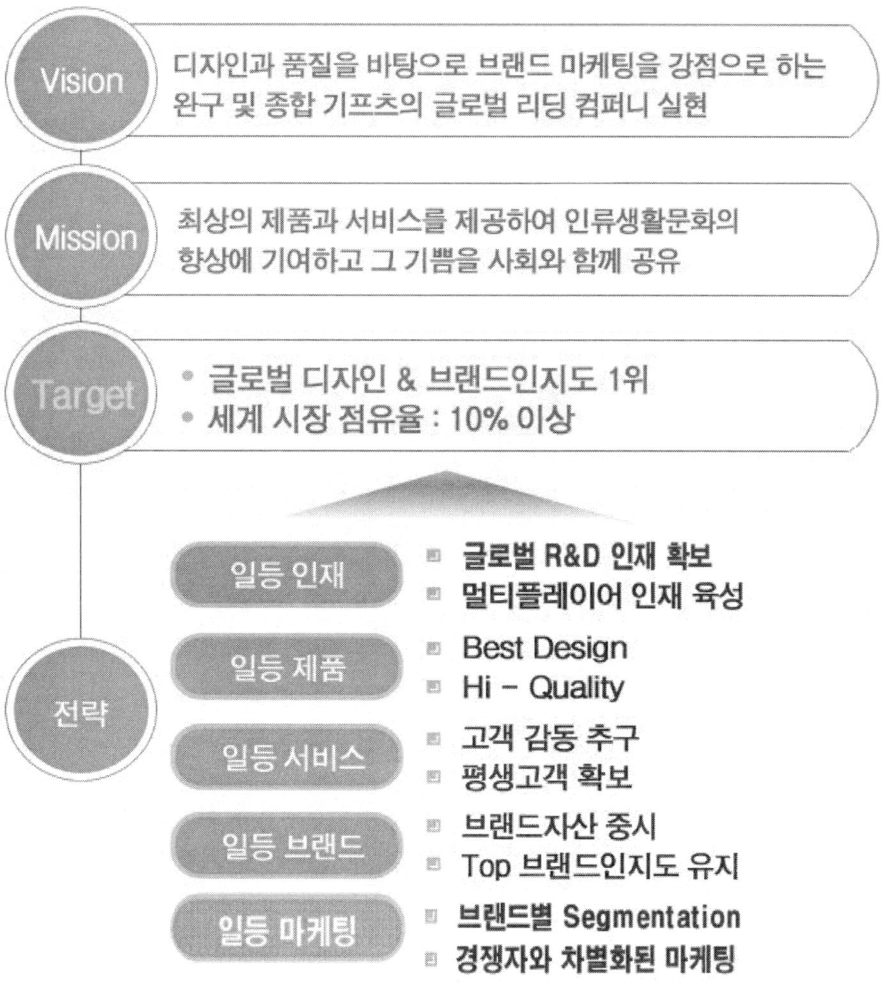

① 마케팅역량을 키운다

미국시장에서 Aurora는 우리 전통놀이 '오자미'에서 착안한 플럽시 인형을 출시로 세계 인형업계의 패러다임을 바꾸어 놓는 성과와 함께 큰 이익을 얻게 하였다.

홍기우 대표이사는 플럽시 인형을 내놓았을 때 마케팅만 잘 했어도 오로라월드가 1위 업체가 되었을 것이라고 회상하고 있다. 당시에 플럽시 인형이 인기를 끌자 대부분의 캐릭터완구 업체들이 콩을 넣은 유사한 인형을 출시하였으며 결과적으로 오로라월드는 인형을 개발해 놓고서도 마케팅에서 앞서있던 TY사 등에에 시장의 많은 부분을 빼앗길 수밖에 없었다.

TY사는 미국 10대 완구업체 중하위권이었으나 이 제품 하나로 1년 만에 15억달러를 벌어들이며 세계 1위에 등극할 수 있었다. 이처럼 완구업계는 히트상품 하나로 시장을 석권할 수 있기 때문에 전문적인 마케팅 역량이 필요한 것이다.

② 철저한 환율 관리

Aurora의 전년도 매출 실적은 좋지 못하다. 수출 물량이 그 전년도 보다 신장했음에도 환율 때문에 수익을 많이 내지 못한 것이다. 특히 Aurora는 매출의 90%이상이 수출에서 발생하는 데 지난해 원화가 대폭 절상되면서 매출액이 8% 감소되어 금액으로는 전년도 44억 6100만원에서 24억 1200만원으로 45.94%나 감소했다.

다행히 환 리스크 관리 차원에서 파생상품을 운영하여 영업 외 수익을 늘리고 해외 법인의 지분평가이익 증가에 힘입어 경상이익은 오히려 35억 5400만원에서 46억 4100 만원으로 30.59%나게 되었다.

이처럼 Aurora는 수출에 크게 의존하고 있기 때문에 환위험에 크게 노출되어 철저한 환 리스크의 관리는 절대 필요한 과제이다.

③ 경쟁력 있는 캐릭터 개발

지난 2008년 삼성동 코엑스 센터에서 열린 세계인형대축제의 홍보대사를 맡은 김재윤 국회의원은 '인형은 21세기 문화산업의 중요한 원천인 캐릭터산업으로 매우 중요한 산업'이라고 강조하며 미키마우스 때문에라도 미국은 앞으로 100년 동안은 망하지 않을 것이라고 언급한 바 있다.

이처럼 경쟁력 있는 캐릭터는 고 부가가치를 창출하게 된다. 미국 및 일본은 막강한 미디어 경쟁력의 영향으로 다양하고 경쟁력 있는 캐릭터를 많이 보유하고 있어서 두 국가의 업체들이 세계 캐릭터시장의 대부분을 차지하고 있다고 해도 과언이 아니다.

경쟁력을 확보하기 위하여 처음에는 Non-Media 제품시장으로 진출하였으나 글로벌 기업으로 가기 위해서는 Media 제품시장으로의 진출은 불가피하다. 이러한 점에서 정면으로 거대기업들과 경쟁하기 보다는 내실을 충분히 다진 후에 먼저는 세계시장에서의 틈새시장(niche market)을 찾아 시장을 확보하고 점차로 본격적으로 세계의 시장을 개척해 나가야 할 것이다.

④ 중국 노동시장 변화에 대처

중국은 매년 10% 이상의 고공 성장을 하면서 노동시장 역시 빠르게 변화해 가고 있다. 약 15년 전부터 많은 제조업체들이 원가절감을 위한 목적으로 생산거점을 중국으로 옮겼으나 최근에는 인력난 및 인건비의 상승으로 많은 어려움을 겪고 있다.

KOTRA 칭다오 무역관에 의하면 "봉제완구 등의 업종은 대부분 적정인원의 60-70% 정도밖에 채용하지 못하고 있어 많은 회사들이 내륙이나 동남아로의 이전을 심각하게 고민하고 있다"고 한다.

중국 진출의 제조업들이 인력난에 시달리는 것은 3D 업종 회피 성향과 관련이 있는 것으로 1자녀 출산 정책으로 귀하게 자란 젊은이들이 힘든 일을 하려 하지 않으려는 경향과 도시로 유입된 농촌출신 젊은이들은 서비스업으로 몰리기 때문이다.

이러한 인력난은 인건비의 상승과 및 기업들 간의 인력 빼내기는 높은 이직률을 가져왔으며 지난 2-3년 동안 근로자 최저임금은 10% 안팎으로 올랐다. 오로라월드 거남법인의 경우도 시골에서 온 직원들이 중소도시에서 일하는 것을 대도시로 나가기 위한 징검다리로 여기면서 잦은 이직으로 생산성이 오르지 않는 악순환으로 어려움을 겪고 있다.

더구나 중국 정부가 제조업체에서의 취업 기피를 낮은 임금과 열악한 작업 및 복지환경 때문인 것으로 판단하여 근로자의 편을 들어 주면서부터는 임금의 상승이나 각종 복지혜택에 대한 확대도 불가피하게 되었다.

이에 따라 Aurora를 비롯한 중국에 진출한 한국기업들의 어려움은 더욱 커질 것으로 예상되고 있다.

제 4 장

국제마케팅의 정치적 환경

제1절 정치적 환경의 의의

제2절 삼성전자 : Anywhere? In the China! Anycall? For the Chinese!

제 1 절 정치적 환경의 의의

국제마케팅은 진출국가 또는 진출지역에서의 이질적인 시장환경에서 수행되는 점에서 반드시 극복하여야만 할 여러 가지의 요소들이 상존하고 있다.

최근 세계적으로 활성화되고 있는 FTA는 지역경제의 블록화를 탈피하는 새로운 탈출구 내지 대안으로 인식되고 있다. FTA는 Free Trade Agreement의 약어로 '자유무역협정'이라고 번역되며 '수입 또는 수출에 상관없이 무역의 모든 품목에 대하여 관세를 매기지 않는 것'을 뜻하는 것으로 무역협정에서의 양국은 사정에 따라서 일부의 품목들에 대해서는 제외시킬 수 있다.

한국과 칠레 양국간에 체결된 FTA는 성공적인 무역협정으로 양국간의 시장이 확대되어 경쟁력을 확보하고 있는 품목의 경우 수출의 활성화를 가져오지만 그렇지 못한 제품들은 경쟁력을 상실할 수 있는 위험성을 갖고 있다.

실제로 한국은 양국 간에 협정이 체결되기 이전보다 더 많은 이익을 보고 있지만 칠레에서 수입될 주 수입원인 농산물들이 가격경쟁력을 갖게 될 경우 한국의 농산물은 경쟁력을 잃게 되어 미시적으로는 이들을 보호 내지 지원해 주는 대책과 함께 장기적으로는 국가 전체에 이익이 된다는 것을 이해시키는 적극적인 홍보가 요구되고 있다.

그동안 미국에서의 섬유쿼터제를 폐지(2005년)에 따라 중국과 베트남을 중심으로 하는 신흥국의 급부상으로 어려움을 겪은 섬유산업은 한-미간의 FTA가 체결되면 EU에 이어 933억불의 규모에 이르는 세계 최대의 섬유수입국인 미국에서 평균 13%(최대 32%)의 고관세가 철폐되어 일본, 이태리, 중국 등보다 높은 경쟁력을 얻게 되면서 고용인원이 80만명에 이르는 산업들은 크게 성장할 수 있는 기회를 갖게 될 것이다.

다음의 〈표 4-1〉은 한국-칠레간에 이어 2011년에 체결된 한국-EU와 한국-미국간의 주요 내용을 정리한 것이다

〈표 4-1〉 한국-EU와 한국-미국간 FTA의 주요 내용

한·EU FTA와 한·미 FTA의 주요 내용

한·EU		한·미
없음. 하지만 한국 정부가 이미 27개 EU 회원국 중 22개국과 양자간 체결	투자자-국가간 소송제도(ISD)	있음
-하수 처리사업 입찰에서 EU기업 비차별 -EU 위성통신사업자가 국내 통신회사 거치지 않고 방송사와 직접 계약 가능	환경·위성통신 서비스	없음
포지티브 리스트	서비스분야 개방 방식	네거티브 리스트 외국인투자 등 44개 분야에 대해 예외를 뒀기 때문에 민감한 분야에 대한 정부 규제는 여전히 가능
한국(8%)은 즉시, EU(14%)는 만 5년 뒤 관세 철폐	컬러TV	한국(8%)은 즉시, 미국(0~5%)은 최대 만 3년 뒤 관세 철폐
한국(8%)·EU(10%)가 만 3~5년 뒤 관세 철폐	자동차	한국(8%)·미국(2.5%)이 만 4년 뒤 철폐
한국이 40% 관세 만 15년 뒤 철폐	쇠고기	한·EU와 동일
한국이 18% 관세 만 10년 뒤 철폐	냉장 닭고기	한·EU와 동일
한국이 45% 관세 만 10년 뒤 철폐	배	한·EU와 동일
한국이 25% 관세 만 10년 뒤 철폐	냉동 삼겹살	한국이 25% 관세 2016년부터 철폐
저작자 사망 후 70년	저작권 보호기간	한·EU와 동일

※투자자국가간소송제도(ISD): 기업이 투자한 국가에 대해 계약 위반 등을 이유로 국제 소송 가능
※포지티브 리스트는 개방할 품목만 명시. 네거티브 리스트는 개방하지 않을 품목만 명시.

자료: 외교통상교섭본부

현재 미국과의 FTA 협정은 국회의 동의를 거쳐 대통령의 서명이 있었고 곧 양국 간에 본격적인 시행을 앞두고 있다. 현재 서울에서는 대규모의 시위가 연이어 지고 있으나 치열한 양상을 보이는 세계무역의 현장에서 양국간의 상생을 위해서도 장기적인 안목에서 양보와 배려를 통하여 지속적으로 논의되는 가운데 합의점을 도출시켜야 할 것이다.

특히 논쟁의 중심이 되고 있는 ISD(Investor-State Dispute Settlement), 즉 투자자-국가소송제는 투자를 유치한 정부가 투자협상 의무위반이나 투자계약 또는 투자인가를 위배한-산업분야의 당사자들에 의하여 투자자에게 손실이 발생하게 되면 투자유치국의 정부를 상대로 하여 국내법원 제소나 국제중재를 요청할 수 있는 제도로서 세계 2,500여개의 투자협정에 포함되어 있으며 한국도 이미 가입을 한바 있다.

또한 자유화 역진방지장치로 알려진 Rachet은 현행 자유화 수준을 유지하거나 혹은 더 자유화된 형태로 관련 법령의 개정이 허용되지만 일단 개방된 수준보다 낮은 수준으로는 되돌릴 수 없도록 하는 장치이다. 이 역시 시장개방 및 투자자•무역업자의 예측가능성을 증대시켜 교역과 투자를 증대시키려는 것으로서 한-미간 FTA에서는 서비스나 투자분야에만 한정되어 적용할 수 있도록 하고 있다.

따라서 위에서 언급한 용어들은 구체적인 협상단계에서 치열한 쟁점들을 완화 내지 중재시키는 협상에서의 기술적인 접근방법들로 정치는 물론 경제 그리고 문화적 환경이 다른 국가와 시장간의 개방이 결코 쉽지 않음을 보여 주고 있는 것이다.

널리 알려진 FTA의 성공 사례로는 1960년에 창설된 '유럽자유무역연합'과 America, Canada, Mexico의 3개국이 체결한 NAFTA(North America Free Trade Agreement), Philippine, Indonesia, Malaysia, Singapore, Brunai, Thailand, Miyanma, Laos, Papua New Guinea, East Timor 등의 '아시아자유무역연합'인 ASEAN(Association of Southeast Asian Nations)을 들 수 있다.

미국의 증권사인 Goldman-Sachs가 Brasil, Russia, India, China 등의 국가들을 지칭하고 있는 BRICS의 경제력은 점차로 증대되어 서방 선진 7개국(G7)에 포함될 것이라고 언급하고 있으며 특히 중국의 경우에는 2041년에 이르면 국내총생산(GDP)의 규모가 미국을 능가하는 세계 최대 경제대국이 될 수 있을 것으로 전망되고 있다.

현재 G7은 미국, 영국, 독일, 프랑스, 일본, 이탈리아, 캐나다이며 후에 러시아가 참가하면서 G8이 되었다. 이들 국가들은 세계 인구의 14%를 차지하고 있을 뿐만 아니라 부(富)에 있어서 세계 전체의 2/3이고 GNP에 있어서는 56%를 차지하고 있다. 또한 세계 GNP의 56%를 차지하고 있고 1인당 GNP는 세계 평균의 4배를 넘고 있다.

최근에는 Post BRICs라는 신조어가 널리 쓰이고 있다. 이는 높은 경제성장으로 떠오르고 있는 신흥시장(emerging market)에 관련하여 Next-11(한국, 멕시코, 나이지리아, 방글라데시, 파키스탄, 베트남, 이집트, 인도네시아, 이란,

필리핀, 터키), 그리고 TVT(터키, 베트남, 태국)나 E7(브라질, 러시아, 인도, 중국, 인도네시아, 멕시코, 터키), CHINDIA(중국, 인도), BRICKS(브라질, 러시아, 인도, 중국, 카자흐스탄, 남아프리카공화국), IBSA(인도, 브라질, 남아프리카공화국), VTICS(베트남, 태국, 중국, 인도) 및 6 Countries Beyond the Big 4(이집트, 멕시코, 폴란드, 남아프리카공화국, 한국, 터키) 등의 등장을 보여 주는 것으로 이들은 새로운 세계의 경제질서 내지 공동시장을 형성하고 있다.

이러한 국제마케팅의 환경은 처음에는 정치적인 목적에 따라서 출발하였으나 결국에는 자국의 기업에 유리한 시장환경을 유지 내지 활성화시키는데 있다. 따라서 본국을 떠나 해외에서의 시장을 진출하여 성장하기 위해서는 특정 국가의 정치적 특성이나 중요한 환경적 요소들을 파악하여 극복 내지 활용할 수 있어야 할 것이다.

EU(유럽경제공동체)나 NAFTA와 같은 경제 블록화 현상이 일반화되면서 점차로 영향력이 커지고 있다는 것은 현지국에서의 새로운 요구 조건들(requirements)임을 유념하여야 한다. 즉 EU에서는 ISO 9000 시리즈의 인증서를 요구하고 있으며 NAFTA의 경우에는 NAFTA 시장에 진출하려면 수출상품의 75%가 동 지역의 부품이어야 규정하면서 북미산(北美産)이라는 원산지 증명서를 요구하고 있는 점 등이다.

그러므로 이러한 기구(organization)들은 결국 이의 설립을 주장한 선진국들(advanced country)의 이익 및 관심을 대변하는 기구라고 볼 수밖에 없다.

1948년 설립된 GATT의 경우 자유무역(Free Trade)을 표방하면서 1967년에는 한국을 가입하도록 하였으나 이후에는 미국 정부의 대외적 경제여건이 어려워지면서 '자유롭고 공정한 무역(Free and Fair)'을 한다고 하면서 〈슈퍼 301조〉와 UR 등을 통하여 한국의 시장개방을 요구하고 있어서 이는 미국을 포함한 선진국들의 입장을 옹호 내지는 지지하는 들러리의 역할을 하고 있다는 부정적인 인상을 주고 있다.

그리하여 '관세와 무역에 관한 일반 협정'으로 알려진 널리 알려진 GATT는 General Agreement on Tariff and Trade의 약어임에도 불구하고 General Agreement on Talk and Talk라는 빈정거림을 받기도 하였다.

1993년 12월 15일 UR무역 협상으로 일단 타결을 보았으나 이후 UR협상에 대한 이행여부를 감시하기 위한 기구(Organization)를 창설하기로 하면서 1995년 1월에 발족된 WTO(World Trade Organization)는 '세계무역기구'라는 이름으로 GATT가 단순한 계약의 협정에 머물러 법률적인 구속력을 갖지 못하고 효과적이고도 강제적인 기능을 발휘하지 못한 것에 대한 대응 수단으로 창설되었다.

이후 분쟁의 해결과 관련하여 상소제도를 도입함은 물론 분쟁 당사국들 중 어느 한 쪽이 이를 수용하지 않을 경우에는 다른 상대국은 무역 보복을 할 수 있게 하는 장치 등을 마련하게 되었다.

이러한 국제적인 시장 환경에서 여건에 따라 한국으로서는 최대의 교역시장인 미국 행정당국으로부터의 정치적인 여건 및 변화에 따라 크게 영향을 받을 수밖에 없다.

미국은 1974년에 자국의 통상법 301조를 제정하여 미국의 무역기업들이 외국의 불공정한 법이나 정책 및 관행에 의해 피해를 받고 있다고 정부 당국에 제소할 경우 외국정부와의 협상을 개시할 수 있을 뿐만 아니라 나아가서는 업계로부터의 제소가 없이도 무역대표부(USTR)의 자체 판단에 의해서도 이를 수행할 수 있게 하였다.

뿐만 아니라 협상 결과가 만족스럽지 못할 경우에도 해당 외국 상품에 대하여 보복을 취할 수 있게 하였으며 불공정한 통상에서의 관행이라는 판단은 전적으로 미국의 행정 당국이 할 수 있게 하였다.

1988년에는 지적재산권분야를 보호하기 위하여 슈퍼 301조를 제정하였으며 이는 통상법 301조가 협상 기한이 1년임에 비하여 단 6개월밖에 되지 않는 단기이다. 더불어 USTR에서는 슈퍼 301조의 부활을 검토할 계획을 천명하면서 이의 적용 여부는 컴퓨터, 정부 통신 및 의료기 분야에서 폐쇄적인 일본에 달려 있다고 경고한 바 있다.

참고로 슈퍼301조에서 말하는 '불공정한(unfair)'이라는 단어의 의미는 불합리하고(unreasonable)' 또는'부당한(unjustifiable)'의 뜻으로 이러한 용어들은 실제로는 반드시 '미국의 국제법상 권리를 침해 또는 그와 불일치되지 않는다'고 하더라도 사업기회(market opportunities), 기업설립기회(opportunities for the establishment of an enterprise), 지적소유권의 적절하고 효과적인 보호(provision of adequate and effective protection of intellectual property rights)에 있어 달리 불공정 또는 불공평하다고 생각되는 모든 법, 정책이나 관행을 말하고 있다.

결국 미국 행정부의 슈퍼 301조나 통상법 301조 그리고 NAFTA 등의 세계적인 통상관련의 조직이나 법규들은 강대국의 정치적인 목적으로 결성되어진 것으로서 해당 당사국들간에는 관세 및 비관세 장벽의 폐지 등으로 무역 분야에서 활성화를 이룰 수 있지만 이러한 기구에서의 국외자(outsiders) 또는 외부의 국가들은 불이익을 받게 하는 것이며 결과적으로는 미국과 같은 강대국들은 자국 상품의 국제 경쟁력의 강화나 마케팅 능력의 제고는 물론 수출 상품의 차별화 나아가 시장의 다변화 등을 이룰 수 있게 된다.

물론 이러한 강점 내지 우위적 환경은 쉽게 달성될 수 없는 것으로 국제경쟁력의 강화를 위해서는 기업의 R&D 분야에서의 과감한 투자와 경영의 혁신 그리고 근로자의 효율적 생산을 인식 등과 같은 직접적인 기업환경에서의 개선과 함께 도로나 항만 등의 사회간접시설에 대한 투자나 실시와 같은 간접적인 경제환경 등이 가시적으로 실현되어져야만 한다.

세계 제2차 대전 이후 유럽 경제를 부흥시키기 위한 기구였던 OEEC를 1961년에 개발도상국의 원조 등의 세계적인 경제 문제를 해결하기 위하여 발전적으로 해체하면서 발족시킨 OECD(Organization of Economic Cooperation and Development : 경제협력개발기구)는 영국, 프랑스, 미국 등의 서방 국가와 일본, 핀란드 등 24개국이 가입한 선진 국가들의 기구이다.

그동안 OECD는 세계의 무역과 금융 등 세계 경제 전반에 걸쳐 커다란 영향력을 행사하여 왔으나 세계 경제는 좀처럼 나아지지 아니하고 치열한 경쟁과 함께 오히려 불균형은 심화 내지 장기화되었다. 이에 따라 개발도상국이 주축이 되어 선진국 중심의 세계경제의 메커니즘은 선진국들에만 이익이 될 뿐이라고 하면서 NIEO(New International Economic Order:신국제경제질서)를 발족시키게 되었다.

이들은 공공 원조의 강화와 함께 IMF(International Monetary Fund:국제통화기금)의 SDR(Special Drawing Right:특별인출권에 의한 개발자금)이용, 외채부담의 경감을 주장하였다.

이후에는 개발도상국들 가운데 선진국의 시장을 대상으로 하여 수출 주도형 성정 정책을 추진해 온 NICS(Newly Industrialized Countries : 신흥공업국)가 등장하면서 서서히 세계 경제에서 서서히 영향력을 갖게 되었다.

OECD에서는 서구의 스페인, 포르투갈, 그리스, 유고슬라비아와 중남미의 브라질, 멕시코 그리고 아시아의 홍콩, 한국, 대만, 싱가포르 등을 신흥공업국가군으로 분류하였으나 홍콩을 주권 국가로 인정하지 않는 중국의 주장에 따라 NICS(Newly Industrialized Economies)로 부르기도 하였고 DAES(Dynamic Asian Economies)로도 알려졌으나 1993년 OECD 이사회의 결정에 따라 DNME(Dynamic Non-member Economies)로 개칭되었다.

DNME는 한국, 홍콩, 싱가포르, 태국, 말레이시아, 멕시코, 브라질, 아르헨티나, 칠레 등 OECD의 비가입 10개국에 대한 총칭으로 멕시코와 브라질 등 남미 4개국들과 함께 이들 국가들이 점차로 세계경제의 중심이 되다.

그러므로 국내의 시장으로 벗어나 해외시장에서 마케팅활동을 수행하려는 기업들의 경우 먼저는 현지의 마케팅환경을 분석하여야 하며 다음에는 표적시장을 선택하고 그 다음에는 마케팅 믹tm(Marketing Mix)의 최적화를 이뤄야 한다.

즉 기업의 외부환경(外部環境)에서의 기회(機會)와 위기(危機) 및 내부환경(內部環境)의 강점(强點) 및 약점(弱點)을 파악하여야 목표로 하는 표적시장(Target market)에 대한 STP, 즉 세분화(segmenting), 타케팅(targeting), 포지셔닝(positioning)을 실시하여야 하며 제품, 가격, 촉진, 유통의 일관된 4P에서의 최적화를 이뤄야 한다.

다음의 〈표 4-2〉는 기업환경의 분석도구인 SWOT, 즉 기업환경에서의 기회-위기-강점-약점을 요약한 것이다.

<표 4-2> SWOT 분석

	기회/Opportunity	위협/Threat
강점/Strength	현재 기업이 갖고 있는 강점(强點)을 효율적으로 사용할 수 있는 사업 기회(機會)는 없는가? 또는 무엇인가?	기업의 갖고 있는 지금의 강점(强點)을 가지고 위협(威脅)을 회피(回避)할 수 없을까?
약점/Weakness	기업의 약점(弱點)을 사업 기회로 놓치지 않으려면 무엇이 요구(要求)되는가? 또는 어떻게 하여야할까?	현재의 위협(威脅)과 약점(弱點)을 극복(克復)하면서 최악의 사태를 초래(招來)하지 않으려면 어떻게 하여야 하는가?

정치적 환경은 SWOT 분석에서 외부환경의 전형적인 경우로 이들이 긍정적인 요인이 될 것인지 아니면 부정적인 요인이 될 것인지의 여부는 기업 성공의 성패 여부를 결정짓는 환경조건으로서 정치적인 환경은 미시적으로는 자국의 정치적 안정 또는 정권의 교체에 따른 정책과 제도의 변화와 함께 중동사태의 불안이나 뉴욕증권시장 하락이나 급등과 같은 국제적인 금융시장의 환경 그리고 FTA의 확산 등과 같은 세계경제에 영향을 미치는 제반 환경들에 의하여 직간접적으로부터 영향을 받게 된다

제 2 절 삼성전자 : Anywhere? In the China! Anycall? For the Chinese!

I. 서론

삼성전자는 1969년 1월 자본금 3억 3천만원으로 삼성전자 공업 주식회사로 설립되어 지속적인 성장을 거듭하여 왔다. 1969년-1972년은 창업기로 삼성전자 SANYO를 설립하였으며 삼성 NEC의 설립으로 흑백 TV [P-3202]을 처음으로 수출하면서 수원공장을 가동시켰다.

1972-1975년은 성장기반 구축기로 국판용 흑백 TV를 제조와 함께 냉장고, 세탁기 등을 생산하기 시작하였으며 이후에는 생산, 관리업무의 합리화를 추진하면서 본사를 수원으로 이전하였다.

1977년까지는 사세 확장기로 칼라 TV자체 생산을 성공하였으며 흑백 TV의 경우 100만대 판매를 달성하는 성과를 거두었다. 또한 칼라 TV자체 생산 뿐 아니라 세계에서 3번째로 순간 수상방식 이코노 TV를 개발하는 등 기술 발전에도 노력하였다. 그리하여 1977년에서 80년까지는 흑백 TV 생산 1위를 기록하고 1978년에는 미국 현지 판매법인 [SEA] 설립을 하면서 수출 1억불을 달성하는 고도의 성장기를 이룩하였다.

1980년부터 1983년간에는 불황의 극복을 위한 기술개발의 시기였다. 즉 흑백 TV 1000만대를 생산하였고 칼라 TV와 이코노 TV 생산 100만대, 칼라 TV의 일본 수출 등의 기록을 세우기도 하였다. 또한 1982년에는 독일 현지 판매법인[SEG]을 설립하고 최초의 포르투갈 현지 생산법인 [SEP]을 준공하기에 이르렀다.

1983년-1986년은 수출주도의 성장시기였다. 즉 1983년의 퍼스널 컴퓨터 [SPC-1000]의 생산, 1984년의 삼성전자 주식회사로 상호 변경, 그리고 영국 현지 판매법인[SEUK]과 미국 현지 생산법인 [SII] 등의 설립과 함께 매출 1조원을 달성할 수 있었다.

1986년-1990년은 해외지향 변신기로 1986년에는 한국 경영대상 최우수상을 수상하였고 1987년에는 해외 연구분소(미국 산타클라라, 일본 동경)를 설립하였고, 호주 현지 판매법인[SEAU]과 캐나다 현지 판매법인 [SECA] 설립하고 영국에서는 현지 생산법인을 준공하여 생산을 개시하였다. 또한 삼성과 프랑스의 합작 판매회사 [SEF], 태국 현지 생산법인 [TSE] , 멕시코 현지 생산법인 [SAMEX], 말레이시아 현지법인의 설립 등 해외 세계시장에 본격적으로 진출하였다. 그리하여 1989년에는 반도체 매출의 세계 13위를 달성하였다.

1999년부터 2000년의 경우 수출 40억불 달성과 더불어 휴대폰 산업의 시초가 되는 초소형 휴대용 전화기 개발에 성공하였다. VTR과 TFT LCD에 대한 기술도 발전하여 1993년 제조업계 최초로 매출 8억불을 달성하였으며 1993년에는 세계 최초로 Bio TV 개발 성공하였고 국내 최초의 수출 50억불 탑도 수상하였다.

1994년에는 중국 진출과 함께 장애인 공장을 설립하였다. 1994년의 100억불 수출탑 수상과 환경기술에 대한 노력으로 세계 최초의 환경 ISO 14001 인증을 획득하였다. 1997년에는 세계 최소형 CDMA 휴대폰 개발에 성공하였고 동년 9월에는 PCS단말기를 국내에 첫 출시하게 되었으며. 1998년에는 세계 최초 디지털 TV 양산에 성공하였고 1999년에는 해외에 휴대폰을 생산 공장을 설립하면서 순이익 1조 3천억을 달성하였다.

2001년에는 TFT-LCD 3년 연속 세계 1위, 휴대폰 생산 5천만대 돌파와 함께 세계 IT 100대 기업 1위, 세계 최소 두께인 PDP-TV의 출시와 세계반도체 표준기구(JEDEC) 최우수상을 수상하였고 2004년에는 러시아에서 삼성휴대폰 매출액 1위를 기록하였다.

II. 본론

1. 경영이념

삼성전자는 인재를 가장 중요하게 생각하고, 키워나가는 기업이다. 국제 사회인으로 사명 의식과 자신의 능력을 최대로 발휘하여 미래를 개척하고 인류의 발전에 기여하는, 창의적이고 상호 교류가 가능한 열린 사고를 가진 인재. 인재 양성을 통해 삼성전자는 인류의 행복과 풍요로운 삶을 실현해 나갈 수 있는 참다운 기술을 발전시켜려고 한다.

또한 삼성전자는 인재와 첨단 기술력의 조화로운 운용을 통한 책임경영의 실천을 위하여 책임 경영의 실천을 위하여 최선을 다하고 있다.

2. 중국마케팅 전략

2004년에 세계는 삼성전자에 열광을 보였다. 미국,러시아,·유럽 등 세계 각국들이 삼성전자에 관심을 기울이게 된 것이다. MP3 플레이어는 중국에서 좋은 반응을 얻고 있어서 중국 CHIP誌의 『독자들이 뽑은 가장 인기 있는 IT제품』에서 브랜드 신뢰도 95.6%인 최고 제품으로 선정되었으며 2위로 선정된 AIGO의 브랜드 신뢰도 46.5%는 삼성전자에 대한 중국인들의 높은 신뢰를 여실히 보여 주는 것이다.

삼성전자는 디지털미디어 분야에서 차별화된 혁신제품을 통해 높은 브랜드 위상과 견실한 수익을 낼 수 있는 Product-Innovator로서 세계시장에서 디지털미디어 일류 브랜드로 진입하게 되었다. 이렇게 성장할 수 있었던 이유는 장기적인 안목을 가지고 각 나라의 경제적 ·문화적· 환경적 전략을 가지고 글로벌화를 추진했기 때문이다.

1) 경제 마케팅

(1) 고가전략과 차별화로 중국 진출

삼성전자는 중국 쑤저우(蘇州) 백색가전 단지에서 570 *l* · 620 *l* 급 지펠 냉장고를 생산하고 있다. 고급형 냉장고인 지펠을 중국에서 생산하기로 한 것은 거주 환경이 크게 개선될 뿐만 아니라 생활수준의 질적 향상에 따라 고성장이 예상되는 고급 가전제품에 수요에 신속하게 대응하는 한편 최고급 · 디지털 브랜드로서의 인지도를 높이기 위해서 였다.

중국에서 판매하는 지펠 냉장고는 최고급 인테리어 지펠 등 500~700 *l* 급 7개 모델로 가격대도 일반냉장고의 10배 수준인 2-3만원대(韓貨 3~400만원대)에 판매되고 있다.

미디어의 발달로 중국 소비자들은 세계 유명브랜드들을 간접적으로 경험하고 있는데다 선진국들의 제품 및 브랜드에 관한 지식도 상당한 수준에 이르렀다. 따라서 앞으로는 중국 제품으로는 접할 수 없는 제품과 서비스의 제공을 통하여 고급스러움과 함께 차별적 이국적인 이미지를 줄 수 있어야 하며. 고가정책 및 고급스런 매장의 확보는 기본이다.

중국에서 노키아 등을 저렴한 가격대의 제품을 생산하여 출시하는 반면 애니콜은 한국산으로 디자인력과 품질이 탁월한 고가품들을 중국시장에 내놓았다.

삼성 애니콜은 중국에서 가격대가 높은 제품임에도 불구하고 품귀현상이 나타날 정도로 인기가 있다. 여기에다 동양인의 감각에 맞는 패션성까지 가미되어 신분의 상징으로 여겨질 정도의 뛰어난 브랜드 파워를 구가(謳歌)하고 있다.

중국에서 월평균 5천불 이상의 고소득층은 전체 인구의 3.8%인 5천만명 정도로 추정되고 있어 이들을 타겟으로 하는 마케팅을 지속적으로 전개하여야 한다.

올해 60억 달러였던 중국시장 내 판매액을 2010년까지 4배 이상 늘어난 250억 달러로 확대할 계획으로 있어 매출은 현재 18%에서 2010년에는 25-30%로 늘어나게 될 것이다. 이러한 소비자의 신뢰 확보를 통한 디지털업계 1위를 목표로 중국 업체들의 낮은 가격대 제품과의 경쟁을 피하면서 프리미엄급의 고가 제품에 승부를 걸고 있다.

2) 문화마케팅

문화행사를 후원하거나 문화와 관련된 이벤트를 마케팅 활용에 활용할 경우 이는 고객에게 친근감을 주는 회사 이미지를 갖추게 되는 동시에 잠재 고객을 흡입하는 효과도 얻게 된다.

문화마케팅은 제품이나 서비스이미지, 나아가서는 회사나 국가이미지 향상에 직접 또는 간접적인 효과를 얻게 한다. 기술 평준화에 의하여 제품 간에 차이가 없어지고 제품 우수성의 강조만으로는 소비자들의 관심을 끌기 어려워진데다 웰빙 열풍 및 주 5일제 근무 확산으로 레저를 즐기려는 욕구의 증대 등으로 기업들은 예술과 접목한 문화마케팅은 불황을 극복하는 동시에 중장기적으로는 기업 이미지 제고와 함께 잠재고객 개발에 유리하다고 판단하고 있다.

(1) 스포츠 마케팅- 세계적 스포츠 대회들을 통한 이미지 향상

나가노 및 시드니 올림픽 등 세계적 스포츠행사의 공식 후원업체로 브랜드 가치를 높여온 삼성전자는 2006년 이탈리아 토리노 동계올림픽과 2008년 중국 베이징 올림픽에서도 '무선통신 기기 공급 및 기술지원 업체' 로 참여하여 해외시장에서의 브랜드 인지도를 더욱 높 힐 수 있었다.

2008년에는 중국 베이징의 케리센터 호텔에서 국제올림픽위원회(IOC)와 2006년 이탈리아 토리노 동계올림픽 및 2008년 중국 베이징 올림픽대회 공식 후원을 위한 업무조인식을 가졌다.

이를 통하여 1997년 이후 계속되어온 동계 및 ·하계올림픽의 '무선통신 공식지원업체' 의 자격을 지속할 수 있게 되었으며 특히 베이징 올림픽 기간 중 차세대 이동통신수단인 '개인휴대단말기(PDA)와 포켓PC' 등 첨단 무선통신 기기를 공급할 수 있는 자격을 획득하여 세계 최대시장으로 떠오르는 중국시장공략에 가속도를 붙이는 계기를 마련하게 되었다.

(2) 현지화 전략- 메세나(문화예술 지원활동)

기업은 문화예술과의 장기적인 파트너십을 구축해야 한다. 일회성, 단발성의 이벤트 프로그램은 투자 대비 효과를 거두기 힘든 것이 현실이며, 기업 이미지에 적합한 문화예술을 선별하여 적극적이고도 장기적인 문화마케팅 파트너십을 형성하는 것이 더욱 효과적이다.

이제는 단순한 후원에서 한걸음 더 나아가 기업도 파트너십 관계로 인식하여 공연이나 영화를 단순히 후원하는 것이 아니라 직접 광고의 수단으로 활용하는 사례가 점차 늘어나고 있다.

삼성전자는 '아시아 어린이들은 장래 삼성제품의 고객'이라며 "어린이에 대한 투자는 미래에 더 큰 수익으로 돌아온다는 생각"을 갖고 있다.

문화 마케팅에서 빼놓을 수 없는 프로그램이 장학퀴즈이다. 삼성전자는 중국에서 8년 동안 중국판 장학퀴즈 '지리콰이처(智力快車)' 프로그램을 진행하여 오고 있다. 삼성전자가 후원하는 WCG는 첫해 17개국에 그쳤던 참가국수가 2001년에는 37개국, 2002년에는 45개국, 2003년에는 55개국, 올해 63개국으로 매년 큰 폭으로 확대됐으며 예선을 포함한 참가자 수가 약 100만 명으로 크게 늘어 명실상부한 세계 최대의 게임 축제로 자리잡게 되었다.

또한 WCG 후원을 통해서 세계 게임 문화의 건전한 발전과 함께 미래 삼성의 잠재 고객과의 관계를 강화하는 마케팅 수단으로 활용하고 있다. WCG 2004 후원을 통해 전 세계에서 '삼성' 브랜드를 널리 알리는 가운데 샌프란시스코의 도심, 공항로, 지하철역, 명물 관광 Tram, 버스 등을 활용하여, 브랜드 노출을 극대화시키고 있다.

총 63개국 예선 대회를 포함해 샌프란시스코의 최종 결승전까지 후원함으로써 세계 각국에서 삼성전자의 잠재고객인 '게임 세대'와의 교류를 강화해 나가고 있다. 온라인 게임 열풍이 거센 중국에서는 전국 15개성에서 오프라인 대회를 개최하고 총 15명의 중국 최고의 게임 고수를 선발하였으며 중국의 대회 주관사인 CCTV는 매주 WCG 대회를 방영하는 중에 '삼성' 브랜드가 노출되는 등 큰 홍보 효과를 얻고 있다.

특히 현지에 맞는 상품기획으로 시장점유율을 높여왔다. 슬림형 세탁기와 전압 안정형 TV가 대표적인 사례로 집안 내부가 좁은 러시아 실정에 맞춰 슈퍼슬림형 세탁기를 출시한 것이 주효하였으며 전압이 들쭉날쭉한 점을 감안하여 불안한 전압에도 잔 고장이 없는 TV를 만들었으며 출시 때부터 노트북 PC에 러시아어로 된 프로그램을 깔아 딜러들의 수고를 덜어준 점, 컴퓨터를 구동시킬 때 마이크로소프트 로고 대신 러시아 풍경이 뜨도록 배려한 점 등의 적극적인 현지화 전략을 전개하였다.

3) 삼성전자의 중국 R&D투자 마케팅

그동안 연구개발은 한국에서 수행하고 현지 법인에서는 생산만을 하였으나 통신연구소(북경), 반도체 연구소(소주), 컬러 TV센터(항주)등 연구 인력 500여명의 투입으로 중국형 제품에 주력하면서 앞으로는 연구(developing) 단계를 벗어나서 개발(research) 기능을 강화하기로 하였다.

(1) 삼성전자의 중국 R&D센터 운영 사례

- R&D를 포함하는 중국 내 현지 완결형 조직구조의 구축
- 소비자 니즈의 빠른 변화에 대응한 현지지향형 제품을 개발, 출시하여 중국 소비자 요구에 부응
- 현지 우수인력을 기반으로 한 글로벌 R&D기지의 육성으로 본사를 축으로 한 해외 R&D 네트워크를 구축
- 중국 정부, 대학, 기업, 연구기관 등과의 산학협력 및 기술교류 추진
- 중국 시장에서 발생한 이익을 연구개발 형태로 중국 현지에 재투자

(2) 쑤저우 R&D센터

- 2003년 하반기 장소성 쑤저우에 메모리 반도체 R&D센터 개소(당시 연구인력 10명)
- 반도체 관련 해외 R&D기지로 한국과 미국에 이은 세 번째 설립
- 중국내 삼성전자의 두 번째 R&D센터(첫 번째는 북경의 삼성통신기술연구소)
- 인텔, AMD, HP등 다국적 IT기업의 경쟁적 R&D센터 설립에 영향
- LCD, 생활가전도 R&D연구소 설립 계획 추진

4) 삼성전자의 중국 환경마케팅

21세기에는 환경규제가 세계적으로 강화되고 있어 사회와 기업들의 핵심 이슈로 떠오르면서 경제와 환경의 새로운 패러다임으로 정착되었다.

즉 황사방지를 위한'한 · 중 우의림(友誼林)' 조성행사가 좋은 사례로 베이징(北京)과 시안(西安) · 란저우(蘭州)등 황사발생 지역에서 한 · 중 문화청소년 미래숲센터`가 선발한 한국 대학생 120명과 중국인 대학생 등 220여명이 참가하여 황사의 확산을 막아줄 수 있는 방풍림 조성활동을 벌인 것이다. 또한 '나무와 함께 인재를 심는다.`는 취지로 우의림 조성 이외에도 환경체험, 한중문화교류 등 의 다양한 활동을 전개하였다.

3. 애니콜의 성공적인 중국진출 사례

1) 애니콜의 현황

독자적인 브랜드인 애니콜이 이동정보통신업계에 발을 들여놓은 지도 10년이 지났다. 그동안 애니콜은 국내 휴대폰 시장뿐만 아니라, 세계 휴대폰 시장에 있어서도 익숙한 브랜드가 되었다.

이미 해외에서 유명 배우들이 사용하는 휴대폰은 애니콜이다. 그만큼 애니콜이란 브랜드가 세계시장에서 널리 알려지고 성장하였음을 알려주는 증거인 것이다.

애니콜이 1994년 '한국지형에 강하다'라는 문구로 강한 인상을 남긴 후 국내 휴대폰 시장의 판도는 크게 바뀌게 되었다. 애니콜은 국내 판매 1위를 달리던 모토로라를 제쳤으며 그 후 계속 1위를 지켰다,

또한 애니콜은 2004년 7월 노키아를 제치고 미국에서 휴대폰 시장점유율 1위를 차지하게 되었다. 그리하여 뉴욕타임즈에서는 삼성전자가 미국 GSM과 CDMA단말기를 모두 포함해 7월 시장에서 사상 처음으로 점유율 22.4%를 기록하며, 21.7%에 그친 노키아를 누르고 1위를 획득하였다고 보도하였다.

미국 CDMA 단말기 시장에서는 삼성전자가 줄곧 선두를 지켜왔지만 GSM단말기까지 포함해 미국 전체 휴대폰 시장에서 선두를 달성한 것으로 이번이 처음으로 모토로라가 19.9%로 3위, LG전자 12.0%로 4위, 일본의 교세라는 7.3%로 5위였다.

2) 애니콜의 SWOT 분석

(1) 강점(Strength)

애니콜의 내부적 강점으로는 우선 풍부한 인적자원을 보유하고 있다는 것이다. 한국에서의 삼성전자의 이미지는 거의 독보적이다. 주식시장에서 한국주식의 20%를 주도하고 있으며 이의 직접적인 해당 품목은 애니콜이다.

삼성전자는 우수한 두뇌들의 집단이며 이에 따라 형성된 우수한 IT 기반은 커다란 강점이다. 또한 디지털 디자인 및 반도체는 정부로부터의 지원을 지속적으로 받고 있으며 삼성의 능력을 우선시하는 효율적인 관리체제 및 경쟁체제는 능률적인 생산을 가져왔다.

(2) 약점(Weakness)

내부적 단점은 애니콜이란 상호(商號)이다. 애니콜(anycall)이란 말은 미국에서는 부정적인 이미지로 통할 수 있다. '언제, 어디서나 통화가 가능하다' 는 기본 애니콜의 컨셉과는 달리, '전화를 주면 달려와 주는 창녀' 라는 이미지가 애니콜이란 말로 통할 수 있기 때문이다.

무엇보다 핵심기술에 일본에 대한 의존도가 큰 문제로 지적되고 있다. 선진국의 이동통신 회사들이 이미 진출하고 있는 상황에서 후발기업으로 뛰어든 삼성의 경우 핵심부품의 대부분을 일본에서 수입하고 외관 디자인 및 기타 부분품을 조립해 내는 방식으로 애니콜을 생산하고 있는 것이다.

비록 현재 반도체 개발은 눈부신 것이라고는 하지만 핵심 기술에 대한 이전료 및 이의 대가인 로얄티의 문제 그리고 핵심 부품에서의 의존이 여전한 커다란 숙제로 남아있다.

(3) 기회(Opportunity)

외부적 강점으로는 중국 휴대전화 인구의 증가를 들 수 있다. 중국시장은 현 세계의 휴대전화 제조업체들이 가장 탐을 내는 지역으로 손꼽히고 있다. 2002년 현재 중국의 이동전화가입자수는 1억2.060만 명에 달하여 미국을 제치고 세계1위를 차지하는 등 이동 통신 단말기시장은 빠른 속도로 성장하고 있다.

또한 중국의 단말기 보급률은 약 10%로 세계 평균 수준보다 낮은 점을 감안하면 중국 단말기시장의 향후 성장률은 선진국을 초과할 수 있는 세계에서 가장 잠재력이 높은 시장이라고 할 수 있다.

(4) 위기(Threat)

외부적 약점은 수많은 경쟁업체들이 경쟁적으로 신제품을 개발하고 있을 뿐만 아니라 중국 시장에서 언제까지 선점(先占) 할 것이라는 보장은 없다. 성장잠재력이 높고 경쟁도 치열하여 단말기시장에서의 점유율과 수익률을 제고하기는 쉬운 일이 아니다.

이미 Motorola, Ericsson, Nokia 등의 선발업체들이 높은 점유율과 수익률을 보이며 치열하게 경쟁하고 있으며 중국정부의 기술이전에 대한 요구도 현지화를 강화시키는 요인이 되고 있다.

Strengths	Weaknesses
1. 풍부한 인적자원 2. 우수한 IT 기반 3. 삼성의 효율적 회사체제 4. 제품 리더십 5. 다양한 제품 6. CDMA 기술·점유율 우위	1. 오해의 소지가 있는 브랜드 명 2. 핵심기술의 외부 의존도 3. 유통망 미비
Opportunities	**Threats**
1. 중국 휴대전화 인구의 증가 2. 세계 및 중국 CDMA, GSM시장의 확대 3. 중국정부의 통신망 현대화 계획 4. 분권화로 인한 지방통신시장 활성화 5. 중국정부의 CDMA표준 채택 6. 중국의 WTO가입으로 통신시장 혁신적 개방 7. 유럽식인 GSM방식의 3세대 개발 지연과 선진기업들의 몰락 8. 월드컵, 아시안게임 등을 통한 국가 및 기업이미지 상승	1. 경쟁사들과의 끊임없는 경쟁 2. 후발 기업체들의 성장 3. 중국정부의 과도한 현지화 및 기술이전 요구 4. 한국 업체 간 과당경쟁

3) 애니콜의 4P

(1) Product

① 차별화 전략

애니콜은 스피커폰, 인터넷폰, MP3폰, 위치폰 등 소비자의 발전된 욕구를 충족시키는 다양한 제품을 한 발 앞서 개발해왔다. 특히 통신시장 전반에 걸쳐 주된 이슈가 되고 있는 인터넷 기능은' 휴대폰으로 모든 것이 가능한 세상'이라는 장기적 컨셉을 구체화시키는 것에 기본이 되는 제품으로'내 손안의 더 큰 세상'이라는 슬로건의 실체라고 할 수 있다.

구체적인 특성은 첫째로 듀얼폴더이다. 이는 폴더의 불편함을 해결한 외부창과 새로운 기능, 새로운 감각의 초소형 디자인으로 고객의 욕구를 잘 반영하여 큰 성공을 거두었다. 원형의 외부 창은 폴더를 열지 않고도 현재시간, 휴대폰 상태표시,(메시지 도착 알림/알람생태/전화 수신 상태)등 여러 정보를 알 수 있어 더욱 편리해졌다.

둘째는 인터넷 폰으로 인터넷의 확산에 따라 언제든지 인터넷을 손쉽게 사용하기 원하는 소비자의 요구를 반영한 것이며 인터넷 이용은 물론, 문자 및 사진 전송은 물론 사전 기능도 가능하다. 셋째는 위치폰으로 세계 최초의 초경량 손목 시계형 휴대폰으로 활동적이고 간편함을 추구하는 고객의 욕구를 충족시켜준다.

② R&D 전략

총매출액의 약 7.5%인 2조4000억원을 R&D에 투자했으며 올해 6.5-7%, 내년도에는 6-8%를 유지할 계획이다 또한 베이징(北京) 연구소를 설립 운영함으로써 시장공략과 경영자원의 조달이라는 종합적 글로벌 경영체제를 완성했다.

③ 디자인 전략

디자인의 경우에는 투자비가 비교적 적고 회수기간이 짧은 지식 집약형 고부가가치 산업이다. 그러나 디자인에 대한 투자는 생산 제조과정의 기술투자에 비해 19배의 효과 창출을 낸다고 한다. 삼성의 경우 브랜드 이미지를 파란색 타원형으로 바꾸었으며 이는 깨끗한 이미지와 연결되어 매출액의 증가를 가져왔다.

현재 400여명의 디자이너들이 기존 상품에 대한 디자인 개발 뿐 아니라 UI(User Internet), 사운드, 컬러, 소재 등 감성디자인 등의 선행연구 활동도 펼쳐 나가고 있다. 이미 유럽 최고 권위 IF 디자인에서 휴대폰, 신 개념 리모콘 등 8개 제품에 선정된 바 있으며, 이는 감성 디자인 등 선행연구와 5개 해외 디자인 연구소 운영에 지속적인 투자가 이뤄졌기 때문이었다. 삼성의 E700 모델이 미국 크리스마스 최고 선물로 뽑힌 것은 깔끔한 디자인과 돌아가는 액정이 큰 몫을 하였다.

(2) Price

삼성 휴대폰은 고가로 팔리고 있다. '고급 브랜드 이미지'와 함께 '기술력'이 뒷받침된 애니콜은 성능과 디자인에서 고가의 브랜드로 다시 태어나기 시작했으며 매출에 있어서도 노키아에 이어 2위를 차지하는 쾌거를 이룩했다.

① 고가정책전략

상위 20%의 인구가 전체 부(富)의 80%를 소유한다는 파레토의 법칙과 같이 중국 전체 인구의 20%인 2억6천만명은 여유있게 사는 중류층으로 분류되며, 20%인 5천만명은 월 소득 5천 달러 이상의 최상류층 생활을 하고 있는 것으로 알려져 있다. 즉 상위 4%의 구매력은 이미 명품 반열에 오른 애니콜은 이들을 상대로 한 마케팅의 승리다. 실제 애니콜 듀얼폴더는 3000~4000위안(45만~60만원)으로 노키아나 모토로라의 제품보다도 고가이다.

② 재고관리

"팔리는 대로 생산하자"전략으로 물량도 미리 많이 만들어 놓지 않아 재고 부담에 문제도 거의 없다.

(3) Place

① 고가 시장 공략

주된 마케팅 대상은 도시다. 베이징, 상하이, 광저우, 텐진 등 10개의 전략거점이 되는 대도시에서 상위계층 및 젊은 세대를 대상으로 하는 마케팅을 활발히 벌이고 있다.

② 유통

유통구조는'각개 전투(各個戰鬪)'로 불린다. 각 제조업체가 대리상을 활용하면서 고유의 유통망을 만드는 방식이다.

이는 중국진출에 있어서 커다란 공헌을 하였다. 중국의 유통망은 전통적으로 폐쇄되어 있어 이를 뚫기 위해서는 무엇보다 인맥이 중요하여 삼성에서는 각 제조업체가 대리상을 활용하여 유통망을 만드는 인맥 전략을 구사하였다.

(4) Promotion

① 사이버마케팅

애니콜은 홈페이지를 1999년 8월 네티즌간의 커뮤니티 기능을 확대를 위한 '애니콜 랜드'로 전면 개편하여 2000년 이후에는 방문자 검색에 의한 제조사 최고의 홈페이지 방문 기록을 달성하였다.

또한 폰캠을 통한 다양한 서비스를 늘리는 가운데 다음커뮤니케이션과 제휴하여 '애니콜 폰캠 LIVE(pcam.daum.net)' 서비스를 오픈하여 휴대폰으로 촬영한 동영상을 원클릭으로 웹상에서 구현할 수 있는 기능을 탑재하였다.

② 스포츠 마케팅

브랜드전략은 스포츠를 통하여 대중화와 고급화를 병행하는 차별화 전략을 수행하고 있다. 즉 승마대회인 '삼성 내이션즈 컵 대회'를 개최하였으며 시드니 올림픽에서는 무선통신부문 공식파트너로 브랜드 이미지 고급화에 주력하였다.

또한 세계시장에서의 브랜드 이미지 대중화를 위해서 세계 주요도시에서 열리고 있는 삼성달리기 축제 및 Cruft(강아지) 쇼를 개최하여 '세계 속의 삼성 브랜드'를 알리면서 이를 대중에게 알리는 양극화 전략을 구사하고 있다.

1998년 12월에는 태국 아시안게임을 통해 인도, 태국, 중국에서의 브랜드 인지도는 3개국 평균 13%로 상승하였고 1998년 2월의 열린 나가노 동계올림픽의 경우에는 미국 등 선진 6개국에서의 무선통신 업체 인지도가 1~2%나 크게 상승(일본에서는 7% 상승)하는 성과를 거두었다.

③ 감성 마케팅

애니콜은 기술우위로 차지한 시장 주도권에 미적 디자인을 가미함으로써 고객을 고착화하는 감성마케팅을 실현하였다. 휴대폰을 단순한 실용품이 아닌 패션상품 및 디자인명품으로 인식하도록 만든다는 전략이 적중한 것이다.

[애니콜과 노키아 제품의 감성디자인 요소 비교]

감성 디자인 요소	애니콜	노키아
소재	Metallic Image	Plastic Image
인터페이스	디지털 기수에 적합한 복합성 강조	통신기능에 적합한 단순성 강조
색상	테크노풍의 미래지향적인 뉘앙스	외장 교체(착탈식)로 다양한 색상 선택
외관	경박단소(輕薄短小) 하이테크형	실용적이며 투박한 기능성 제품형

감성 디자인 효과에 힘입어 애니콜을 세계시장에서 인정받는 고급 명품으로 격상시키는 것에 역량을 집중하고 있다. 휴대폰을 "내 몸의 일부이자 스타일링의 포인트" 라는 차원에서 명품화를 추진하는 전략이다. 특히 유럽시장에 조르지오 알마니, 불가리(보석 브랜드)와 공동브랜드 전략으로 아름다운 핸드폰의 이미지를 확산시키고 있다.

④ 스타 마케팅

중국에서 한류(韓流)열풍이 거세게 불어오면 인기 탤런트 겸 가수인 안재욱을 내세운 CF광고, 초청 공연 등으로 브랜드 알리기에 나섰으며 중국의 유명 가수 겸 배우인 천후이린과 정이젠, 영화감독인 천카이거 등을 통한 스타마케팅을 전개하여 브랜드 이미지를 제고시켰다. 현지에서 이미 8천만달러가 넘는 광고비를 집행하면서 37억달러의 매출을 올렸다.

4) 애니콜의 성과 및 성공요인

애니콜의 성공요인으로는 연구 개발비의 지원과 기술의 개발 그리고 빠른 신제품의 출시, 브랜드 이미지 관리의 성공, 중국진출에 있어서의 한류열풍의 영향들을 성공요인으로 꼽을 수 있다.

즉 R&D 지원 및 기술혁신의 구체적인 사례로는 STN-LCD용 구동 Chip 개발, 휴대기기용 초소형 MCP 개발, 다(多)화음 color 휴대폰 개발, CDMA 2000 1x EV-DO 휴대폰 개발, W-CDMA 휴대폰 개발, 카메라 내장형 color 휴대폰 개발 등이다.

○ 단말기 제조부문의 R&D 규모

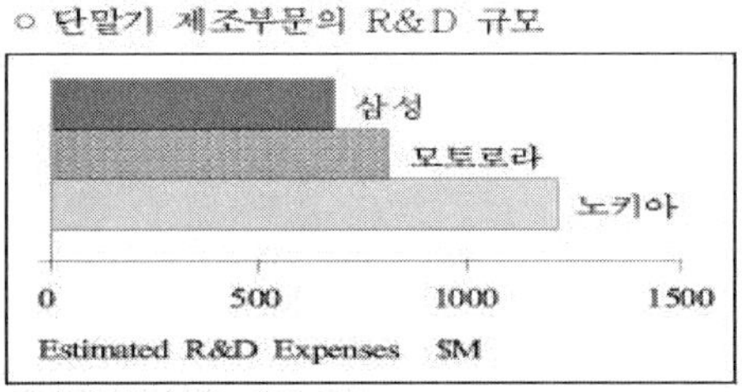

○ 단말기 1대당 R&D 비용

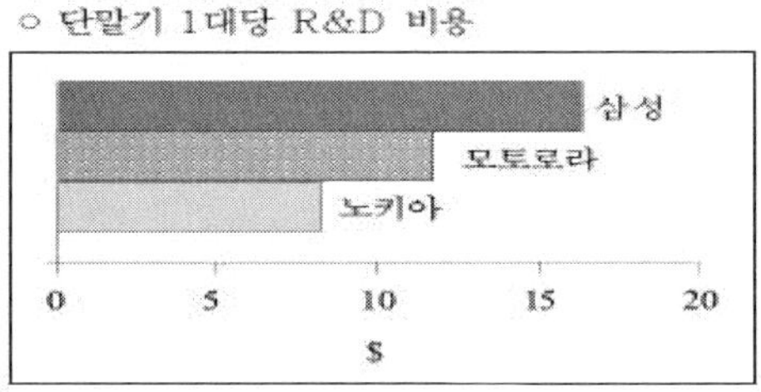

자료: Strategic Analytics

○ 단말기 제조부문의 영업 및 마케팅 비용 규모

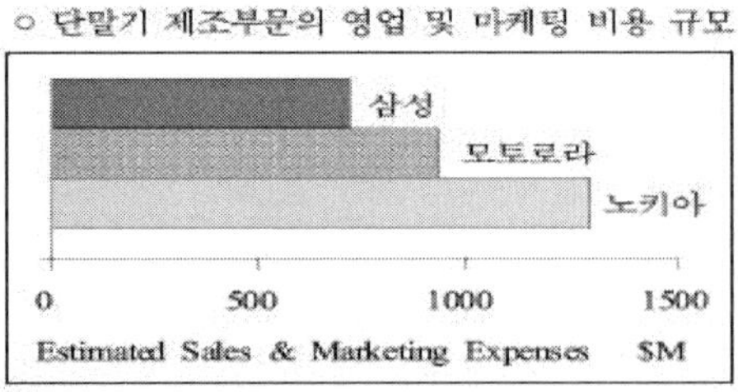

○ 단말기 1대당 영업 및 마케팅 비용

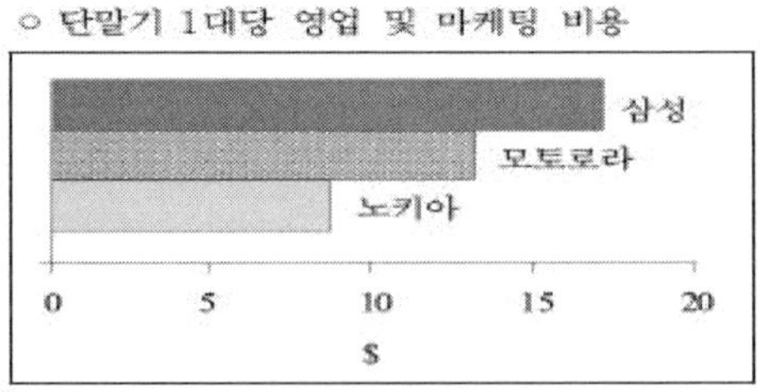

자료: Strategic Analytics

① 클러스트 효과

주로 국내에서 제품을 생산한다. 따라서 지속적인 R&D 투자를 통해서 원가 비중이 높은 핵심부품을 직접 혹은 계열사를 통해서 개발하거나 자국의 부품 업체들과 공동으로 핵심부품을 개발하여 채택하고 있다.

핵심 부품인 모바일 CPU, CDMA모뎀 칩 및 단말기용 메모리 등을 통해 차세대 휴대폰시장에서 주도권을 행사해 나아가려는 전략을 펼치고 있다. 또한 단말기를 중심으로 자사의 다른 사업부간의 수직적인 통합을 통하여 생산 및 R&D에 있어서 시너지 효과를 적극적으로 활용하고 있다.

② 신속한 신제품 출시

단말기 생산에 있어서 다른 경쟁업체들보다 신제품을 신속하게 출시하여 소비자들의 다양한 욕구를 충족시키고 있다.

③ 브랜드 가치를 통한 고급화 전략

현재 각 단말기 제조업체들은 아웃소싱을 통한 부품조달, 공급망 관리, 수직적인 통합을 통한 부품조달 등 다양한 방식으로 원가를 절감하려는 노력을 통하여 평균 단말기 가격이 하락하는 상황에서도 경쟁사에 비하여 상대적으로 저렴하고 중고가(中古價)에서도 가격을 보장받을 수 있는 브랜드로 정착되게 하였다.

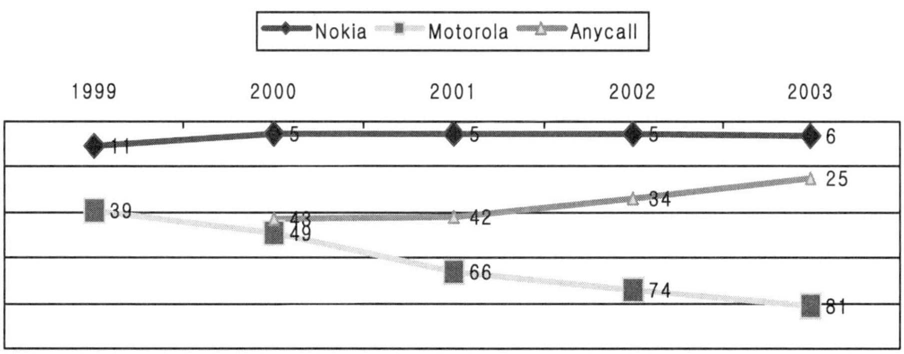

④ 중국에 철저한 브랜드 이미지관리

과거 중국의 소비자들은 상품의 구매시에 좋은 품질의 제품을 값싸게 구하기를 원했으나 최근의 조사에 따르면 가격보다는 브랜드와 디자인 등 제품 외적 요소를 중요하게 고려하고 있다.

특히 외국 브랜드에 대한 선호도가 높아져 같은 품질이라고 외국상표가 붙은 제품은 중국 제품보다 높은 가격으로도 구매되고 있다.

베이징의 청소년들을 대상으로 한 [브랜드 조사 및 삼성 애니콜의 판매 상황에 대한 조사결과](인터브랜드사가 시장 내 브랜드 인지도, 기업의 안정성, 타 지역·문화권 소비자들의 인지도, 브랜드 매출 및 성장성 등을 종합하여 매년 발표)를 살펴보면 삼성의 Brand 가치는 2002년에는 83억달러 34위, 그리고 2004년에는 125억5300만불로 21위를 기록하면서 20위를 차지한 소니(SONY) 브랜드를 위협하는 수준이 되었다. 한편 노키아는 240억 4100만불로 8위를 기록하였으나 2003년 294억4000만불에 비해서 18%나 하락하였다.

⑤ 중국-애니콜은 신분의 상징

중국에서 애니콜은 노키아보다 뛰어난 브랜드 파워를 보유하고 있다. 중국 내에서 판매되고 있는 노키아는 중국산이며 전 가격대의 제품을 생산하는 반면에 애니콜은 한국산이며 디자인력, 품질력이 탁월한 고가품만을 중국 시장에 내놓고 있다.

그리하여 애니콜은 중국에서 가장 가격대가 높은 제품임에도 불구하고 품귀현상이 나타날 정도로 인기가 있다. 동양인의 감각에 맞는 패션성까지 가미되어 있는데다 '신분의 상징'으로 여겨질 정도의 뛰어난 브랜드력을 나타내고 있다.

⑥ 한류 열풍

'HOT, 안재욱, 김희선은 삼성, LG와 동급!'이처럼 중국에서는 한국의 스타 가운데 HOT, 안재욱, 김희선을 가장 좋아하는 것으로 나타났다.

MBC 라디오의 경제 프로그램 '손에 잡히는 경제'가 중국 라디오 CNR의 한국음악 전문 프로그램 '영청한국'의 청취자와 한류 전문 중국어 사이트 엠차이나타운의 회원을 대상으로 의식조사를 한 결과 중국 젊은이는 주로 한류(韓流) 스타를 통해 한국을 이해하고 있는 것으로 밝혀졌다.

⑦ 세계적 스포츠 대회들을 통한 국가이미지 향상

나가노· 시드니 올림픽 등 세계적 스포츠행사의 공식 후원업체로 브랜드 가치를 높여온 삼성전자는 2006년 이탈리아 토리노 동계올림픽 및 2008년 중국 베이징 올림픽에 무선통신기기의 공급 및 기술지원업체로 참여하면서 세계시장에서의 브랜드 인지도를 높이게 되었다.

⑧ CDMA 프로젝트

CDMA 상용화 프로젝트는 1989년-1996년까지 정부의 출연연구비 543억원 등 총 996억원의 연구개발비 및 1,000여명의 연구원이 투입된 대형연구개발사업으로 전자통신연구소(ETRI)의 주도로 LG, 삼성, 현대, 맥슨 등의 국내 생산업체과 공동으로 기술을 개발한 것이다. 이로써 국내에서는 1996년 CDMA를 최초로 상용화하게 되었으며 2000년에는 세계 CDMA 휴대폰 시장의 54%를 점유할 수 있었다.

III. 결론

삼성전자는 CDMA기술을 국내 기업 최초로 상용화 시켜 단말기를 출시했고, '한국 지형에 강하다'라는 강점을 내세워 한국의 단말기 시장을 장악했던 외국기업을 앞서게 되었다. 이는 끊임없는 새로운 모델 제시와 높은 기술력, 뛰어난 마케팅 및 광고전략 등으로 이루어 낸 것이다.

따라서 국내 시장점유율 50% 이상 및 세계 휴대폰 시장업계 4위와 같은 기록을 지속적으로 이어가기 위해서는 지금까지의 성공적인 경영활동의 수행과 더불어 첨단의 기술 개발과 생산, 주도적인 제품 컨셉 분석과 신속한 시장 대응, 세분화된 시장공략 등 정치한 마케팅전략의 수행으로 이어질 때 중국은 물론 세계시장에서 지속가능한 성장을 이어갈 수 있을 것이다.

그동안 뛰어난 마케팅활동으로 중국은 물론 미국과 유럽시장 등에서 놀라운 시장점유율을 보였다. 즉 2011년에 Google이 휴대전화 제조기업인 Motorola를 125억불(13조 5000억원)에 인수하여 삼성과 Apple에 대하여 하드웨어적인 면에서의 경쟁력을 강화한 것이나 특히 완제품에서의 핵심적인 부품에 대한 외국(미국의 Qualcomm 및 MicroSoft의 Android Phone의 경우 판매 1대당 4달러를 지급해야 한다는 판정을 받았음)으로부터의 높은 의존도를 해결하여야 한다.

그러나 최근에 비약적으로 발전하고 있는 삼성을 비롯한 한국기업들의 신속한 시장 진입 및 성장에 따라 현지국의 기업들과 기존의 세계적인 선도기업(先導企業)들로부터 요구되는 높은 로열티 요구나 디자인 등과 같은 비기술적인 측면에서의 압박에 대하여 장기적인 차원에서의 대안이 마련되어야 할 것이다.

◎ TIP

한국과 미국 정부 사이에 추진되고 있는 한-미간 FTA는 이해 당사자들간에 끊임없는 찬반(贊反)의 공방(攻防)을 벌이고 있다. 미국 의회에서는 통과시키려는 노력을 보이고 있으나 한국에서는 농민이나 중소기업들은 물론 국회에서 조차 원천적으로 잘못된 협정이라며 거부하려는 움직임도 강세를 보이고 있다. 이를 지지하는 단체에서는 독소조항(毒素條項)이라고 부르면서 다음과 같은 내용으로 주장하고 있다.

◎ 한미 FTA 독소조항 12가지

1. Rachet(톱니바퀴의 역진방지장치)으로 일단 한번 개방된 수준은 되돌릴 수 없게 만드는 조항이다. 시장개방으로 인하여 국민들의 생활이 피해와 어려움을 야기해도 되돌릴 수 없다는 것으로 유럽이나 개도국들의 FTA에는 없는 조항이다. 예를 들어 광우병 소고기로 인하여 국내에서 광우병이 발생되어도 이의 수입을

막지 못하며 이는 의료보험, 전기, 학교의 자율화(사기업화)의 경우에도 해당된다.

2. 서비스 시장의 Negative 방식개방으로 개방하지 않을 분야만 유보 리스트에 명시하고 나머지는 모두 개방하는 것으로 앞으로 생겨날 서비스업의 경우에도 개방이 된 다는 것이다. 예를 들어 카지노, 경륜, 경마, 경정, 윤락 산업, 피라미드 등이 해당될 수 있으며 이로 인하여 피해를 입게 되어도 위의 래칫조항이나 투자자 국가 제소권의 영향을 받게 된다.
3. 미래의 최혜국 대우조건으로 앞으로 다른 나라에 미국보다 더 많은 개방을 할 경우에 자동적으로 한미 FTA에 적용이 되어 미국에 대한 개방 폭은 점점 늘어나게 된다. 예를 들어 중국과 FTA를 체결하여 콩을 개방하면 원래의 한-미 FTA에는 없었던 콩도 미국에 시장을 개방하여야 한다.
4. 투자자 국가 제소권(ISD;Investor-State Dispute)으로 초국적기업들은 자신의 이윤 확보를 방해하는 현지국정부의 법과 제도 및 관행에 대하여 제3의 민간 기구에 제소할 수 있는 권리이다.
5. 비위반 제소로 세금, 보조금, 불공정거래 시정조치 같은 정책으로 '기대 이익'을 얻지 못했다고 판단되면 FTA 협정을 위반하지 않았어도 일방적으로 국가에 소송을 제기할 수 있는 제도이다.
6. 정부의 입증 책임(necessity test)으로 어떤 규제이든 간에 그것이 필요불가결함을 '과학적으로' 입증해야 하는 책임이다.
7. 간접수용에 의한 손실보상으로 미국인에게 우리나라의 법보다 한미 FTA가 우선적으로 적용될 수 있어 FTA가 한국의 법보다 우위에 있게 되는 것과 같게 된다.
8. 서비스 비설립권 인정으로 사업장을 필수적으로 우리나라에 설립하지 않아도 영업 할 수 있다는 것으로 우리나라에 사업장이 없는 미국 회사는 한국 정부가 국내법으로 과세하고 처벌할 수 없게 된다.
9. 공기업의 완전 민영화와 외국인 소유지분의 제한 철폐이다. 한국의 공기업 내지 알짜 기업들이 피해를 입게 될 것이다. 그리하여 일정 시간이 경과되면 수도, 전기, 지하철, 가스, 핸드폰 요금, 의료보험료 등이 인상될 것이다.

10. 지적재산권 직접 규제(Trips)로 한국인과 한국기업에 대한 지적재산권의 단속권을 미국이 직접 행사하게 된다. 예를 들어 고가의 오리지널 약보다 값싸고 효과가 뛰어난 카피 약은 생산이 불가능하게 된다.
11. 금융 및 자본시장의 완전 개방으로 국제 투기자본이 대거 진출하게 되어 국내 은행의 주식 100% 소유 및 중소기업에 대한 대출 감소 그리고 사채 이자율의 제한이 없어지고 현금 인출수수료 등은 상승하게 된다.
12. 재협상불가로 예상치 못한 심각한 상황이 발생에도 불구하고 재협상은 불가능하게 된다.

제 5 장

국제마케팅의 문화적 환경

제1절 문화적 환경의 의의

제2절 Lotte : 地大人多의 시장에서 고객을 찾다

제3절 김밥파는 CEO, 그의 음식문화 글로벌리제이션

제1절 문화적 환경의 의의

문화(文化)는 경작(耕作)이라는 어원적(語源的) 유래(由來)를 갖고 있으면서 개인(個人)이든 집단(集團)이든 간에 그들이 공유(共有)하고 있는 지식(知識)·신앙(信仰)·행위(行爲)의 총체(總體)이고 고유(固有)한 습성(習性)이며 습득(習得)된 행동(行動)이다.

문화를 '특정집단(特定集團)이 세상에 태어나 살아가는 동안 생각하고 말하는 유·무형(有無型)의 총체적인 생활방식(生活方式)'이라고 보았던 G. Hofsted는 경영자(經營者)와 종업원(從業員)간의 차이점(差異點)을 개인주의(individualism), 권력간격(power distance), 불확실성 회피(uncertainty avoidance), 남성다움(masculinity)으로 설명하고 있다.

Edward T. Hall은 문화를 '상호 커뮤니케이션하는 과정'이라고 보면서 문화적 차이를 구분하는 요소로 고배경문화(high-context culture)와 저배경문화(low-context culture)로 설명하고 있다. 그가 말하는 배경(背景)이란 인간이 의사소통을 행함에 있어 자신이 지닌 정보나 의사를 전달하기 위하여 사용하는 메시지가 포함된 것으로 고배경 문화와 저배경 문화는 대비 관계에 있다.

고배경(高背景) 문화는 개인의 말을 신뢰하여 법이나 변호사의 이용 또는 문서의 보관이나 제시 등과 같은 방법을 선호하지 않으나 저배경(抵背景) 문화는 법률적이거나 제도적인 장치를 통한 신뢰성 확보를 우선시하고 있다.

다음의 〈그림 5-1〉은 국가에 따라 문화적 수준이 다르다는 것을 잘보여주고 있다.

<그림 5-1> 국가별 고배경 문화와 저배경 문화의 수준

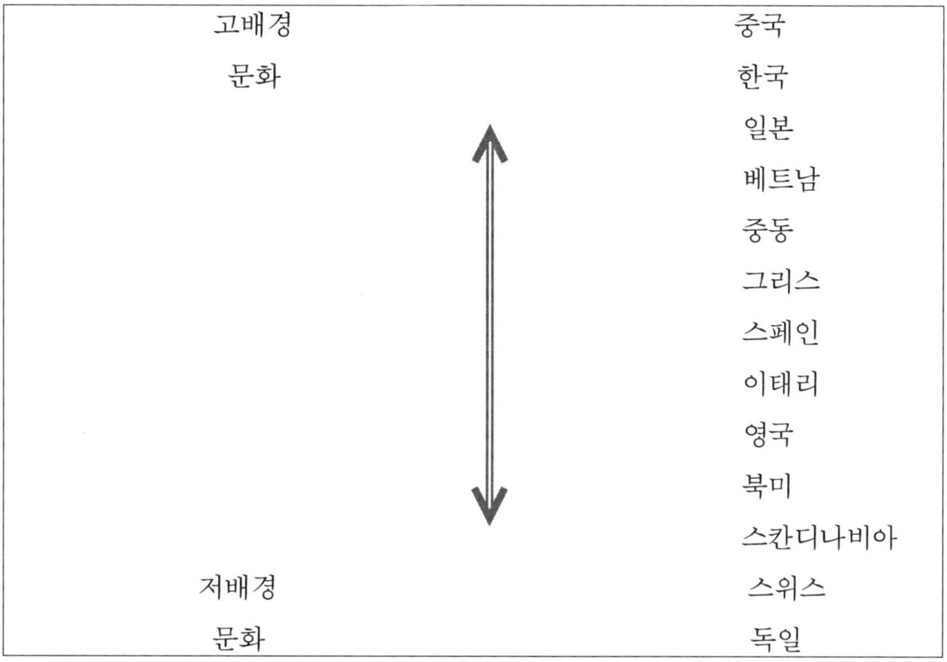

자료 : E.T. Hall, International communication : As Executive Primer, Business Horizons, p.21, 1992

문화를 구성하는 요소는 언어, 비언어적 커뮤니케이션, 문화유산과 같은 명시적 문화와 종교, 가치관, 사고체계, 자기 이미지, 사회체계, 미학, 시간개념, 공간개념과 같은 암시적 문화로 나눠 볼 수 있다.

이제 문화의 특성 또는 속성을 몇 가지의 모델로 살펴보기로 하자.

양파모델 : 이는 홉스테드가 주장한 것으로 첫 번째인 가장 겉껍질 부분은 상징(象徵)문화로 외적으로 보이는 말이나 그림, 속어나 은어, 의복 등의 복식 또는 국기와 같은 문화유산과 같이 쉽게 관찰할 수 있는 상징물들이 속한다.
둘째 부분은 영웅문화로 실재 또는 신화적인 인물로 미국의 슈퍼맨이나 한국의 홍길동이나 이순신, 독일의 히틀러와 같은 특정의 문화를 대표할 수 있는 존재들이다.

셋째는 관습(慣習) 문화로 결혼식이나 비즈니스상담 또는 인사법 같은 사회적으로 중요하게 인식되는 총체적인 행동이 속한다.
마지막은 가치(價値) 문화로 그룹의 동의나 조화 또는 경쟁이나 권위 및 평판과 관계처럼 집단이 원하는 행동방식 내지 이상(理想)으로 생각하는 것들이다. 물론 가치순위는 국가마다 달라 중동지역은 서열을, 미국은 평등을, 일본은 관계를 그리고 한국은 체면이나 권위를 내세운다.

빙산모델 : 이는 눈에 보이는 음악·예술·음식과 음주문화·인사 · 복장 · 매너 · 관습처럼 관찰이 가능한 언어나 행동과 같이 표면에 나타나는 부분과 비록 눈에는 보이지 않으면서도 90%나 차지하고 있는 표면 아래의 환경 · 시간 · 활동 · 커뮤니케이션 · 공간 · 권력 · 개인주의 · 경쟁 · 구조 · 사고 등으로 나누어 설명하는 것이다.

나무모델 : 환경을 개인과 사회의 행동이나 태도 및 가치관의 형성에 미치는 외부요소로 설명하려는 것이다. 나무의 가지나 줄기는 쉽게 관찰 할 수 있는 언어나 행동을 말하는 것으로 이는 또 물과 영양분을 공급하는 뿌리에 긴밀하게 연결되어 있으나 그렇다고 해서 껍질 속은 알 수 없다. 문화는 나무가 수액을 비롯한 여러 요소로 형성되는 것처럼 개인이나 사회도 외부적인 요소들에 의해 태도나 가치관들이 형성된다는 것이다.

다음의 사진은 지난 2011년 8월 21일에 몽골을 방문한 이명박 대통령과 북한의 김정일 국방위원장이 러시아를 방문하였을 때의 사진이다.

각기 공항과 철도역에서 환영을 받으면서 건네 진 '아롤' 빵과 '쏠'의 사진으로 공교롭게도 양쪽 모두 환영행사에서 통상적인 꽃다발이나 화환 대신 먹을거리가 전달되면서 다양한 해석이 나오고 있다.

몽골을 국빈 방문한 이 대통령은 울란바토르 칭기즈칸 공항에서 말 젖을 말린 유제품인 '아롤'을 맛보는 것으로 몽골 방문 일정을 시작했다. 아롤은 치즈처럼 만든 과자로서 전통적으로 외부 손님을 대접할 때 내어 놓는다.

우유로 만든 '수태차'나 몽골 전통버터인 '어름'과 같은 몽골의 전통음식 가운데 하나다. 아롤은 신맛이 강해 처음 먹을 때는 거북스럽기도 하지만 자꾸 먹으면 발효음식 특유의 중독성이 있다.

아롤을 즐겨 먹어본 한국인들의 설명을 들어보면 '비타민 C와 분유 가루를 섞은 맛'이라고 한다. 결론적으로 환영의 의미에 사귈수록 돈독(敦篤)해질 수 있다는 뜻을 담은 셈이다.

그렇다면 김정일이 러시아 극동의 아무르주 부레야역에서 러시아 전통 복장의 젊은 여성으로부터 쟁반에 담아 건넨 받은 빵과 소금(쏠)엔 어떤 의미가 담겨 있을까.

서울의 주한 러시아대사관 관계자는 "이는 러시아 사람들이 전통적으로 귀한 손님을 접대할 때 쓰는 방식"이라고 설명했다.

빵과 소금은 러시아 외에도 유럽지역에서 각종 경사에 자주 등장한다. 리투아니아에서도 결혼식을 마친 신랑 신부가 집이나 피로연장에 등장하면 양가 부모가 빵과 소금을 들고 맞이한다. 이때 빵은 건강, 소금은 굳건함을 뜻하면서 빵은 '배부른 삶, 소금은 인생이 달지만 않고 짜고 다양할 수 있음을 상징한다.

독일에서도 집들이를 할 때 빵과 소금이 등장하며, 빵은 배고픔이 없음과 소금은 성공을 기원하는 뜻이 담겨 있다.

러시아 모스크바 국립대학에 유학을 다녀온 러시아 전문가 L씨는 "빵과 소금을 내놓는 것이 손님을 환대한다는 뜻이지만 소금은 개방의 의미도 담고 있다"고 하면서 "최근 중국 방문에서 기대했던 경제지원을 얻어내지 못하자 러시아를 방문한 김정일에게 환영은 하되 전제 조건은 '개방의 길'이라는 것을 에둘러 표현한 것 같다"고 분석했다.

LG는 중동지역에서 경전인 코란을 읽어주는 코란 TV를 출시하여 인기리에 판매하였으며 중국에서는 빨래를 하기 전에 소독을 먼저 한다는 트랜드를 고려해 소독제 투입구를 부착한 프라임 세탁기로 9만대의 판매고를 올린 바 있다.

이는 문화적인 측면을 고려하여 시장에서의 점유율을 제고시킨 성공적인 사례로 볼 수 있다.

최근 세계적인 글로벌기업들은 최고경영자인 CEO나 최고재무책임자인 CFO 못지않게 CCO(Chief Culture Officer)의 필요성과 역할을 중시하고 있다.

결국 위의 양파모델이나 나무 또는 빙산으로 설명되는 문화의 의미는 나라와 민족에 따라 달리 해석되어야 한다는 것이다.

특히 정치와 경제적인 경우에도 문화적인 해석과 설명이 달라지는 것처럼 문화는 인간의 공동사회의 구성원들이 갖고 있는 언어 · 예술 · 습관 · 종교 · 도덕 · 윤리 · 풍속 · 제도 등의 삶의 모습이나 양식(style)이라고 할 수 있는 것이다.

이러한 문화적 특성 내지 트랜드를 파악하는 것은 기업의 매출 나아가서는 수익성에 직결되는 매우 중요한 경영환경임을 보여주는 사례를 살펴보기로 하자.(동아일보, 2011년 12월 28일)

한국에서는 2000년대 초반까지만 해도 60개가 넘는 8인용 그릇세트는 결혼을 앞둔 예비신부들의 혼수목록에서 빠지지 않았으나 최근 몇 년 새 혼수로 준비하는 그릇 세트에 포함되는 그릇 가짓수는 20개 안팎으로 줄어들었다. 이는 2인 가구가 늘어나고 자녀 갖기를 미루는 '딩크족(DINK · Double Income No Kids)'이 많아지면서 그릇도 단품이나 미니세트 위주로 구입하는 추세 때문이다.

통계청에 따르면 2010년 한국의 2인 가구는 420만5000가구로 전체(1733만9000가구)의 24.3%를 차지하며 1인 가구는 414만2000가구(23.9%)로 그 뒤를 잇고 있어 1, 2인 가구가 전체 가구의 절반 가까이 되고 있다.

자녀도 몇 명 안 되는 데다 이들이 커서 분가하여 노부부만 남거나 늦게 결혼하고 맞벌이로 아이를 낳지 않는 딩크족 30대 부부가 늘고 있는 게 2인 가구의 증가 원인이다. 반면 그동안 줄곧 1위였던 4인 가구는 389만8000가구(22.4%)에 그쳤다. 5인 이상 가구는 8.1%(139만8000가구)로 주위에서 좀처럼 찾아보기 힘들게 됐다.

그리하여 '완성되지 않은 가족'처럼 여겨졌던 1, 2인 가구가 주류가 되자 기존의 '4인 기준' 상차림에도 변화가 생겼다.

혼수 그릇세트로 인기가 많은 한국월드키친의 코렐 제품은 요즘 2인을 기준으로 한 그릇세트가 4인 가족 기준보다 6 대 4의 비율로 더 많이 팔린다. 대형마트인 이마트에서도 올해 4인 가족 기준 그릇세트 매출은 전년보다 6%가량 줄었으나 필요한 수량만큼 골라 사는 단품 매출은 28% 늘었다.

통계청에 따르면 올해 6월 말 현재 배우자가 있는 1162만 가구 가운데 43.6%(507만 가구)가 맞벌이다. 이와같은 맞벌이 가구의 증가로 서구의 식문화가 빠르게 확산되면서 밥그릇 크기도 줄어들었다.

행남자기 제품연구소에 따르면 '밥이 보약'이라던 1940, 50년대 밥 그릇 용량은 530~550cc였다. 하지만 외식문화가 도입되면서 밥그릇 크기는 1960년대 500cc, 1970년대와 1980년대에는 450cc로 줄어들었다.

요즘 생산되는 밥그릇은 300~350cc에 불과하다. 또한 홀로 사는 가구가 급속도로 늘면서 이들의 라이프스타일을 반영한 그릇도 나왔다. 즉 한국도자기는 아예 싱글족을 겨냥한 커피 잔과 샐러드 그릇, 접시로 구성된 브런치 그릇 세트를 내놓기도 했다.

이제 해외시장으로 진출하는 기업들의 사례를 살펴보기로 하자. 한국 최대의 수출상품인 자동차의 경우 미국에서는 실내 장식이 유독 고급스럽고 주행 성능도 우수하여야 한다.

그러나 중국으로 수출되는 경우에는 Santafe 등과 같은 SUV와 고급차가 많으며 이슬람지역의 경우에는 종교적인 영향에 따라 흰색 차량이 90%을 넘고 있다.(조선일보 2011년 8월 31일)

이러한 문화의 특성 내지 어려운 점은 가시적(可視的)이지 않다는데 있다. 쉽게 알아채고 파악 내지 이해되지 않아 수치화(數値化)하고 계량화(計量化)할 수 없다는 특성에서 저지르게 되는 실수는 개인에게 만이 아니라 기업의 사례에서도 찾아 볼 수 있다.

Beringer는 다국적 식품기업인 Nestle의 계열사로 미국에 있는 포도주(Winery) 공장이었다. 그러나 1996년에 Nestle는 수익성이 좋지 않다는 이유를 들어 세계적인 사모(私募)펀드사인 Texas Pacific Group에 매각을 하였으나 5년 뒤에 TPG는 매입 대금의 9배나 되는 수익을 남기도 매각을 할 수 있었다.(DBR, 2008)

이처럼 Nestle가 손실을 얻게 된 것은 수익성 평가기준의 하나로서 기업이 보유하고 있는 자산규모에 대비하여 얼마나 효율적으로 이익을 창출하는 지의 여부, 곧 이익(利益)을 자산(資産)으로 나누는 ROA(Return on Asset)에 의하여 계산한 결과 수익성(收益性)이 좋지 않다는 결과 때문이었다.

경영활동의 결과를 보여주는 감가상각(depreciation)에서 보듯 자산(資産)이란 시일이 경과할수록 가치는 하락하게 되어 있어 이들은 ROA에 곧 영향을 미치게 된다. 그러나 와인은 시간이 경과하면 할수록 숙성(熟成)을 통하여 재고자산의 가치가 상승되는 전형적인 문화상품인 것이다. 바로 이러한 점을 간과(看過)하였기에 Nestle는 막대한 손해를 보았으나 현금유출입(Cash-in/Cash-out)의 평가 방식을 채택한 TPG는 수익을 창출할 수 있었던 것이다.

최근 사우디에서는 그동안 가족이 아닌 여성과 남성이 함께 섞여 일할 수 없다는 이슬람의 율법에 따라 일반 상점에는 여성이 취업할 수 없었기에 여자

속옷도 남자가 팔아왔으나 여성 속옷 가게에서 남자 점원을 퇴출시키는 것으로 완화시키기로 했다.

그러나 사우디를 비롯한 이슬람 국가에서 여성들은 자동차를 운전할 수 없으며 이를 어기면 태형(笞刑)을 받게 되어 있을 뿐만 아니라 여전히 참정권도 없다.(조선일보, 2011. 6.10)

이러한 사례들은 이질적인 것을 넘어 문화적 장벽 정도가 아니라 충격(culture shock)인 것이다.

그러므로 문화 내지 이의 중요성은 개인의 일상에서는 물론 기업 특히 해외시장에 진출하려는 기업들에게 있어서는 아무리 강조 하여도 지나치지 않는 기본적이며 근본적인 경영활동에서의 핵심인 조건이다.

제 2 절 Lotte : 地大人多의 시장에서 고객을 찾다

1) 롯데쇼핑 연혁

1998.04.01 할인점 사업에 진출하면서 롯데마트 1호점인 강변점 개점

1998.08.21 롯데마트 2호점으로 할인점과 아울렛의 형태의월드점 개점

1999.02. 조직 확대로 명칭 개편

1999.03.28 롯데마트 3호점을 M&A를 통한 서현점 개점

1999.10. 부곡물류센터건립(한국능률협회로부터 1999년 한국산업고객 만족도 1위 기업 수상

1999.11. 조직 확대로 롯데마트사업부문을 롯데마트사업본부로 개편

2002.06.22 롯데마트로 CI변경

2002.12.20	제7회 한국유통대상 할인점부문 금상 수상
2006.02.23	퍼스트브랜드대상 할인점부문 대상 수상
2007.02.01	롯데마트 인터넷 쇼핑몰 오픈
2007.11.	김해 장유 물류센터 착공
	초대형 오산 물류센터 오픈
2007.12.	베트남 호치민 1호점 착공
2008.06.05	대형마트 MAKRO 중국 8개점 인수
	롯데마트 중국 3개점 리뉴얼 오픈
	마크로 인도네시아와 지분 인수계약 체결
2008.12.18	베트남 1호점 남사이공점 개점
2009.03.18	중국 그린필드 1호점 오픈
2009.10.19	중국 TIMES의 68개점을 인수하여 국·내외에서 점포수 1위 도약
2009.11.11	중국 그린필드 3호점 오픈하여 중국에서 64호점 보유
2010.08	인도네시아 소매 1호점 오픈
2011.08	글로벌 200점 오픈
2011.12	인도법인 설립 예정

롯데마트는 국내에서는 공격적으로 점포를 확장하는 동시에 해외시장에 대한 진출도 활발하게 진행하고 있다.

지난 2007년 12월에 국내의 유통업체로서는 최초로 M&A를 통해 중국 북경(6개점)과 천진(2개점)에서 네덜란드계의 대형마트인 MAKRO를 인수하면서 중국시장에 진출하기 시작했으며 2009년 3월에는 칭따오(青島)시 청양(城陽)에 부지를 구입하여 독자적인 첫 점포인 청양점을 개점하였다.

인도네시아의 경우 2008년 10월 7일에 MAKRO의 19개 점포를 인수하여 한국의 유통업체로서는 최초로 인도네시아 시장에 진출하였으며 2009년 상반기부터는 순차적으로 LOTTE MART로 상호를 교체하면서 차별화된 매장을 선보였다.

한편 베트남에서는 2009년 12월에 국내 유통업체 최초로 1호점인 남사이공점을 오픈하면서 현지 업체와의 차별화를 위해 영화관, 문화센터, 볼링장 등 3,200여평에 이르는 문화·편의시설을 대폭 강화하였고 매장 면적도 6,200여평(시네마포함)에 달하여 단일 쇼핑센터로는 최대의 규모를 갖게 되었으며 베트남 주요 지역을 중심으로 10년 이내에 30여 개 점포를 오픈할 계획으로 있다.

그리하여 롯데마트는 2011년말 현재 해외 4개국에서 219개 점포 한국에서는 95 점포를 운영하면서 본격적인 글로벌 유통기업으로서의 면모를 갖추는 등 결과적으로는 한국의 유통기업 가운데 해외에서의 사업 규모로는 최대의 유통기업이 되었다.

아래의 〈그림 1〉은 롯데쇼핑의 총매출과 당기순이익의 변천을 잘 보여 주고 있다.

〈그림 5-1〉 롯데쇼핑의 당기순이익 및 총매출 추이

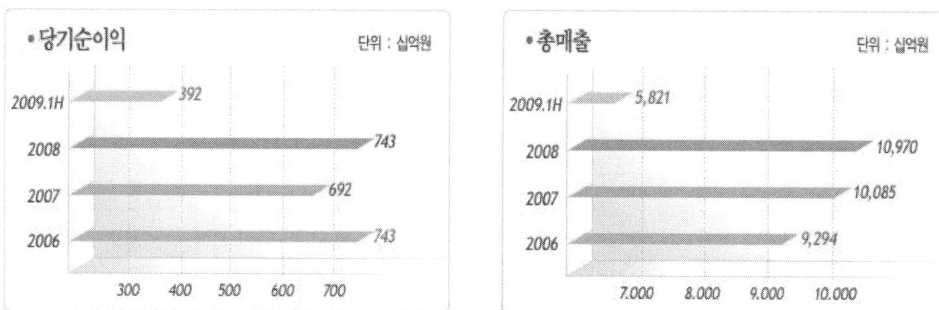

자료: 롯데쇼핑(주)/http://www.lotteshoppingir.com

2) 롯데쇼핑의 해외 진출

현재 국내의 유통업계에서는 2007년의 외환위기 이후에 급속도로 성장한 할인점의 지속적인 성장가능성 및 이미 포화상태에 이른 할인점들이 현재와 같은 성장세를 유지할 수 있느냐와 함께 유통업체의 해외진출이 시장포화에 대한 대안(alternatives)이 될 수 있는지에 대한 관심이 커지고 있다.

이를 좀 더 살펴보면 다음과 같다. 첫째는 국내 유통시장의 성장 둔화와 경영여건 악화로서 특히 1990년대 초에 유통시장이 개방되면서 점포 확대와 업태확장을 공격적으로 추진하는 과정에서 대대적인 M&A가 이뤄지는 가운데 상위권 기업들의 시장지배력이 크게 강화된 점이다.

그리하여 백화점이나 대형마트, 홈쇼핑 등을 중심으로 유통업계는 포화상태에 이르게 되면서 신성장 동력(動力)이 고갈되는 현상이 나타나기 시작하였다. 여기에다 국내 소비자들의 소득증가 둔화와 이에 따른 내수시장의 정체는 유통시장의 성장전망을 더욱 어렵게 하고 있다. 더군다나 정치권 및 지자체에서는 대기업들의 대형화에 제동을 걸어 규제 정책을 가시화시키려 하는 등 국내에서의 경영환경을 더욱 어렵워 지고 있다.

둘째는 지속적인 성장기회를 추구하기 위하여 해외시장으로 진출한 것이다. 이는 물론 국내 시장에서의 성장이 어려워진 이유 때문이기도 하지만 떠오르는 시장에서의 경제성장률은 높아지고 있음에 따라 중국과 베트남 등의 아시아 지역과 러시아를 비롯한 신생시장(emerging markets)에서의 시장 환경이 개선 내지 활성화되고 있기 때문이었다. 특히 중국의 경우 한국의 소비시장 규모는 160조원에 이르지만 중국의 경우(2008년)에는 700조원에 이르고 있다.

그러나 이러한 국내외의 여건 못지않게 고려해야 할 또 하나의 중요변수(critical effect)는 이미 중국을 비롯한 현지 시장에 진출하여 시장을 시점하고 있는 세계적인 다국적 기업들과의 전면전을 치러야 하는 점과 진출국에서의 현지화(localization)의 실패에 따른 위험이 상존하고 있다는 점이다.

이러한 어려움에도 불구하고 이마트는 중국 상해를 시작으로 다점포를 지속적으로 추진하여 1,000개의 점포를 신설할 계획으로 있으며 롯데마트는 이마트보다는 뒤늦게 중국에 진출하였으나 베트남과 인도네시아 등의 동남아 시장에 적극적으로 진출을 하고 있다.

2011년말 현재 롯데쇼핑은 한국의 경우는 95개의 매장을 갖고 있으나 중국에서는 95개, 인도네시아에는 28개 그리고 최근에 진출한 베트남의 경우에는 2개점을 보유하는 등 국내시장에서보다 해외시장에서 성공적인 마케팅활동을 수행하고 있는 가운데 현재 4개 국가에서 42,000명(한국은 18,000명, 해외는

24,000명)이 근무하고 있으며 매출은 한국에서는 7조원이며 해외에서는 3조(兆)에 이르고 있다.

3) 롯데쇼핑의 해외시장 진출

(1) 중국의 경제 현황

그동안 세계의 공장으로 알려지면서 저렴한 임금으로 세계적인 생산기지의 역할을 수행하던 중국은 점차로 소비대국으로 전환되고 있다. 즉 2010년 상하이 엑스포(6~10월)와 광저우 아시안게임(11월)을 기점으로 일본을 제치고 세계 2위의 경제대국으로 부상하면서 강대국으로서의 면모를 가시화시키고 있다.

2009년을 기준으로 중국의 GDP는 4.6조 달러에 이르러 현재 GDP가 5.0조에 달하는 일본이 경기가 급반등되거나 엔화가 평가 절상되지 않는다면 이러한 기록은 역전될 것으로 보이며 세계적인 경기침체 속에서도 중국은 최대 수출수혜국 지위를 유지하는 가운데 8%에 이르는 높은 경제성장률이 전망하고 있다.

중국은 지속적인 경제 성장율로 바오빠(8%의 경제성장률을 지키자!)를 달성할 수 있다고 확신하면서 금융위기에도 불구하고 전년 대비 13%의 성장 과 1인당 국민소득이 3,000달러를 상회(2008년)하는 실적을 보이고 있다.

이제 자신감을 갖게 된 중국은 2006년부터 시작된 외국인투자 주도형 성장에서 탈피하여 내수주도형 성장으로 전환하겠다는 방침으로 2010년의 경제성장률은 9.5% 내외 부문별 기여도는 투자는 60% 순수출은 1.5% 이르게 될 것으로 예상하고 있다.

① 중국의 시장환경

급격히 확대되는 중국 소비시장에 대한 신시장(지역)과 신소비자층(고객)을 파악할 필요가 그 어느 때보다도 커지고 있어서 단기적인 전망에 의한 시장의 탐색 내지 진출이 아니라 중장기 변화를 결정짓는 트리거(trigger)시장을 찾아 적극적인 시장활동을 수행하여야 한다.

즉 새롭게 형성되고 있는 신시장 및 신소비자층에 주목하면서 중국의 개혁개방정책에 따른 수혜 지역인 연해부의 1급 도시(베이징, 상하이, 광저우 등) 중심에서 과감히 탈피하여 신시장으로 부상하고 있는 2-3급의 도시에 주목하여야 한다.

베이징이나 상하이의 경우 소비패턴은 선진국과 유사한 모습을 보이고 있지만 글로벌브랜드와 로컬브랜드 간의 치열한 경쟁으로 이미 레드오션(red ocean)의 현상을 보이고 있다.

그러나 2~3급의 도시는 시장규모와 잠재력 및 전통 부유층과 신흥 부유층을 골고루 갖춘 신흥시장으로 부상하고 있는 가운데 2급 도시들은 새로운 것을 추구하는 소비욕구가 왕성한 시장이며 3급 도시는 금융위기의 영향을 상대적으로 덜 받은 매력적인 시장이다.

최근 중국이 고속철을 연계한 초광역 경제권화가 이뤄지면서 심리적 거리가 단축되고 있는 점에도 유의해야 한다. 2008년 베이징 올림픽 직전에 베이징과 텐진을 연결하는 징진선이 시속 350km로 27분만에 주파하면서 고속철(CRH) 시대를 열었으며 또한 중국은 베이징에서 전국 도시를 8시간 내 도착하는 고속철사업인'쓰쫑쓰헝'을 통하여 전국을 일일생활권으로 묶는 계획도 추진하고 있다.

따라서 고속철 개통에 따라 신거점 도시가 부상하고 초광역경제권(Megalopolis)이 새롭게 형성될 것이란 점에 주목하는 동시에 이동반경이 획기적으로 늘어나면서 주요 거점도시들의 중요성도 커지고 이에 따라 판매거점 및 유통채널 전략도 이전과는 달라져야만 한다.

최근 금융위기 등으로 선진국에서의 취업이 힘들어 지자 해외에서 귀국한 유학생 등의 인재 집단이 중국사회의 엘리트층을 형성하고 있는데, 이들은 'Early Adaptor나 의견 선도자로 걸어 다니는 광고매체'의 역할을 수행함으로써 소비시장의 트렌드를 주도할 것이라고 전망되고 있다.

1980년대에 출생한 ‘1대 소황제’들은 30대로 성장해 결혼, 출산, 자녀 양육을 하면서 시장의 주역이 되었으며, 천안문 사태 이후인 1990년대에 출생한 ‘2대 소황제’들의 경우 20대와 더불어 첨단 유행을 선도하는 가운데 왕성한 구매력과 다양한 니즈를 지니고 시장을 이끌고 있다.

이들은 해외문화를 수용함에 있어 개방적이며 글로벌 트렌드와 동조하는 등 유행을 선도하는 첨단 소비층으로 성장하여 부모세대에 의존하지만 집단적 소비성향이 강하여 첨단 유행을 추종하며 지속적인 교체 수요를 형성하는 특성을 보이고 있다. 특히 이들은 쇼핑의 즐거움이나 느낌, 기분 등 감성적 요인 등을 중시하면서 첨단의 패션 및 엔터테인먼트 분야에 집중적으로 소비하는 경향을 보이고 있다.

결국 기존시장을 대체하는 것이 아니라 새롭게 부상하는 시장(지역)이나 소비층을 추가적으로 공략해야 한다는 것이며 더불어 기존의 3대 경제권 이외에 빠르게 부상하는 잠재시장으로 시야를 확장하고 추가적인 경제권으로의 진출을 전향적으로 검토하는 동시에 향후의 소비트렌드를 주도할 해외 귀국 인재와 2대 소황제의 소비 니즈에 대응하여야 한다는 것이다.

또한 인구 13억의 '따따런뛰어(地大人多)의 대국(大國)'이라는 점에만 유념할 것이 아니라 중국시장에 다각적인 지식과 심층적인 정보의 지속적인 축적과 현지의 변화상과 함께 여전히 사회주의국가라는 점을 인식하여 정치 및 문화적인 환경에서의 변화와 추이에 주도면밀하게 접근하여 의사결정의 타이밍을 놓치지 말아야 한다.

더불어 지역과의 네트워킹을 통한 지속적인 소비시장의 관련 정보 입수 및 현지 행정당국의 정책 기조를 다각도로 분석하고 모니터링할 수 있는 현지에서의 거점조직을 활성화시켜야 할 것이다.

그러나 명품 백화점을 지향하는 가운데 베이징 최대의 번화가 왕풍징거리에 2008년에 중국의 유통기업인 인타이와 50 대 50의 합작으로 진출한 롯데인타이백화점(樂天銀泰百店, Intime Lotte)이 적자를 보이고 있다.(조선일보, 2011.10. 4).

이에 대하여 중국 환구시보의 영문판인 Global Times 는 기업문화 차이를 극복하지 못한 데서 비롯된 다문화충돌 때문이라고 보고 있는 바, 앞으로 중국은 물론 러시아와 동남 아시아시장에서 국제마케팅활동을 확대하려는 롯데의 경우 반드시 해결하여야 할 과제인 것이다.

인타이 롯데백화점(중국 베이징점) 영업 현황 단위: 원 자료: 롯데쇼핑 IR 보고서

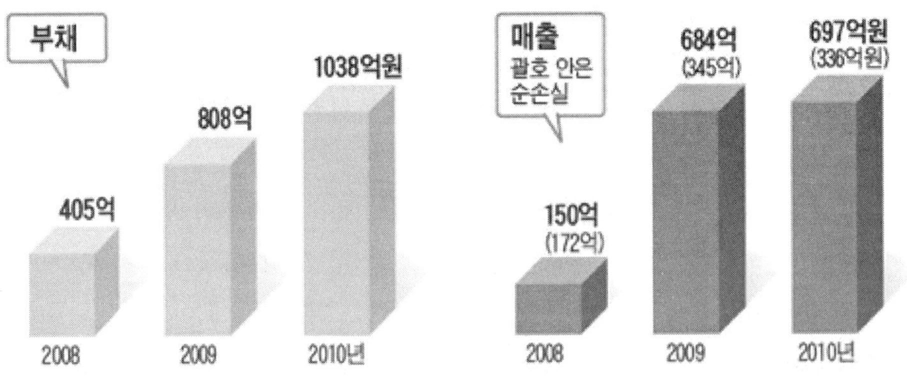

② 중국 소매시장의 유통 환경

2008년의 경우 시장환경이 복잡하고 다변화되었음에도 불구하고 중국의 100대 소매유통 기업은 성장세를 나타냈다.

즉 매출규모는 동기대비 17.01% 증가한 1조 2069억 3000만 위안을 실현하였으며 점포 수량은 11만 1282개로 동기 대비 25.8% 증가한 성과를 보였으나 금융위기의 여파로 2008년에는 중국 100대 소매유통 기업의 매출규모는 동기 대비 17% 증가해 사상 최저치의 증가율을 기록하였으며 2005년 이후 둔화세는 지속되고 있다.

2007년 100대 기업 매출규모 성장속도는 사회소비재 소매총액의 성장속도보다 각각 15.5%, 17.3%, 8.9%, 1.9% 높았으나 2008년에는 4.6% 낮은 것으로 집계되었고 소매유통의 경우 100대 기업의 매출 성장속도는 뚜렷하게 하락하였다.

이는 금융위기로 인해 농민들이 대거 귀향을 하면서 도시를 중심으로 하는 대형 소매유통기업들이 직격탄을 맞았기 때문이며 그 결과 2008년 전국 대형 소매유통기업의 매출액 증가율은 19.41%로 2007년보다 4.74% 하락하게 되었다.

시장집중도 역시 하락하여 10위권 매출액 성장속도가 크게 둔화되면서 궈메이(國美)가전분야의 성장률은 동기 대비 무려 15.54%나 떨어진 2.2%로 하락하였으며 소매유통 100대 기업들간의 통폐합도 건수나 금액면에서 크게 증가되었다.

이의 구체적인 사례로는 궈메이 가전은 싼롄상사의 인수와 함께 융러(永樂)가전의 잔여 지분을 인수하였고, 난징중양 백화점그룹은 1억 8000만 위안으로 쉬저우 국제 프라자를 인수하였으며, 우메이(物美)그룹의 저장성 공급판매마트를 인수하였으며 까르푸는 자광마트 인수를 하였다.

한편 일본 AEON도 선전의 5개 백화점을 인수하였으며 신세계는 상하이 E-Mart지분을 인수하는 규모와 내실을 키웠다.

그리하여 홍콩의 CR Vanguard와 Carrfour, 타이완 캉청(康成)투자의 Rt-Mart, Wal-mart, 신세계백화점 등 외국기업들의 매출은 2711억 2300만 위안으로 19.4%나 증가하였으며 점포도 3,634개로 8.9%나 늘어났고 업태별로는 마트가 주류를 이루고 매출성장률은 21.56%를 기록하여 동기(19.47%)보다 2.09%나 상승되었다.

4) 롯데쇼핑의 중국 진출

(1) 중국시장의 진출 배경

롯데쇼핑이 중국에 진출한 이유는 시장포화(飽和) 때문으로 한국에서는 대형마트가 5년 이내에 400개로 늘어 날 것으로 예상되었으나 지속적인 성장에는 한계를 보이고 있었다. 이의 대안(代案)이 Vietnam, Russia, India, China, Indonesia 등으로의 해외진출이었으며 이는 현지국의 저렴한 노동력과 현지 상품의 소싱(sourcing)에 의한 우수한 상품의 공급 그리고 국내제품의 해외 판로개척에 대한 기회(opportunity)가 될 수 있었기 때문이었다.

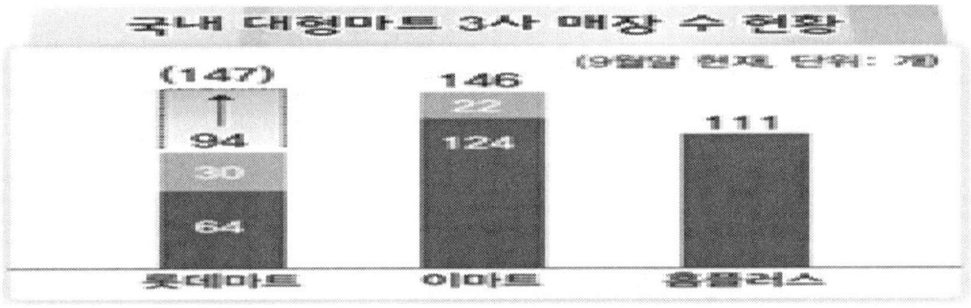

롯데쇼핑은 이미 까르푸, 월마트 등의 세계적인 슈퍼마켓 체인점들의 현지화가 상당한 수준에 이르렀다고 보고 외국기업들과의 치열한 경쟁에 대항하기 위하여 한국 또는 롯데마트의 특유의 서비스 정신으로 앞으로 300개의 대형매장을 오픈할 계획을 수립하였다.

이의 구체적인 시행 방안으로 롯데마트의 브랜딩을 樂天瑪特(중국식 발음:러티엔마터)로 하여 '롯데에서 만족하게 사세요'라는 의미를 갖도록 명명(naming)하였을 뿐만 아니라 매장을 완벽한 관리와 함께 고객에 대한 최상의 서비스 및 현지사회에 대한 공헌을 제고시키려고 노력 하였다.

또한 마크로의 인수와 함께 그동안의 도매 방식의 경영 포지션으로부터 개인 고객 위주로의 변화를 시도하는 동시에 신선품, 주방용품, 생활용품 등 일상 생활용품 종류를 늘려 매장 주변지역의 주민들에게 편리한 생활을 제공하였으며 도매부분의 경우에는 요식업과 구매부분만 남기는 등 일반 소비층에 어필할 수 있도록 적극적인 마케팅을 수행하였다.

매장에서의 목표 고객은 중국내의 거주 한국인을 겨냥하여'한국 상품 특별존'의 마련과 함께 참이슬, 신라면, 초코파이 등 900여종의 한국 제품을 진열하였다.

한편 현지인 곧 중국인들을 겨냥해서는 맞벌이 가정을 대상으로 하는 즉석식품의 진열과 함께 돼지고기를 선호하는 음식문화를 감안하여 돼지고기의 부위를 세분화시키고 양념 고기는 현지인의 입맛에 맞게 배려하였으며 중국인들의 교통수단인 오토바이나 자전거를 주차할 수 있는 무료 파킹장을 마련할 뿐만 아니라 매장의 판매 직원들에서부터 셔틀버스의 운전기사 등 내부 고객에게 이르기까지 철저한 서비스 교육을 시행하였다.

(2) 중국 시장에서의 마케팅전략

먼저는 현지화 전략으로 중국의 정책과 법률 및 법규은 성(省)에서 시(市)로, 다시 향(鄕), 진(鎭) 등의 지방으로 전달되고 있어 현지의 매장 소재지와 가장 직접적인 연관이 있는 조직과의 협력관계를 매우 중요하게 인식하여 노인, 장애인, 어려운 사람 돕기 등과 같이 지역사회와의 커뮤니케이션을 강화하였다.

이어서 M&A를 시행한 이후에는 사장직을 한국인이 맡지만 중고위층은 기존의 직원이 맡게 하고 한국의 롯데 본부에서 재교육을 실시하였다.

중국인들은 신선식품을 좋아하는 점을 반영하여 전문가의 영입으로 식품 안전도를 체크할 뿐만 아니라 매장 입구에 군것질을 파는 가게를 배치하여 길거리에서 먹는 노점상 분위기를 만들기도 하였다.

또한 차별화 전략으로 직수입의 형태로 수입업체를 통하는 것보다 15%의 낮은 수익을 얻을 수 있었다.

한국의 농수산물유통공사와의 MOU를 통하여 한국 농식품의 공급 및 상하이 인근의 사무소 개설로 중국 상품을 직접 사들여 현지 판매와 한국시장으로 공급하기도 하였다. 특히 2011년 6월에 개점한 텐진(天津) 1호점은 100% 한국자본으로 투자한 된 것으로 2018년에 이르면 매출액 200조원의 달성을 통하여 아시아 톱 10의 글로벌기업이 되려고 한다. 이곳의 식품매장에는 중국에서는 처음으로 옐로캡의 쇼핑도우미가 물품을 구매한 이들의 장바구니를 들어주고 있으며 3층의 문화센터에서는 밸리 댄스 연습실 등이 있고 연습실, 슈유실 등을 위한 공간이 전체의 20%를 차지하도록 설계되었으며 스킨 케어룸, VIP 전용 룸 등의 표적고객을 위한 서비스를 시행하고 있다.

그리고 타인이 사용한 변기를 싫어하는 풍속(風俗)을 고려하여 일단 사용한 변기는 청소원으로 하여금 즉시 새롭게 교체 내지 청소하고 '소독완료'라는 종이띠를 부착시켜 항상 청결감(freshness)을 유지하도록 하였으며 여성전용의 주차장을 마련하였을 뿐만 아니라 식품관은 곧 지하철과 연결시켜서 출입을 용이하게 설계하였으며 지하 1층에는 유니클로 등의 패스트 패션 및 영 케주얼의 매장을 설치하고 Calvin Kleine 등의 명품을 판매하여 '그동안 홍콩이나 일본에 가야만 살 수 있었던 상품을 이곳에서 살 수 있었다'는 구전효과로 개점 한달 만에 하루 매출이 3억에 달하게 되었다.

특히 현지화의 교육수행과 함께 직원들에게'인사를 잘하자!' 란 슬로건으로 친절함을 몸에 배도록 훈련시키면서 친절한 직원으로 선발될 경우 시상을 하는 등 인센티브를 제공하였다.

유통시스템의 첨단화로 발주, 재고관리, 대금지불단계 등의 상품수불단계를 관리할 수 있는 Merchandise 시스템을 도입하였으며 FI(재무회계), CO(관리회계), MM(자재관리) 모듈의 구축은 물론 판매코드와 제품코드를 명확하게 하는 매출시스템의 체계화를 구축하고 첨단의 POS 시스템과, PDA시스템, 멤버십 시스템을 구축하였으며 매장의 외관이나 인테리어 및 곤도라 등에도 세심하게 고려하였다.

(3) 중국 시장에서의 확장 전략

진입 초기에는 베이징을 둘러싼 주변 상권(허베이성, 산둥성, 랴오닝성 등)과 같은 중요 상권에 진입하였으나 점자로 네델란드계 유통기업인 MARCO를 인수하여 베이징(양챠오점, 주셴차오점, 퉁저우점, 쓰다오커우점, 충원먼점, 왕징점)과 톈진(허우타이점, 이하오차오점)등에 M&A를 통한 확장전략을 시행하였다.

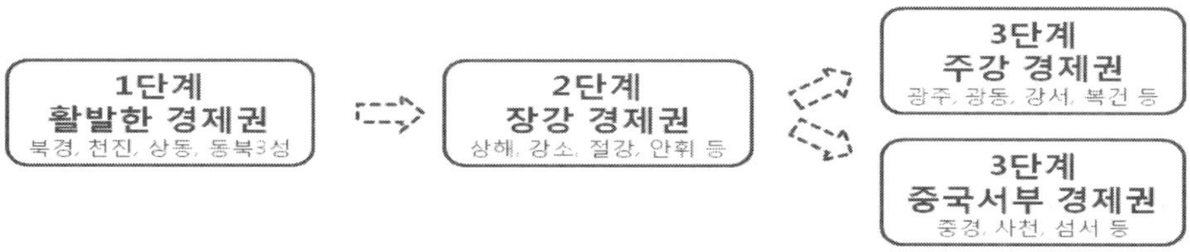

또한 TIMES의 인수로 화둥(華東)지역(상하이, 장쑤성, 저장성, 산둥성)에 총 65개(대형마트 53개, 슈퍼마켓 12개)의 점포 운영으로 중국에서 매출액기준 20위권으로 부상하면서 물류 부분의 강화, 우수 현지 인력확보, 기존 점포에 대한 상품경쟁력 제고 등을 확보할 수 있게 되었다.

(4) SWOT 분석

Strength	Weakness
▷ M&A 전략 ▷ 생필품의 경제에 둔감 ▷ 서비스 정신 ▷ 선진 IT 시스템	▷ 중국 유통업 진출 후발주자 ▷ 해외 진출 경험 부족
Opportunity	**Threat**
▷ 부동산가격 거품감소 ▷ 시장의 성장잠재력 ▷ 한국 브랜드 선호 증가	▷ 세계적 대형 할인마트의 선도 ▷ 주요도시의 경쟁 심화 ▷ 정치적 위험

□ Strength

- ◆ M&A로 입지선정 문제, 인사채용, 물품공급업체 등에서 시간과 비용을 절감
- ◆ 롯데그룹의 자금력을 통한 신속 진입으로 의사결정 용이
- ◆ 서비스 정신으로 중국 및 외국기업보다 더 친절한 서비스의 제공
- ◆ 선진 IT시스템의 도입으로 체계적 관리와 축적된 DB로 수요 예측 및 대응 가능

□ Weakness

◆ 중국 유통업계에서의 후발주자로 낮은 인지도

◆ 해외 진출 경험 부족으로 수준 높은 정보수집에서의 열악

□ Opportunity

◆ 롯데 상품의 중국진출로 롯데 브랜드 이미지의 제고에 따른 상류층 이용 증가

◆ 한류에 편승한 한국 브랜드 선호도 제고로 롯데 이미지의 호감 및 상승

◆ 성장 잠재력으로 2010년을 기점으로 세계 제2경제대국으로 부상할 가능성

◆ 고속철도 확장으로 지역상권의 확대 및 새로운 소비계층(少皇帝)의 등장

□ Threat

◆ 세계적 대형 할인마트의 할인 선도로 외국 기업들의 상당한 현지화 수준

◆ 주요 도시에서의 경쟁심화에 따른 대형마트 출현에 따른 치열한 경쟁

◆ 정치적 위험으로 중국 정부의 빈번한 경제정책 변화

(5) 4P 분석

□ Product

◆ 한국 농수산물의 수입을 통한 안정성과 품질이 뛰어난 식품

◆ 한국존(zone)개설로 재중(在中) 한국인 및 한국 브랜드 선호의 중국인에게 호감

◆ PB 상품 운영에 의한 롯데마트의 자체 브랜드 가치의 상승 효과

□ Price

◆ 직수입을 통한 저렴한 가격 유지(15%의 추가수익 발생)

□ Promotion

◆ 러티엔마터의 브랜드명으로 이미지 제고(의미있고 유사한 영어발음 선호)

◆ 한국 존으로 900여종의 한국 제품 진열

◆ 즉석식품으로 맞벌이 부부로부터 호감 제고

◆ 고기(meat) 세분화로 특정부위 선호 및 입(口味)에 맞는 양념 고기
◆ 문화 행사 진행의 일환으로 사진, 그림 등의 전시회

□ Place

◆ aT(한국농수산물유통공사)와 MOU 체결을 통한 한국농수산물 유통활성화
◆ 구매사무소의 설립을 통한 유통망 촉진 및 확산
◆ 신흥개발지역 및 인구유동이 많은 지역 진입으로 외국인에게 한국 농식품을 홍보

Product	Place
▷ 한국 농수산물 ▷ 한국 존 등 수입상품 ▷ PB 상품 운영	▷ aT(한국농수산물유통공사)와 MOU 체결 ▷ 구매사무소 ▷ 신흥개발/인구유동지역 진입
Promotion	**Price**
▷ 러티엔마터 ▷ 한국 존 ▷ 즉석식품 ▷ 고기(meat) 세분화 ▷ 문화 행사 진행	▷ 직수입을 통한 가격인하

(5) 중국 시장에서의 성공 요인

롯데쇼핑은 중국에 진출하면서 상품과 운영에서의 혁신(innovation)을 통하여 성공적인 마케팅활동을 수행하였다. 즉 전자의 경우에는 다점포화(多店鋪化) 시너지 창출을 위한 통합 매입(統合買入)의 추진, Category Management를 통한 가격경쟁의 한계 극복, Global Cross Sourcing 의 활성화를 통한 차별화된 상품의 운영 등이며, 후자는 매장 운영 표준화(標準化)를 위한 Superviser의 체계적인 운영, 신속한 OP Know How의 전이(IT System, 자동발주 등), Lean Transformation의 해외 접목 등이다.

6월에 개점한 톈진(天津)의 롯데백화점은 6개월 만에 10만명의 회원을 확보하여 1993년 개점한 일본계 이세탄백화점의 경우 18년이 지난 현재 멤버수는 20만 명에 지나지 않으나 롯데는 단 6개월 만에 확보하였다.

또한 문화센터를 운영할 뿐만 아니라 직원들은 손님들에 대한 90도 인사로 중국에서는 보기 드문 광경을 연출하고 값비싼 시계를 많이 사는 중국인들의 취향에 맞춰 백화점 안에 480㎡(약 145평) 규모의 명품 시계 숍을 두는 식으로 철저하게 서비스의 차별화를 수행하고 있다.

현재 롯데의 점포는 국내 39개에 해외 3개로 해외 매출의 비중은 5%가 채 안되지만 2018년까지 중국 · 러시아 · 베트남 · 인도네시아에 모두 40여개의 해외 매장을 열고 매출 비중을 25%까지 끌어올리는 글로벌 사업 확장을 통해 프랑스의 프렝탕, 미국의 콜스 · 메이시에 이어 현재 6위인 세계 백화점 업계 순위를 5위로 한 단계 높일 계획으로 있다.

제 3 절 김밥파는 CEO, 그의 음식문화 글로벌리제이션

1) CEO

'김밥파는 CEO'의 저자인 김승호사장은 고등학교 때부터 사업에 대한 시도를 했을 만큼 비즈니스에 대한 열정이 남달랐다. 그는 20대 중반인 1987년에 가족과 함께 미국으로 이민을 가서 처음에는 아버지의 식품점 일을 돕기 시작했다. 그러나 점차로 장사에 눈을 뜨면서 '하루도 쉬지 않고 일'을 해야 하는 가족단위 사업(family business)이 아닌 주말에는 쉴 수 있는 사업을 찾기 위해 컴퓨터 판매업을 해보기도 하고 증권회사를 차려보기도 했지만 번번이 실패를 했다.

2000년에는 유기농 식품회사를 인수하여 착실히 성공하는 듯 하였으나 9.11 테러라는 암초(暗礁)를 만나 또다시 위기를 맞게 되었다.

그는 세번에 걸친 실패로 쉬는 동안 꾸준한 운동으로 몸과 마음을 추스르면서 '실패는 거듭하되 패배는 더 이상 반복하지 않겠다'는 결심으로 자신감과 의지를 불태우게 되었다.

어느날 그는 백화점 형태의 대형 매장에서 스시와 김밥을 파는 작은 가게를 발견했다. 그곳 매장에는 도시락 6개만 진열 되어 있었는데 이를 보면서 그는 '더 멋지게 진열하여 매장에 온 손님들에게 직접 판매한다면 더 많은 수익을 얻을 수 있을 텐데. 그래, 내가 한 번 해보는 거야' 라는 생각으로 이를 실행에 옮기기 시작했다.

2004년 4월, 김승호 사장은 미국 내 최대 식품 유통 회사인 Kroger와의 접촉을 시도했다. Kroger는 미국의 최대 식품유통회사로 2,500여개의 대형식품점, 791개의 백화점, 599개의 작은 식품점, 431개의 보석상점, 92개의 식품제조공장 등으로 600억달러의 매출을 올리고 텍사스에는 206개의 매장, 휴스톤에는 102개의 매장을 갖고 있는 거대회사 이어서 회사의 담당자와 전화 통화라도 하려면 그 자체도 예약을 해야 할 정도였다.

김사장은 자신의 김밥운영 시스템을 팔기 위해 제안서와 함께 관련 자료를 보내는 동시에 매일 전화를 걸었다. 무려 열 달여의 시간을 투자하여 겨우 미팅 날짜를 잡았을 뿐만 아니라 거대 기업인 Kroger에 대한 찬사와 함께 자신과의 계약으로 벌어들이게 될 가능성을 적극 설득하여 계약 체결에 성공하였다.

그가 Kroger라는 거대 기업과의 거래에서 이길 수 있었던 요인은 넘치는 자신감과 함께 지리한 시간과의 싸움이었다. 그는 Kroger에게 유통업에서 성공하려면 김밥 아이템을 신속하게 받아들여야 한다는 점을 상기시키면서도 자신은 여유롭게 기다리는 방법을 택했다. 그러자 오히려 다급해진 Kroger가 그의 제안을 받아들이게 되었다. 드디어 거대한 시장인 미국에 본격적인 첫걸음을 내딛으면서 김사장은 이렇게 말했다. '거래는 시간이 많은 사람이 이기는 게임'이다.

2005년 5월에 그는 Kroger로부터 휴스톤 북쪽에 있는 Nineteen Sixty라는 매장을 얻으면서 첫 날에는 2개를 팔고 나머지 34개를 폐기할 정도로 처음에는 부진했다. 그러나 그는 포기하지 않았다. 즉 진열대 위치가 열악하고 공간이 협소한데다 고객들도 70%가 흑인이라는 단점이 있었으나 그는 엄청난 고객이 찾는다는 장점을 기회로 삼으면서 새로운 도전을 모색하였다.

김밥을 만드는 작업대의 위치를 변경하는 동시에 샘플을 무료로 나눠 주면서 고객들과 친숙해 지도록 노력한 결과 점차로 매출은 눈에 띄게 상승했고 김밥은 불티나게 팔렸다.

그는 김밥 사업에 자신이 붙으면서 중국인이 경영하는 JFE라는 회사를 인수하려고 계획하였으나 JFE의 사장은 큰돈을 요구했다. 이번에도 그는 Kroger와의 계약 때처럼 자신감과 그만의 독특한 시간 관리를 통하여 마침내 JFE를 인수 할 수 있었다.

또한 그는 김밥을 파는 것이 아닌 김밥 만드는 시스템으로 매출을 올리기 시작했으며 미국 전역에 있는 매장 운영에서의 모든 정보들은 데이터화 시키기 시작했다.

그는 자신이 개발한 시스템의 적용으로 안정된 경영 성과를 보이기 시작한 이후에도 자신만의 단독매장을 열어 체인형식으로 김밥을 판매하고 있다.

드디어 김승호사장은 김밥이란 제품을 하나의 완성된 시스템으로 만들어 성공적인 판매 실적을 보이는 가운데 음식문화의 이질적인 시장인 미국에서, 특히 백인들에게 생소한 '김밥'으로 시장에 진입한지 3년 만에 연매출 130억원의 신화를 이루게 되었다.

그는 다른 나라의 문화를 접하는 가장 친근한 방법은 음식을 함께 나누는 일이고, 한자리에서 음식을 먹는 사람들끼리 적이 될 수는 믿고 있으며 어떤 나라의 음식을 좋아하는 사람들이 그 나라를 싫어하는 경우는 거의 없다고 보고 있다. 따라서 그는 동양음식을 서양인들이 많이 먹으면 먹을수록 그들은 더 욱더 동양을 사랑하고 이해할 것이라고 믿고 있기에 한국의 김밥도 틀림없이 미국에서 더 많은 사랑을 받을 수 있다고 확신하고 있다.

김사장에게 오늘의 성공을 있게 한 요소들을 정리하여 보면 다음과 같다. 첫째는 실패를 두려워하지 않고 포기하지 않는 기업가정신(entrepreneurship)이다.

둘째는 '상상하라' 이다. 그는 '나는 항상 무엇인가 꼭 이루고 싶은 것이 생기면 먼저 상상을 한다 '고 말하고 있다. 물론 대부분의 사람들은 상상을 한다. 하지만 상상한 것을 실행에 옮기는 사람은 극히 드물다. 그러나 그는 상상한 것을 수첩에 항상 기록하고 이를 이루기 위해 끊임없이 노력을 하였으며 끝내는 이를 "성공"이라는 이름으로 이뤄내었다.

셋째는 그는 '경쟁자들과 함께하라'를 유념하는 가운데 '정적(政敵)이 없는 독재자가 파멸하는 것'처럼 안주(安住)를 거부하는 것이다.

넷째는 기술이나 재정상황 또는 인적자원 등 자신 및 자신의 회사가 갖고 있는 약점을 강점으로 만들도록 노력하는 것이다.

다섯째는 감(感)에 의한 경영이 아니라 '철저한 분석'으로 관리하는 것이다. 즉 김밥을 판매하여 올린 매출을 체계화하고 각 매장에서의 모든 정보를 데이터화했다. 이를 바탕으로 매장이나 고객성향의 차이에 따라 변하는 매출폭을 확인하는 동시에 운영방식도 체계화시켜 김밥만을 제조하여 판매로 끝나는 것이 아니라 시스템으로 만든 것이다.

또한 매장을 이용하는 고객들의 나이와 인종, 주차한 차량의 종류와 수를 분석하여 각 매장에서의 매출을 예측가능하게 하였으며 나아가서는 김밥 롤의 크기, 자르는 조각의 갯수, 내용물의 종류와 양 등의 변수까지도 고려하는 등 '김밥 의 제조-유통-판매 등 전 과정에서의 토털 시스템'을 만들어 내었다.

지난 2012년 1월에 한국프랜차이즈사업연구원에서 우수 가맹점들의 성공요인을 5가지로 분석한 결과에서도 우수 영업점들은 가맹점운영(franchising) 및 관리(판매시점 관리를 위한 POS도입 등), 가맹본부(Franchiser)와의 생산적관계, 마케팅, 리더십, 서비스품질 등 역시 시스템경영을 통하여 지속적인 매출신장을 달성한 것으로 나타났다.

2) 4P of the JFE

한국인이 즐겨먹는 김밥! 이제 김밥은 세계 최강의 대국인 동시에 시장인 미국에서 미국 먹거리(American food market)의 틈새시장(niche market)에서 동양의 신비한 음식과 지극히 한국적인 먹거리로 미국의 남부지방에서 시작하여 전 미국인의 식감(食感)을 처음에는 신기하게 그리고 이후에는 입맛에 드는 맛있는(yum&delicious) 음식으로 길들여 가고 있다. 여기서 말하는 동양의 신비한 음식이란 '스시(sushi)'를 말하는 것이고 한국적인 먹거리란 '김밥'을 말하는 것이다.

인간이 세상을 살아가면서 기본적으로 충족시켜야 할 것들은 시대와 동서양을 막론하고 의식주(衣食住)이다. 물론 옷은 여성에게는 물론 남성에게도 아름다운 것이어야 한다. 그리고 음식은 우선은 배를 부르게 하고, 아니 배고프지 않게 하여야 하지만 이보다 더 좋은 것은 맛(taste)이 있어야 한다. 물론 집은 추위와 더위를 피할 수 있도록 단단해야 하고 자연 등의 주변 환경과도 어울리면서 예뻐야 하지만 또한 쾌적(amenity)해야만 한다.

이는 인간의 사회생활을 하는데 있어 본능(本能)에 가까운 것으로 누구에게나 기본적이고 필수적인 것이다. 따라서 이를 충족시킬 수 있는 방법(方法) 또는 묘책(idea)을 갖고 있는 사람은 반드시 성공하기 마련이다.

이제부터 김승호사장이 외국인인 한국인으로서 미국이라는 음식문화의 이질적 시장에서 한국의 음식으로 그저 단순히 미국화(Americanized)의 수준에 머무르지 않고 글로벌화를 이룬 그의 비즈니스 활동의 면면(contents)을 살펴 보기로 하자.

우선 제품(Product)의 경우 48개에 이르는 다양한 종류의 김밥을 생산, 출시하고 있는 점으로 화려한 색상과 함께 다양한 맛을 지니고 있는 점과 기존 김밥에 컬러와 입체감을 가미하였으며 속(內容物)에 따라 캘리포니아 김밥, 치즈김밥, 샐러드 김밥 등으로 제품을 다양화(多樣化)시키면서 기존 제품과는 전혀 다른 '아름다운 김밥'으로 인식시켰다.

가격(Price)의 경우에는 4달러에서부터 시작하여 10달러에 이르기까지 다양하고 서림한 가격으로 책정하였다.

유통(Place)의 경우 JFE를 설립하여 미국 최대의 식품 유통회사인 Kroger의 입점(入店)을 통한 매장 운영에서 높은 판매율을 유지하여 오고 있다. 한편 오클라호마에서는 리소스에 김밥 매장을 운영하고 있으며 매정에서의 위치는 판매율이 제일 높은 이른바 '명당(明堂)에 자리하였다.

끝으로 촉진(Promotion)의 경우 초창기에는 김밥의 매출이 오르지 않아 매장 구석에 있었던 진열대의 위치를 입구 전면에 배치하여 요리사가 직접 고객들이 보는 현장(on the spot)에서 김밥 만드는 모습을 시현(示顯)케 하여 새로운 먹거리의 등장을 눈여겨 보는 동안에 흥미를 유발(興味誘發)시킨 점과 음식 제조 과정에서의 청결함과 제조과정에서의 전문성을 인식시켜 김밥 및 이의 제조기업인 JTE에 대한 신뢰성(信賴性)을 증대시킨 것이다.

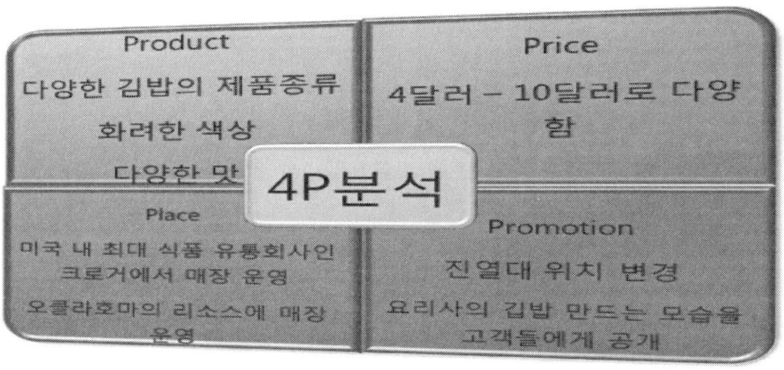

3) STP of the JFE

김밥은 남녀노소 모두 즐길 수 있는 음식이기는 하지만 동양음식에 대하여 편견을 갖고 있다는 점을 감안하여 시장을 세분화(segmentation)시켰다. 즉 Kroger 내에 위치한 김밥의 주요 고객층은 백인의 부유층들이 저렴한 가격으로 부담 없이 즐길 수 있게 한 것이다.

이런 시장세분화를 통하여 JFE사는 표적시장(targeting)으로 먼저 휴스턴 북쪽 매장의 흑인 고객으로 하였다. 휴스턴 북쪽 매장은 김밥의 주 고객층이 부유층인 백인이었으나 흑인들이 매장의 70%에 이르렀다. 이들은 동양음식에 대한 부정적인 선입관(先入觀)을 갖고 있음에도 불구하고 이들을 표적시장으로 결정하면서부터는 높은 매출을 올릴 수 있게 되었다.

또한 시장세분화와 표적시장에서의 성공은 포지셔닝(positioning)으로 연결되면서 고객들에게 깊이 인식시킬 수 있었다. 즉 JFE사는 매운 소스를 넣어 만든 세 가지 음식인 'Three Hotties'의 상품 및 다양한 롤 형태의 김밥(캘리포니아롤), 누드 형태의 김밥 등 차별화된 맛과 모양으로 고객들에게 흥미 이상의 이미지를 각인(刻印)시켰다.

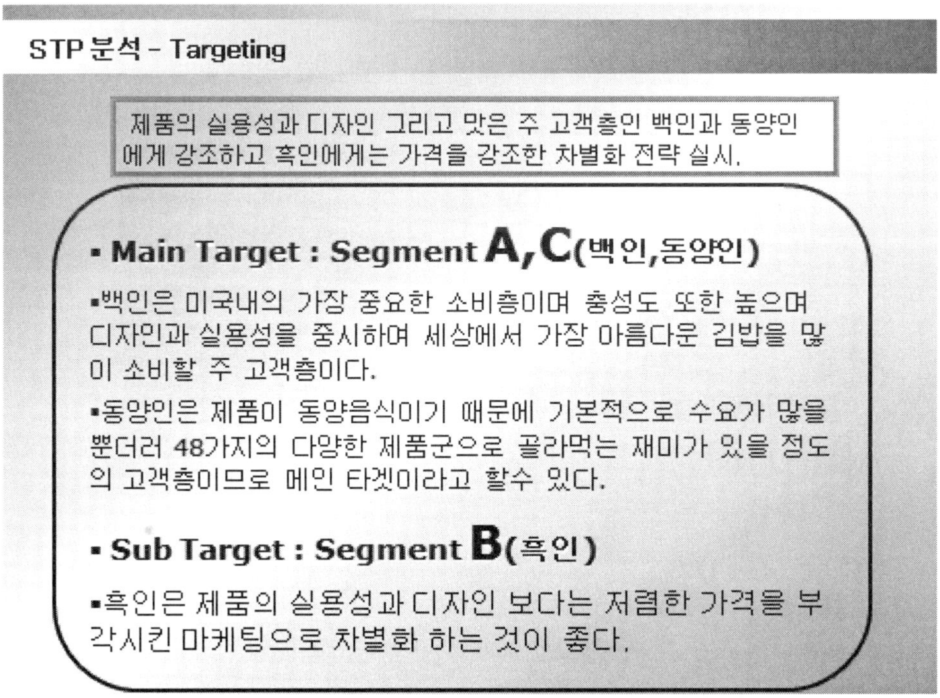

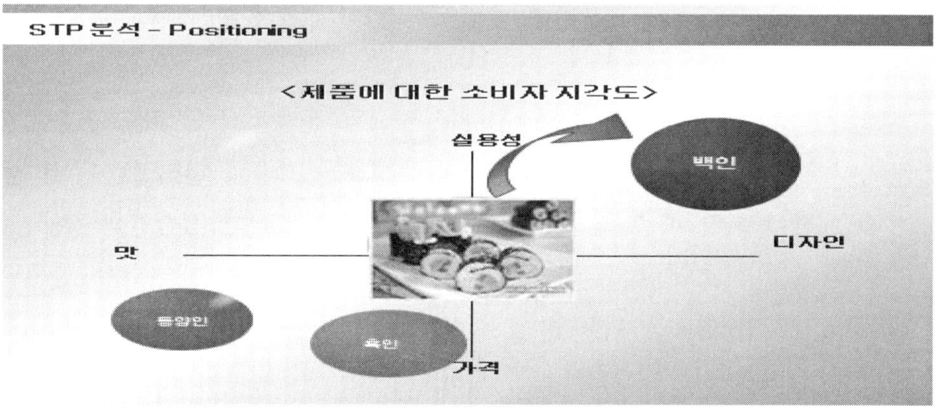

STP 분석 - Segmentation

소득 수준	사회 심리학적특성	추구하는 편익	구매경로
백인 흑인 동양인	사회적 지위 브랜드충성도	디자인 가격 기능(실용성) 브랜드	크로거 리소스 마이어

A. 백인 : 전통적인 미국 내의 메인타겟 소비층, 대부분의 기업이 지역을 불문하고 가장 먼저 고려하는 고객층, 디자인과 실용성을 중시하며 브랜드 충성도가 높은 고객층

B. 흑인 : 이들의 대부분은 치킨이나 튀김 등을 워낙 좋아하고 미국내에서 피부유층에 속하며 브랜드 충성도가 낮은편에 속하며 경제적 수준의 한계로 비교적 저렴한 음식을 많이 찾는다.

C. 동양인 : 미국내의 동양인은 피부유층이며 디자인과 실용성 보다는 가격과 맛을 중시하는 경향이 뚜렷하며 브랜드 충성도는 보통에 속한다.

4) SWOT of the JFE

JFE사의 강점(strength)은 미국 최대의 유통회사인 Kroger에 입점한 점과 함께 JFE의 신선한 김밥 제조 시스템 및 뛰어난 packing 기술, 꾸준히 상승되는 동양적인 식품(Oriental Food)에 대한 선호도, 뇌물 등을 멀리하는 투명한 경영관리, CEO의 탁월한 경영능력 및 CRM 차원에서의 매장 운영방식이다. 고객들이 직접 볼 수 있는 곳에 작업장을 설치했으며 진열대에는 다양한 김밥을 진열시켜 타 매장과의 독특하고 차별화와 함께 흑인들을 겨냥한 저렴한 가격의 책정 등이었다.

그리고 JFE사에 있어서 기회(opportunity)는 동양음식에 대한 꾸준한 관심 증가이다. 여기에다 웰빙(well-being)을 중시하는 경향과 캘리포니아 롤 등 신제품 개발에 의한 매출 신장, 경쟁상품과의 경쟁 아닌 상생방안의 강구, 소비자들이 김밥 선호도 증가 및 최근 미국에서도 일어나고 있는 한류 열풍도 매출에 긍정적인 영향을 미치게 될 것이다.

약점(weakness)은 스시를 기본 메뉴로 하는 일본의 음식업체나 고가(高價)이기는 하지만 선호도(選好度)가 높은 중국 음식으로 이들은 미국의 음식시장에 먼저 진입한 역사와 전통을 갖고 있어 후발업체(Follower)인 JFE로서는 이에 대한 대안을 마련하여야 한다.

마지막으로 위협(threat)은 여전히 동양음식에 대한 편견(偏見)과 선입관(先入觀)이며 거대식품기업인 AFC의 김밥시장 진출과 중국 만두의 미국시장 진출 가능성 및 샌드위치나 햄버거와 같은 대체식품의 상시 존재 그리고 미국의 각 주(州)마다 다른 비즈니스 환경 및 법률적 규정이나 제도 등이다.

SWOT 분석

Strength	Weakness
▪독특한 매장 운영방식으로 매장의 지속적 증가 ▪차별화된 맛과 모양으로 대중성있는 제품 ▪다양한 제품군과 저렴한 가격대 ▪타사와 비교해 저렴한 생산원가 ▪다양한 고객층	▪계약 점주들의 욕심 ▪매장 급속 확대로 차별화된 통제 어려움 ▪잠재적 경쟁사(일본/중국)의 진입가능성
Opportunity	**Threat**
▪우호적 인식(동양음식=건강식) 제고확대 ▪김밥매장 없는 슈퍼마켓은 품격이 떨어진다는 소비자들의 호응도 내지 인식 증가 ▪'김밥' 인지도 및 이미지 상승 ▪김밥의 미국 시장 규모의 지속적 성장 가능성	▪동양 음식에 대한 기본적인 편견 ▪ 경쟁업체의 지속적 성장 ▪세계적인 경기 침체

제 6 장

국제마케팅과 해외시장조사

제1절 해외시장조사의 의의

이질적 시장환경의 특성을 보여 주고 있는 해외시장(overseas market)에서 마케팅활동을 수행하는 경우 현지에 있는 기업들과의 경쟁은 어쩔 수 없는 것이지만 또한 이미 먼저 진출하여 처음 또는 현재의 시장점유율을 고수(固守)하려는 또 다른 외국기업들과의 경쟁으로 더욱 치열할 수밖에 없다.

물론 진출 초기에는 외국비용을 상쇄할 수 있는 기업 특유의 경쟁력을 확보하고 있기에 진출하는 것이지만 현지국(現地國) 시장에서의 성장 가능성에 대한 기회(opportunity)와 강점(strength)에 관련한 자료나 정보에 못지않게 이국(異國)의 기업으로서 현지국의 기업이나 고객들에 관련하여 갖게 되는 위협(threat)이나 약점(weakness)에 대한 대안의 마련은 필수적인 것이다.

일반적으로 시장조사는 크게 시장 분석, 제품 또는 서비스에 대한 시장(고객)의 반응 분석, 광고 또는 판촉활동에 대한 효과 분석, 그리고 전략 기획을 수립하기 위해서 실시하게 된다.

먼저 시장분석의 경우에 살펴보아야 할 내용들은 다음과 같다.

- 어떤 집단의 사람(고객)들이 시장에 존재하는가?
- 사업에 성공하기 위한 목표 구매자 집단의 규모는 충분한가?
- 잠재 시장의 규모는 어느 정도인가?
- 잠재시장에서 어느 정도의 시장점유율을 획득할 수 있는가?
- 잠재고객들은 누구인가?
- 경쟁기업의 구매자(고객)은 누구인가?
- 구매자들을 어떻게 확보할 수 있는가?
- 매장의 위치는 어디가 최적지인가?

또한 제품 또는 서비스에 대한 시장(고객)의 반응에 관해서는 다음과 같은 내용이 중요하다.

- 누가 최대의 구매자인가?
- 그들은 얼마나, 언제 구매하는가?

- 이들의 구매비용은 어느 정도이며 이 때 수익성은 어느 정도 인가?
- 이들의 니즈는 무엇인가?
- 구매자들은 어떻게 바뀌고 있는가?
- 고객들의 니즈 변화는 어떤가?
- 니즈를 만족시키기 위하여 제품이나 서비스를 변경할 수 있는가?

그리고 광고 또는 판촉활동에 대한 효과 분석에서는 다음과 같은 내용을 조사하여야 한다.

- 어떤 광고나 프로모션이 최고의 효과를 가져 올 수 있는가?
- 구매결정에 가장 크게 영향을 미치는 방법이나 메시지는 무엇인가?
- 어떤 광고가 효과적으로 메시지를 전달할 수 있는가?
- 어떤 매체가 매출에 크게 영향을 미치는가?

마지막으로 전략 기획의 수립을 위해서는 다음과 같은 내용을 검토하여야 한다.

- 구매자들이 어떻게 변화하고 있는가?
- 각각의 세분화된 시장의 변화는 어떤가?
- 가장 빠르게 성장하는 집단은 누구인가?
- 고객들이 원하는 제품이나 서비스는 무엇인가?
- 기존 시장에서 어느 정도나 매출 성장을 기대할 수 있는가?
- 어떤 사업부서나 라인에 투자를 증가시켜야 하는가?

이제부터 시장조사의 중요성을 극명(克明)하게 보여주고 있는 사례를 한국과 일본 기업들을 통하여 살펴보기로 하자.(조선일보, 2011년 12월 16일)

한국의 대표적인 빵집 프랜차이즈인 Paris Baguette가 매장 수 3010개를 돌파하며 3000 고지를 훌쩍 뛰어넘었다. 1986년 파리크라상이란 법인을 설립해 1988년 Paris Baguette 첫 점포를 낸 지 23년 만이다.

식품 프랜차이즈 중 점포가 3000개를 넘긴 경우는 Paris Baguette가 유일하다. 커피 전문점 1위인 카페베네가 722개, 치킨 전문점 1위인 BBQ도 1800개를 넘겼을 뿐이다. Paris Baguette를 운영하는 파리크라상에서는 "점주들이 업계 최고 브랜드라는 것을 믿고 선택해준 덕택에 올해 300개 가까이 점포를 열어 3000개를 돌파하게 됐다"며 "1일 3회 배송에, 매장에서 직접 굽는 신선 시스템이 소비자들에게 통했다"고 보고 있다.

Paris Baguette는 첫 점포를 낼 때부터 '베이크오프(bake-off)' 시스템을 업계 최초로 선보였다.

기존 빵집들이 완제품을 진열해 판매하는 형태이었다면, 매장에 냉동 휴면 상태의 '생지(밀가루와 일정량 재료를 비율대로 섞어 반죽한 뒤 얼린 것)'를 공급해 현장에서 갓 구워 신선한 제품으로 판매하는 방식이다. 전국 '1일 3회 배송'도 신선 식품 업계에서는 드문 일이다.

Paris Baguette는 판매하는 제품 수만 600여 가지가 넘으며 밀가루 · 견과류 등 필요한 재료만 1000가지를 상회하고 있다. 그리고 무엇보다 전국 3000개 매장에서 필요한 빵을 본사에서 다 접수받아 일일이 배송하고 있지만 오(誤)배송률의 불만율은 0%에 가깝다고 하며 "서울에서 제주도까지 맛 · 신선도 모두 표준적으로 유지해 공급하고 있으며, 이런 점들이 소비자들에게 좋은 평가를 받고 있는 것 같다"고 말하고 있다.

지금까지 언급한 이러한 결과들(output)은 모두 철저한 시장조사에서 비롯된 것으로 Paris Baguette의 경우 중국이라는 해외시장에 대하여 철저하게 조사 및 분석을 통하여 마케팅전략을 수립하여 진출하였다.

이러한 Paris Baguette의 상권분석능력(商圈分析能力)은 국내의 업계에서도 잘 알려져 있다.

한국의 대표적인 화장품 회사인 Amore Pacific은 브랜드숍 신규 점포를 낼 때 상권 분석 방법 중 하나로 Paris Baguette가 들어서 있는지를 먼저 파악하는 것으로 알려졌다. 즉 '되는 상권'에 Paris Baguette가 이미 출점(出店)해 있기 때문에 따라서 동반진출 내지 동반 입점(同伴入店)을 한다는 것이다.

떡볶이 프랜차이즈로 큰 인기를 얻고 있는 아딸의 경우 신규 점포 오픈 전략도 ' Paris Baguette 옆 매장 열기'다. 아딸에서는 "아딸의 잘나가는 점포는 대개 Paris Baguette 옆에 있다"며 상권 분석을 실시하는 경우 Paris Baguette가 유용하다고 밝히고 있다.

Paris Baguette에서는 가맹점 경쟁력을 높여 수익을 창출할 수 있도록 돕기 위하여 해외 컨설턴트를 통해 점포 운영의 선진 기법을 가맹점주들에게 전달하고 있다.

Paris Baguette는 2004년 9월 중국 상하이에 구베이(古北)점을 개설한 것을 시작으로 2010년 6월 국내 베이커리 업계 최초로 중국 가맹 1호점인 상하이 창더루점을 여는 등 현재 총 70개 매장을 운영하고 있으며 2005년부터는 고객들이 직접 참여하는 케이크 교실 행사를 현재까지 총 500회가 넘게 지속적으로 개최하여 오고 있다. 미국의 경우 현재는 LA와 뉴욕 중심으로 17개 매장을 운영하고 있으면서 "현지인들의 마음을 얻기 위해 다양한 이벤트를 실시하고 있다"며 "중국에서는 1990년대부터 시장 조사를 실시하여 발 빠르게 현지화(現地化)한 것이 주효했다"고 말하고 있다.

그러나 한때 세계 TV 시장을 장악(掌握)하여 왔던 소니 · 파나소닉 · 샤프 등 일본 TV 제조사들은 줄줄이 몰락하고 있다.

지난 2000년대 초 · 중반만 해도 삼성전자와 치열한 1 · 2위 다툼을 펼치던 일본 업체들은 3~5위로 밀려난 뒤 막대한 적자(赤字)에서 헤어 나오지 못하고 있다. 심지어 소니는 TV 사업 철수설(撤收說)까지도 나돌고 있으나 과거에 이들 일본 기업들은 전자제품의 대명사로 한국 전자제품 제조기업들의 롤 모델인 동시에 벤치마킹의 전형적인 대상기업들이었다.

시장조사기관인 Display Search에 따르면 소니는 올 3분기까지 LCD(액정화면) TV와 PDP(플라즈마 디스플레이) TV를 포함한 평판TV 시장에서 1,441만 대를 팔아 점유율 9%를 기록하였고 그 뒤를 파나소닉과 도시바 및 샤프가 뒤따르고 있다.

세계 TV 역사에서 일본 TV 제조사가 모두 한 자릿수 점유율로 추락한 것은 이번이 처음으로 이들 일본 빅4를 합쳐도 31%로서, 삼성전자 · LG전자를 합친 점유율(32%)에는 밀리고 있다.

일본의 3대 TV제조사로는 소니 · 파나소닉 · 샤프가 꼽히고 있으며 이들의 TV 배출은 1999년에는 1조엔(약 14조 8600억원)대에서 2002년 1조 5000억엔대로, 다시 2004년에는 2조엔대로 성장했으나 결국 2007년엔 3조엔(약 44조

5900억원)을 돌파하며 정점을 찍은 후에는 3조엔 미만으로 떨어지면서 내리막 길을 보이고 있다.

일본 업계에선 3년 내에 2조엔대 초반까지 규모가 줄어들 것으로 보고 있다. 매출 축소(縮小) 보다 더욱 힘든 것은 손실(損失) 규모로 소니의 TV 부문은 2004년부터 올해까지 8년 연속 적자로 누적액은 무려 5600억엔(약 8조 3200억원)의 손해를 보았다.

Bloomberg는 올 8월 "소니가 TV 사업에서 손을 떼면 주가(株價)가 70% 정도 상승 할 것"이라고 보도하기도 했다. 물론 소니는 "절대 TV 철수는 없다"는 입장을 밝히고 있음에도 불구하고 올해 TV 전략 발표회에서 흑자 전환 시점을 밝히지도 못할 만큼 무기력한 상태로 작년에도 "2011년엔 TV 4000만대를 판매해 삼성을 잡겠다"고 장담하였으나 실제로는 판매량 2000만대를 넘기는 수준에 그칠 전망이다.

이는 삼성전자의 절반에 불과한 규모를 다음의 〈그림 6-1〉이 보여주는 바와 같이 2010년을 정점(頂点)을 보인 이후 지속적으로 하락하고 있다.

〈그림 6-1〉 LG 전자와 SONY의 평판 TV의 판매량

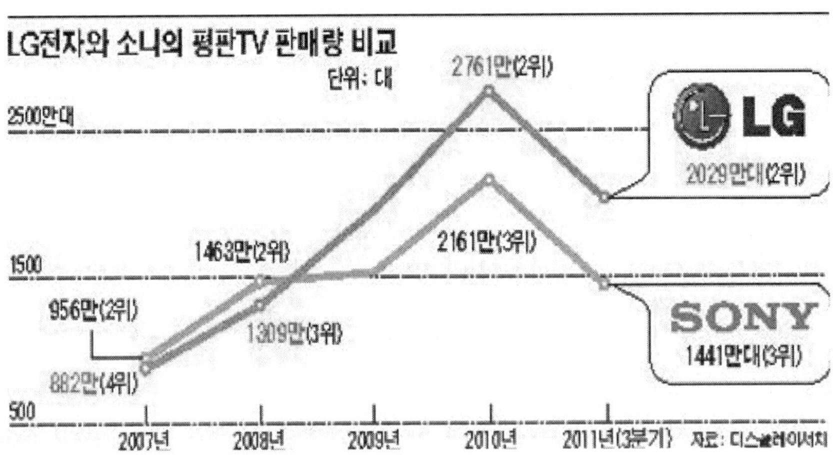

이러한 결과에 책임을 지고 TV 부문의 책임자들이 지난 5년간 5명이나 교체되면서 'TV가 위기' 라는 지적이 나올 때마다, 사업 책임자의 교체라는 카드를 내밀었으나 이러한 시도는 결국 '소니다운 TV'를 개발할 시간적 여유를 빼었다는 시각이 팽배하다.

Panasonic은 삼성전자 · LG전자의 TV 시장 파상 공세가 한창이던 2005년에 1조엔대의 TV 투자를 결정했다. "압도적인 생산 규모로 비용 절감 효과를 이끌어 전 세계 대형 TV 시장을 장악한다"는 전략이었다.

파나소닉은 한국보다 강점을 갖췄다고 판단하였던 PDP TV에 대규모 투자를 감행하면서 2005년 · 2007년 · 2009년에 잇따라 오사카 부근에서 아마가사키 1 · 2 · 3공장을 가동시키면서 4400억엔(약 6조5400억원)을 투자하였는데 이는 당초 계획(5700억엔)보다 줄인 금액으로 LCD 투자까지 합치면 9000억엔 가까운 자금이 투입된 것이다.

Panasonic은 물량전(物量戰)으로 2004년 100만대도 안 됐던 PDP TV 생산량을 작년에 650만~700만대 수준까지 끌어올렸으나 평판 TV가 급격한 가격 하락기에 접어 들게 되면서 막대한 투자금 회수는 불가능해 지게 되었다. 예컨대 LCD TV의 경우 2004년엔 대당 300만원(전 기종의 평균 판매가 기준) 이상이었으나 지금은 100만원 미만으로 추락하였다. 결국 파나소닉은 지난 3년간 2000억엔의 손실을 보면서 'PDP TV의 성지(聖地)'로 불리던 아마가사키 3개 공장 중 2개를 연내 폐쇄할 계획으로 있으며 PDP TV 생산능력을 연간 1420만대(42인치 기준)에서 절반인 720만대로 줄이게 된다.

하지만 일본은 TV를 포기할 수 없다. TV는 반도체와 패널, 전자부품, 화질엔진 등 각종 전자 기술이 하나로 만나는 총아(寵兒)이기 때문이다. 거실에 위치하기 때문에 소비자에게는 기업 브랜드와 직결시키고 있기 때문으로 TV에서 퇴출당하면 머지않아 전자 대국이란 위상도 내놔야 한다는 위기의식을 갖고 있다.

지난달 말 Bloomberg는 "미국 애플이 2012년 2월 일본 샤프 공장에서 TV를 생산하여 세계에 판매할 것"이라고 보도했다. 애플의 'iTV(가칭)'는 인터넷에 접속하여 영화 · 드라마를 보고, 응용프로그램을 내려 받아 이용을 하는 스마트 TV다.

엔고와 높은 제조비용의 늪에 빠진 일본 TV 제조사에 애플은 희망이다. 한국·대만과의 저가 경쟁은 승산이 없어 애플의 최고급 TV와 손을 잡겠다는 것이다. 그리하여 샤프는 작년 말 애플 측에 자사의 차세대 디스플레이 패널인 60인치 크기의 '4K2K' 샘플을 보냈으며 이는 풀HD TV보다 화질이 4배나 좋다. 이들이 생산되어 애플이 iTV의 주력 모델로 60인치 초대형 TV나 20인치의 미니 TV를 선택할 경우 최고 화질이 필요하리란 것이 샤프의 기대다.

그러나 정작 Sharp가 가장 경계하는 대상은 세계 1위인 삼성전자다. 삼성전자도 작년 말 애플에 50인치 크기의 차세대 아몰레드 패널 샘플을 보낸 것으로 알려졌다.

지금까지 살펴본 것처럼 제품생산에 있어 중요한 것은 신제품을 개방하고 생산하는 첨단의 기술력(R&D)이다. 그러나 이에 못지않게 중요한 것은 고객들이 선호하는 니즈를 파악하여 제조단계에서부터 반영시키고 일단 출시(出市)를 한 이후에는 어느 시장에 언제 어떻게 유통시킬 것인가에 대한 철저한 조사와 분석은 제품의 성패(成敗) 그리고 나아가서는 기업의 성공과 실패를 좌우할 수 있는 가장 중요한 핵심적 능력이며 요소(critical factor)이다.

일반적으로 알려진 해외시장조사의 절차는 조사 설계(research design) ⇨ 자료 수집(data collection) ⇨ 자료의 분석 및 해석(analyzing & interpretation) ⇨ 보고서 작성(writing report)등이다.

그러나 때로는 해외시장조사에 대한 목적이나 특히 조사의 대상이 되는 국가(지역)나 시장에 대한 중요성 또는 연구의 필요성에 대한 의미를 확고하게 정립한 후 진출하려는 본국(本社)의 방침과 더불어 진출국에 대한 정보와 자료를 수집하고 분석하는 절차에 대하여 단계별로 충분한 검토를 거치는 과정이 중요한 경우도 있다.

그리하여 해외시장의 진출을 위한 조사 절차는 일반적인 협상에서의 단계와 같이 상황 분석(Analyzing situation) ⇨ 현재의 상황 파악(Positioning) ⇨ 명확한 목적(Define object) ⇨ 상대편에 대한 이해와 파악(Understanding) ⇨ 피드백(Feedback) 등으로 이뤄진다.

이러한 절차는 해외시장에 대한 본격적인 진출이 이뤄지기 전에 사전적으로 업무의 중요성을 재확인하는 과정으로 업무에 대한 성격을 재규정 내지 재확인하는 단계이며 본격적인 진출에 앞서 성공 또는 실패의 가능성에 대한 대안의 출발점 내지 근거가 될 수 있다.

물론 구체적인 해외시장의 조사절차는 크게 시장분석(市場分析) ⇨ 시장실사(市場實査) ⇨ 시장실험(市場實驗) 등으로 나눠진다.

처음의 시장 분석은 표적시장(target market)에 대하여 효과적으로 진출하여 경영활동을 수행할 수 있도록 시장이나 유통경로에 대하여 상세한 자료 및 데이터를 수집 - 분석 - 평가하는 것이다.

시장 실사는 보고서나 자료만으로는 지금 곧(right now)인 실시간에는 한계가 있기에 진출하고자 하려는 현지국(시장)에 관련자를 파견하거나 전시회 등에 참가하여 자사 제품의 출품과 함께 현지 고객의 정보를 입수하는 것이다.

그리고 시장 실험은 테스트 마케팅(test marketing)이라고도 하여 제품의 소량수출이나 위탁판매 등을 시도하거나 제품의 포장이나 디자인 변경 또는 광고 등으로 시현(示現)하여 보는 경우이다. 이를 위해서는 이미 널리 알려진 정보 및 문헌적인 자료인 저서나 잡지나 보고서를 통하여 입수하게 되는 2차적인 자료 수집방법(secondary data collection)과 현지국의 시장이나 고객 등을 대상으로 직접적으로 접근하여 구체적으로 알아내는 1차적인 자료 수집 방법(primary data collection)이 있다.

2차적인 자료의 수집 방법은 무엇보다도 시간이나 비용을 절감할 수는 있다는 장점을 갖고 있으나 본국(home country)보다 치열한 경쟁 환경을 보이는 현지국(host country)의 경영환경에 대한 대응 내지 극복을 위해서는 이미 출판되어 누구나 정보나 자료에 접근이 가능한 수동적이고 간접적인 자료하는 한계를 갖고 있다.

그러므로 2차적 자료 수집의 단점 내지 한계점을 극복하기 위하여 충분한 자료를 수집하여 과학적으로 분석(analyzing)할 수 있는 정확하고 실제적인 정보(information)와 자료(data)들이 요구되고 있다.

다음의 〈표 6-1〉은 1차적 자료와 2차적 자료의 특징을 요약, 정리한 것이다

〈표 6-1〉 1차 자료와 2차 자료의 특성 차이

1차 자료	2차 자료
• 특정 목적을 위해 연구자가 직접 만드는 자료이다. • 소비자나 고객을 대상으로 하는 마케팅 조사가 대표적인 자료이다. • 시간과 비용이 소요되어 구체적으로는 실사(grand survey), 면접(interview)관찰(observation) 등의 단계 내지 절차가 요구된다. • 마케팅조사 자료도 연구자가 특정의 목적을 위해 직접 만든 것이 아니라 기존에 알려진(누구나 접근할 수 있는)자료라면 2차 자료이다. • 휴대폰 신제품을 개발하기 위한 아이디어를 얻기 위하여 조사를 실시하는 경우 기존에 수행된 휴대폰 관련의 각종 마케팅 조사 자료를 참고한다면 기존에 만들어진 것(作成)이므로 2차 자료이다.	• 기존에 출판(印刷)되어진 자료로 연구자가 직접 만든 것이 아니라 이미 누군가에 의하여 작성되어 널리 알려져 있어서 누구나 쉽게 참고(接近)할 수 있는 자료이다. • 시간 및 비용을 절감할 수 있다 • 신문이나 잡지(전문 잡지 포함)는 물론 각종 논문이나 책 등의 문헌 자료 및 국가나 UN, World Bank, KOTRA, 도서관 등의 단체나 연구기관에서 발행하는 각 종 통계, 보고서, 연구자료 등이다. • 논문 등의 학술연구에서는 먼저 기존에 연구된 관련 자료(2차 자료)들을 수집하여 가설을 세우고 이를 검증하기 위하여 질문지를 사전에 작성하여 실시하는 조사를 통하여 목적에 맞는 자료(1차 자료)를 수집한다.

시장조사에 대한 중요성의 인식 내지 이의 효율적인 조사는 곧 해외에서의 마케팅활동에 대한 성과(accomplishment)에 직결된다.

이는 기업의 성공적인 해외시장진출에 대한 결과(output)에 크게 영향을 미칠 수 있는 선행(先行)의 투입(input)이며 시도가 되는 것으로 해외시장에 대한 조사의 중요성을 강조해 주고 있다.

이제 해외에 진출할 국가 또는 시장이 선정된 이후 해외시장 조사 - 목표시장의 선정 - 현지의 거래선 발굴 - 거래 기업의 신용조사 등과 같은 각 단계에서 필요한 내용 등을 살펴보기로 하자.(〈표 6-2〉 참조)

<표 6-2> 거래선의 발굴 및 체결까지의 단계별 유의점>

해외 시장 조사 (Market research)	거래기업 및 거래루트 입수	자기소개서 발송 (Circular letter)
일반적인 판단이나 정보 및 문헌 등을 통하여 진출하려는 목표시장이 되는 국가에서의 자국 상품에 대한 시장성이 있는 제품을 기후, 소득, 문화 등의 경영환경과 관련시켜 지역(시장)을 선정하고 이와 관련되는 바이어의 명단을 입수하려는 기초적인 조사 실시의 단계	무역 관련 단체(무역협회/상공회의소/무역투자진흥공사/은행 등) 및 세계적인 전자 무역 사이트 Kompass, Alibaba, Globalsources, Bigbook, Europages,Eucck Asiannet, In diam Art, Dun&Bradsteet 등을 통하여 거래를 하려는 기업에 대한 명단과 주소를 입수하는 단계	선정된 거래 기업에 자신을 알리는 서한 등을 참고 문헌(Brochure, Catalogue 등)과 함께 발송하여 거래 가능성을 타진하는 단계
품목에 관련한 문의와 회신 (Inquiry)	**신용 조사 (Credit Inquiry)**	**거래 제의 (Business Proposal)**
회신이 있는 기업에 대하여 거래 내용에 대한 상세한 정보를 제공하여 구매 또는 계약이 성사될 수 있는 구체적인 정보의 제공 또는 샘플 등을 제공하는 단계	계약으로 성사될 가능성이 있는 기업에 대한 재무적인 여건에 관련하여 전문기관을 통하여 사기(詐欺) 또는 unpaid 등을 사전적으로 예방할 수 있도록 검증하는 단계	신용상태 등의 파악 이후에 구체적으로 거래 전반에 걸친 내용을 제시하여 구체적인 거래로 진행하는 단계
청약 및 수정 제의 (Offer/Counter Offer)	**주문 (Order)**	**거래합의 (Contract)**
구체적인 판매 내지 거래조건을 문서(Offer)로 작성하여 보내고 상대방은 이에 대한 반대나 수정(Counter Offer)을 제의하는 단계	청약 및 수정의 단계가 끝나 구체적인 구매 등의 조건을 중심으로 작성된 P/O (Purchase Order)를 제시하는 단계	거래 조건에 대한 최종적인 합의가 이뤄지면 양 당사자간에 거래 품목, 가격, 운송, 보험 및 중재조항 등 분쟁 예방을 위한 사전적인 내용을 포함한 계약서를 작성하는 단계

위에서 언급한 해외시장조사에서의 내용을 좀 더 자세히 알아보기로 하자. 먼저 크게는 목표시장에 관련하여 거래 대상의 지역 선정, 거래규모, 표적 시장(국가)의 상관습, 수출입 현황, 기후 및 지리적 요건, 수출 및 통관제도, 통화 등의 외환관리 규정, 교통 및 통신과 물류 관련의 인프라 등의 상황을 조사하여야 한다.

시장수요의 경우 먼저는 시장 잠재력, 진출 또는 거래 상품의 수급현황, 시장 및 유통구조의 단계별 특징을 알아보아야 한다. 다음에는 소비자에 관련하여 대상국의 인구, 소비자 기호(嗜好), 생활수준, 소비자의 연령이나 지역 또는 소득별 분포, 소비자의 구매 동기, 구매 장소, 구매 방법, 구매 시기, 구매량, 상품에 대한 만족도 등을 검토하여야 한다.

경쟁기업에 대해서는 경쟁 대상국, 경쟁업체, 경쟁상품, 가격동향, 경제기업의 마케팅전략과 장점과 약점, 경쟁제품의 수출량이나 가격과 우위성 등을 살펴보아야 한다.

또한 제품에 관련해서는 동향, 수요상품의 품종이나 품질, 현지국의 생산과 판매량 및 품질, 주요 수입상품의 색상, 디자인, 스타일, 성능, 포장 등을 검토하여야 하고 유통경로의 경우에는 해당 상품의 유통구조, 마진율, 판매지역의 거래관습이나 해당 제품의 성수기(盛需期) 및 비수기(非需期)를 조사하여야 한다.

마지막으로 가격에 있어서는 가격구조, 해당지역의 수출입가격, 현지제품과 해외상품의 가격비교, 계절별 수요에 따른 가격변동, 성수기와 비수기의 가격 차이를 조사해야 하며 촉진에 관련해서는 진출국의 판매 촉진이나 홍보 및 대리점 또는 현지법인 설립 등에서의 효과 등을 조사하여야 한다.

다음의 〈그림 6-2〉는 위에서와 같은 시장조사의 수행이 결과적으로 기업의 성과(output)에 미치는 영향을 그려 보인 것이다.

<그림 6-2> 해외시장의 조사와 성과와의 관계

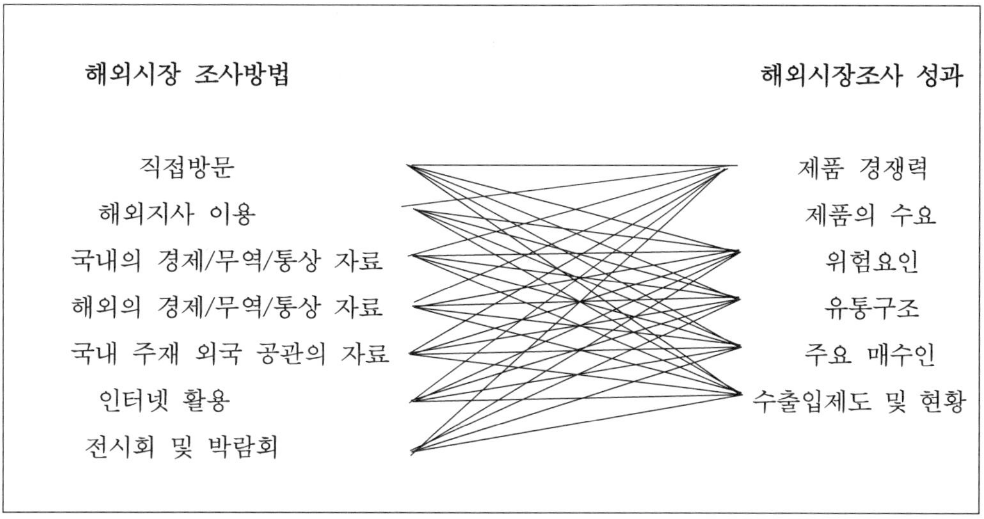

자료 : 주신영, 국내 자동차 부품업체의 해외 시장 조사방법 성과에 관한 연구, 영남대학교 대학원, 2006

제 2 절 해외 시장 보고서의 사례

1. 해외시장조사의 사례(1)

해외시장을 발굴하고 진출하려는 기업이 해외시장에 대한 정보와 자료를 구하기 위하여 수집된 설문조사 등의 자료를 이용하여 해외시장에 대한 조사를 실시하는 연구방법의 내용을 알아보기로 하자(주신영, 국내 자동차부품업체의 해외시장조사 방법성과에 관한 연구, 영남대학교 대학원, 2006).

주신영은 [국내 자동차 부품업체의 해외시장조사 방법성과]를 연구하기 위하여 먼저 문헌조사를 통하여 연구 주제에 맞는 가설을 수립하였으며 다음에는 이에 관련한 자료들은 설문조사와 인터뷰를 통하여 수집하였다.

그리고 사회과학 통계 패키지인 SPSS 12.0을 이용하여 실증분석의 모형 절차에 따라 가설에 적합한 분석방법으로 자료를 분석하였다.

즉 입력된 자료의 정확성을 점검하고 변수들의 특성을 살펴보기 위하여 빈도분석(frequency analysis)을 실시하였고 이어 설계 모형에 관련한 각 변수들에 대한 설문 문항의 내적 일관성을 알아보기 위한 신뢰성 검정을 실시하였다.

연구모형에 따른 가설 검증 즉 해외시장 조사의 성과별 영향을 미칠 시장조사의 방법을 발굴하기 위해서는 회귀분석(regression analysis)을 수행하였다.

이러한 과제의 수행을 위하여 수립한 연구자가 수립한 가설들은 다음과 같았다.

1. 해외시장조사방법은 제품의 수요파악에 영향을 미칠 것이다.
2. 해외시장조사방법은 제품의 경쟁상태 파악에 영향을 미칠 것이다.
3. 해외시장조사방법은 제품의 위험요인 파악에 영향을 미칠 것이다.
4. 해외시장조사방법은 제품의 유통구조파악에 영향을 미칠 것이다.
5. 해외시장조사방법은 주요 바이어의 파악에 영향을 미칠 것이다.
6. 해외시장조사방법은 수출·입제도 및 현황파악에 영향을 미칠 것이다

위에서와 같은 가설들을 만족시킬 자료를 수집하기 위하여 사전조사를 거쳐 설문조사를 위한 기업체들을 선정하였다.

다음에는 설문지(questionaires)를 통한 직접적인 방법과 함께 e-mail이나 FAX 등을 병행하였으며 동시에 설문지의 신뢰성을 높이기 위하여 관련 당사자가 직접 설문에 응하는 것을 원칙으로 하였다. 그리고 출장 등의 부득이한 경우에는 임원이나 유사 업무의 담당자가 설문에 응할 수 있도록 하였다.

그리고 수집된 자료들은 간접적인 자료수집의 경우 활용도와 만족도와 직접방문이나 해외지사 이용, 각종 전시회나 박람회의 참가 및 무역통상자료 그리고 인터넷 등에 의하여 얻어진 직접적인 자료들은 5점 척도(likert)로 측정하였다.

한편 해외시장의 성과에 대하여는 제품의 수요파악, 제품 경쟁상태 파악, 위험요인 파악, 유통구조파악, 주요 바이어 파악, 제품의 수출입제도 및 현황파악으로 구성하여 5점 척도로 측정하였다.

다음의 내용들은 해외시장조사를 위하여 실시하였던 설문지의 구체적인 내용들이다.

Part A 응답업체 현황 및 실태에 관한 일반사항입니다.

A-1귀사의 주요 생산품은 무엇입니까?
① 엔진부품 ② 전장부품 ③ 동력전달부품 ④ 온충부품 ⑤ 차체부품
⑥ 기타

A-2. 귀사의 전체 종업원 수는?
① 10명 이하 ② 11-50명 ③ 51-100명 ④ 101-300명 ⑤ 301명

A-3. 귀사의 2006년도 전체 수출액은 어느 정도입니까
① US$ 100만불 이하 ② US$ 250만 이하 ③ US$ 600만불 이하
④ US$ 600만불 이상

A-4. 귀사의 전체 매출액에서 수출이 차지하는 비중은 어느 정도입니까?
① 20% 이하 ② 21-40% ③ 41-60% ④ 81% 이상

A-5. 귀사는 다음 중 어느 지역에 위치하고 있습니까?
①서울-경기 ②대구-경북 ③부산-경남 ④강원도 ⑤대전-충청도
⑥광주-전라도 ⑦제주

Part B 귀사의 수출관련 현황에 대한 사항입니다.

B-1. 귀사의 수출입 년수는?

① 1년미만 ② 1년-3년 ③ 4년-8년 ④ 8년 이상

B-2. 주로 거래하는 해외바이어 수는?

① 5개 업체 미만 ② 6-10개 업체 ③ 11-20개 업체 ④ 21-30개 업체
⑤ 31개 업체 이상

B-3. 귀사의 수출형태는? ① 간접수출 ② 직접수출

B-4. 수출업무 수행과정에서 가장 어려운 점은?

① 해외시장 조사 ② 해외 바이어 발굴 ③ 자금 조달
④ 계약 체결 및 이행 ⑤ 분쟁발생 해결 ⑥ 언어장벽 ⑦ 기타

〈마케팅 플랜의 작성 여부〉

B-5. 귀사는 목표시장 진출을 위해 마케팅플랜을 작성하고 있습니까?

① 그렇다(B-6 문항으로 이동) ② 아니오(C-1 문항으로 이동)
③ 마케팅플랜이 무엇인지 모른다

B-6. 목표시장 진출 시 해외마케팅 플랜의 작성효과는?

① 매우 효과있음 ② 어느 정도 효과 있음 ③ 효과없음 ④ 전혀 없음

Part C 귀사의 해외시장조사에 대한 사항입니다.

C-1. 귀사의 경우 해외시장개척을 위해 해외시장조사를 실시합니까?

① 당사에서 직접 실시(C-2로 이동) ② 전문조사기관에 기관에 의뢰(C-3으로 이동) ③ 실시 않음(C-5로 이동)

C-2. 다음은 해외시장조사를 직접 실시할 수 있는 방법들입니다. 귀사에서 주로 사용하는 직접조사방법의 활용도와 만족도를 각각 v표 하여 주십시오.

직접조사방법	활용도(중요도)					만족도				
	낮음		중간		높음	낮음		중간		높음
직접방문	①	②	③	④	⑤	①	②	③	④	⑤
해외지사 이용	①	②	③	④	⑤	①	②	③	④	⑤
국내 경제.무역.통상 등 자료(직접)	①	②	③	④	⑤	①	②	③	④	⑤
해외 경제.무역.통상 등 자료	①	②	③	④	⑤	①	②	③	④	⑤
국내주재 외국공관의 자료	①	②	③	④	⑤	①	②	③	④	⑤
전시회나 박람회	①	②	③	④	⑤	①	②	③	④	⑤
인터넷 이용	①	②	③	④	⑤	①	②	③	④	⑤

C-3. 귀사가 주로 이용한 해외시장조사 의뢰기관은?

	활용도(중요도)					만족도				
	낮음		중간		높음	낮음		중간		높음
한국무역협회	①	②	③	④	⑤	①	②	③	④	⑤
KOTRA	①	②	③	④	⑤	①	②	③	④	⑤
e-무역상사	①	②	③	④	⑤	①	②	③	④	⑤
일반 해외시장 조사 전문기업	①	②	③	④	⑤	①	②	③	④	⑤
한국수출보험공사	①	②	③	④	⑤	①	②	③	④	⑤
한국수출입은행 등 금융기관	①	②	③	④	⑤	①	②	③	④	⑤
D&B, Coface 등 신용정보제공 기관에 직접의뢰	①	②	③	④	⑤	①	②	③	④	⑤
기타( )	①	②	③	④	⑤	①	②	③	④	⑤

C-4. 다음은 해외시장조사에 대한 정보를 제공하는 무역기관들입니다. 각 기관 정보에 대한 활용도와 만족도를 평가하여 주십시오.

무역유관기관	활용도					만족도				
	낮음		중간		높음	낮음		중간		높음
한국무역협회	①	②	③	④	⑤	①	②	③	④	⑤
KOTRA	①	②	③	④	⑤	①	②	③	④	⑤
중소기업진흥공단	①	②	③	④	⑤	①	②	③	④	⑤
중소기업청	①	②	③	④	⑤	①	②	③	④	⑤
한국수출보험공사	①	②	③	④	⑤	①	②	③	④	⑤
각 지자체 정보제공기관	①	②	③	④	⑤	①	②	③	④	⑤
e-무역상사	①	②	③	④	⑤	①	②	③	④	⑤
신용정보제공기관(D&B, Coface 등)	①	②	③	④	⑤	①	②	③	④	⑤
한국수출입은행	①	②	③	④	⑤	①	②	③	④	⑤
기타( )	①	②	③	④	⑤	①	②	③	④	⑤

C-5. 시장개척을 위해 시장조사를 실시하지 않는 이유는? (   )

① 현재로 충분 ② 조사인력 부족 ③ 비용문제 ④ 조사 필요성 없음 ⑤ 기타

C-6. 기존시장에 대한 정기적인 시장조사를 실시하고 있습니까?(□예 □아니오)

C-7. 귀사께서 현재 이용이나 이용한 적이 있는 해외시장조사에 대한 성과항목입니다. 해당사항에 v표 하여 주십시오.

항목	성과				
	전혀 그렇지않다	그렇지 않다	보통이다	조금 그렇다	매우 그렇다
제품의 수요파악	①	②	③	④	⑤
제품의 경쟁상태(경쟁력)을 파악	①	②	③	④	⑤
위험요인(RISK)을 파악	①	②	③	④	⑤
유통구조를 파악함	①	②	③	④	⑤
주요 Buyer 파악	①	②	③	④	⑤
수출입 제조 및 현황 파악	①	②	③	④	⑤

Part D 귀사의 해외바이어 발굴에 대한 사항입니다.

해외바이어 발굴에 관련한 것입니다. 각각에 활용도 및 이용성과를 V표 하여 주십시오.

항목	활용도					성과				
	낮음		중간		높음	낮음		중간		높음
직접출장	①	②	③	④	⑤	①	②	③	④	⑤
해외지사활용	①	②	③	④	⑤	①	②	③	④	⑤
한국무역협회-KOTRA의 거래알선 서비스	①	②	③	④	⑤	①	②	③	④	⑤
중소기업진흥공단-중소기업청 거래 일선서비스	①	②	③	④	⑤	①	②	③	④	⑤
각 지자체의 거래알선서비스	①	②	③	④	⑤	①	②	③	④	⑤
Trade Directory 자료이용	①	②	③	④	⑤	①	②	③	④	⑤
주한 외국공관	①	②	③	④	⑤	①	②	③	④	⑤
e-무역상사	①	②	③	④	⑤	①	②	③	④	⑤
시장개척단 참가	①	②	③	④	⑤	①	②	③	④	⑤
전시회 및 박람회 참가	①	②	③	④	⑤	①	②	③	④	⑤

내한 외국Buyer	①	②	③	④	⑤	①	②	③	④	⑤
해외의 기존 거래처에 의한 소개	①	②	③	④	⑤	①	②	③	④	⑤
한인 네트워크의 소개	①	②	③	④	⑤	①	②	③	④	⑤
자체 홍보물 제작.배포	①	②	③	④	⑤	①	②	③	④	⑤
국내외 정기간행물 거래 일선난	①	②	③	④	⑤	①	②	③	④	⑤
국내외 광고매체 광고	①	②	③	④	⑤	①	②	③	④	⑤

Part E 귀사의 수출경쟁력에 대한 사항입니다.

E-1. 귀사의 경우 해외시장에서의 주요 경쟁 대상국은?

① 중국 ② 미국 ③ 일본 ④ EU ⑤ 대만 ⑥ 동남아시아 ⑦ 러시아
⑧ 인도 ⑨ 중남미 ⑩ 아프리카 ⑪ 중동 ⑫ 기타 ______________

항목	활용도					성과				
	낮음		중간		높음	낮음		중간		높음
원자재구입비용	①	②	③	④	⑤	①	②	③	④	⑤
인건비	①	②	③	④	⑤	①	②	③	④	⑤
물류비	①	②	③	④	⑤	①	②	③	④	⑤
생산관리비	①	②	③	④	⑤	①	②	③	④	⑤
소재부품수준	①	②	③	④	⑤	①	②	③	④	⑤
내구성	①	②	③	④	⑤	①	②	③	④	⑤
기능 및 성능	①	②	③	④	⑤	①	②	③	④	⑤
디자인	①	②	③	④	⑤	①	②	③	④	⑤
기반기술수준	①	②	③	④	⑤	①	②	③	④	⑤
설계기술	①	②	③	④	⑤	①	②	③	④	⑤
조립가공기술	①	②	③	④	⑤	①	②	③	④	⑤
R&D	①	②	③	④	⑤	①	②	③	④	⑤
해외시장 정보력	①	②	③	④	⑤	①	②	③	④	⑤
해외시장에서의 판매망	①	②	③	④	⑤	①	②	③	④	⑤
해외시장에서의 광고홍보 능력	①	②	③	④	⑤	①	②	③	④	⑤
영업인력 우수성	①	②	③	④	⑤	①	②	③	④	⑤
브랜드 경쟁력	①	②	③	④	⑤	①	②	③	④	⑤

Part F 귀사의 무역성과에 관련한 사항입니다.

F-1. 다음은 귀사의 무역성과에 대한 사항입니다. 해당 사항에 V표 하여 주십시오.

항목	성과				
	전혀 그렇지 않다	그렇지 않다	보통이다	조금 그렇다	매우 그렇다
제품의 이미지가 향상되었다	①	②	③	④	⑤
경쟁기업과 제품이 차별화 되었다	①	②	③	④	⑤
서비스의 질이 향상되었다	①	②	③	④	⑤
고객과의 관계가 향상되었다	①	②	③	④	⑤
신규시장을 개척하였다	①	②	③	④	⑤
수출계약건수가 증가하였다	①	②	③	④	⑤
시장점유율이 증가하였다	①	②	③	④	⑤
제품가격이 인하되었다	①	②	③	④	⑤
경쟁업체에 비해 가격경쟁력을 확보하였다	①	②	③	④	⑤

* 바쁜 시간에도 불구하고 설문에 응답하여 주셔서 감사합니다.

2. 해외시장조사의 사례(2)

다음은 한국 가구 제조기업의 국제화에 관하여 베트남에 진출한 기업을 대상으로 하여 연구를 위하여 실시한 설문의 내용이다.(김성호, 한국 가구 제조기업의 국제화에 관한 연구- 베트남에 진출 기업들을 중심으로, 한국국제경영관리학회, 2011. 3, 국제경영리뷰, 제 15권 제1호)

부존자원이 열악한 국가임에도 불구하고 한국은 목재산업은 물론 가구산업에서도 눈부신 발전을 이루게 되었다. 본 연구에서는 베트남에 진출하여 원목의 수입이나 가공 등에 머무르지 아니하고 현지에서의 원자재 조달과 생산 및 마케팅활동을 수행하고 있는 가구업체들을 중심으로 하여 한국 가구기업의 국제화 활동(globalization activities)에 관하여 살펴보고 이의 현황과 함께 장기적이고도 사전적인 측면에서의 대안을 제시하려고 한다.

위에서와 같은 연구를 위하여 다음과 같은 설문을 조사하고자 하오니 학문적 발전과 한국기업, 특히 가구산업의 국제화에 일조하기 위하여 시도하는 것이오니 바쁘시지만 관심으로 갖고 응답, 회신하여 주시기를 부탁드립니다. 본

설문의 연구결과는 개인적 연구에만 사용되며 대외적으로 언급, 발표될 경우 (정부 등 유관기관에 건의)에는 허락을 받아 인용될 것입니다. 감사합니다.

연구자 김성호드림

* 먼저 회사 전반에 걸친 설문입니다.

O 베트남에 처음 진출한 시기는 ? ________년

O 베트남 진출시의 투자 금액은 ? ________________원

O 현재 매출액은 ? ________________원 / US$________________

O 현재 종업원 수는 ? ______________명

O현재의 주 생산 품목은 ? __________________________

O 생산제품의 주 거래처는 ?

1. 베트남 (　　)　　2. 한국 (　　)
3. 미국 (　　)　　4. 기타 제3국 (　　)

* 다음 설문에 대하여 수준이나 강도에 따라 1-2-3-4-5로 표시하여 주시기 바랍니다.

O 베트남에 진출하게 된 동기는 ?

1. 정보부족 (　　)　　2. 인력채용 (　　)
3. 현지의 인프라 미비 (　　)　　4. 언어소통 선정 (　　)
5. 투자지역 선정 (　　)
6. 기타(　　　　) / 있으면 구체적으로 기재

○ 베트남 시장 진출시의 애로사항은 ?

1. 정보부족 ( ) 2. 인력채용 ( )
3. 현지의 인프라 미비 ( ) 4. 언어소통 선정 ( )
5. 투자지역 선정 ( )
6. 기타( ) / 있으면 구체적으로 기재

○ 경영활동시의 애로사항은?

1. 정보부족 ( ) 2. 비용 상승 ( )
3. 인프라 미비 ( ) 4. 언어소통 ( )
5. 노무관리 ( ) 6. 세무 ( )
7. 현지에서의 상거래 ( ) 8. 재무 여건 ( )

○ 현재 VN에서 이전을 할 경우 투자대상국이 있다면?

1. 인도네시아( ) 2. 필리핀( ) 3. 방글라데시( ) 4. 인도( )
5. 기타( )

○ 현재 VN에서 이전을 고려할 경우 이유는?

1. 인력난 ( ) 2. 임금 상승 ( )
3. 고급인력확보 어려움 ( ) 4. 열악한 인프라 ( )
5. 원자재확보의 어려움 ( ) 6. 기타 ( )

○ 본국(한국)의 회귀를 고려하지 않는다면?

1. 기능 인력난 ( ) 2. 공장부지 확보 난 ( )
3. 고임금의 부담 ( ) 4. 치열/협소한 내수시장 ( )
5. 세금 부담 ( )

○ 앞으로의 투자 방향은?

1. 현상유지( ) 2. 소폭 확대 ( ) 3. 점진적 축소 ( ) 4. 철수( )
5. 이전검토 ( )

○ 앞으로의 베트남진출에서 필요한 요소는(Requirements)?

1. VN에서의 인력 네트워킹 ( ) 2. 한국정부( )의 적극적 지원( )
3. 첨단 및 고급의 생산(기술) 능력 ( ) 4. 높은 마케팅 능력 ( ) 5. 현지기업과의 협력 ( ) 6. 외국기업과의 전략적 제휴 ( )

○ 가구기업의 경영활동에서 가장 중요한 것은 무엇이라고 생각합니까?

1. 안정된 재무능력 ( ) 2. 중간 관리자의 역할 ( )
3. 뛰어난 기술 ( ) 4. 영업능력 ( )
5. 최고경영자(CEO)의 역할 ( )

○ 바람직한 정부의 지원 방향은 무엇이라고 생각하십니까?

1. VN정부와의 우호 관계 및 개선 ( ) 2. 세제지원 ( )
3. 기술 및 디자인 개발 지원 ( ) 4. VN 시장에 대한 고급 정보의 제공 ( ) 5. 불간섭 ( ) 6. 기타 ( )

○ 가구기업에서의 경쟁력은 무엇이라고 생각하십니까?

1. 가격 ( ) 2. 품질 ( )
3. 디자인 ( ) 4. 마케팅 능력 ( )
5. 기타 ( ) 6. 기타 ( )

제 7 장

국제마케팅에서의 세분화 및 표적시장 전략

제 1 절 시장 세분화 전략과 표적시장 전략

치열(熾烈)한 글로벌시장에서의 시장환경(market situation)은 현지국(現地國)에 못지않게 진출국(進出國)의 경우 수준에 있어서는 더욱 극심하고 내용에 있어서는 더욱 다양한 양태(樣態)를 보이게 된다. 이는 본국기업(本國企業)이 아닌 외국기업(外國企業)으로서 갖게 되는 거부감이나 이질감에서 비롯된다고도 볼 수 있지만 글로벌리제이션이 일상화(日常化)된 최근에 이르러서는 시장에 대한 접근법이 과거와는 달리 결코 쉽지 않다는 것을 반증하여 주는 것이기도 하다.

특정의 국가 또는 지역에 진출하여 시장점유율을 제고시키려면 먼저 시장에 대한 철저한 접근 내지 분석이 선행되어야 한다.

그리하여 먼저 구체적인 마케팅활동의 수행을 위하여 STP 전략, 즉 시장세분화전략(segmentation), 표적시장전략(targeting), 포지셔닝전략(positioning)을 수립하여 치밀하게 접근하는 방법들이 활용되고 있다.

먼저 시장세분화(市場細分化)는 고객의 욕구(慾求)가 다양하여 개인마다 다르다는 것을 인정하지만 이러한 다양성(多樣性)에도 불구하고 이들은 몇 개의 그룹으로 분류된다고 보는 것이다. 이는 시장의 세분화를 통하여 집단화(集團化)시킬 수 있는 유사성(類似性)이나 기준이 되는 근거가 존재하는지를 알아보려는 것으로 시장에서 유사하게 나타나는 필요(want), 욕구(desire), 선호(preference), 구매행동(purchasing action)에서의 특성을 보이는 고객들로 군집화(群集化)하는 것이다.

또한 이는 제품에서의 차별화(differentiation)와 같은 개념으로 높은 비용이 소요될 뿐만 아니라 지리적 위치, 라이프 스타일, 추구하는 편익(便益), 이용횟수, 인구통계적(人口統計) 특성(연령/성별/소득/직업/가족상황 등) 등과 같이 세분화(細分化)의 근거를 마련하기가 쉽지 않은 점, 그리고 시장 세분화의 범위와 수준을 선정하기가 어려운 점을 특징으로 하고 있다.

세분화를 제대로 수행하기 위해서는 기본적으로 다음과 같은 요건들이 충족되어야 되어져야 된다.

첫째로는 동질성(homogeneity)이나 유사성(類似性)이 존재하여야 하며, 둘째로는 일정 규모 이상의 크기가 존재하여야 하며, 셋째로는 시장의 크기나 구매력(購買力)을 측정(measurability)할 수 있어야 하며, 넷째로는 Marketing Mix Program으로 접근(accessibility)할 수 있어야 한다.

표적시장(target market) 전략은 시장 세분화에 이어지는 전략적인 수행방법으로 특정의 기업이 제품(goods)이나 서비스(service)를 제공하려고 하는 욕구와 특성을 지닌 소비자 집단에 대한 것이다. 이를 위해서는 먼저 시장에서의 규모가 존재하고 경쟁기업과 차별화(differentiation)를 이룰 수 있는 경쟁력이 있어야 하는 것이기에 특정의 시장에서 상대방 기업이 쌓고 있는 진입장벽(entry barrier)에 대한 면밀한 검토가 먼저 선행되어져야 할 것이다.

표적시장에서의 구체적인 전략에는 틈새시장(niche market) 전략처럼 세분시장의 차이를 무시하는 비차별화 마케팅이나 특정의 시장을 몇 개로 세분화 시킨 후에 여기에 각 별도의 제품이나 서비스를 제공하는 차별화 마케팅 및 자본이나 인력 등의 경영자원을 집중적으로 투입하는 집중화 마케팅(concentrated marketing) 등이 있다.

마지막으로 포지셔닝 전략은 고객의 마음속에 특정 기업의 제품이나 서비스가 차별화(differentiated)되어 경쟁적인 위치(position)를 차지할 수 있도록 인지(認知)시키려는 전략이다.

그러므로 이를 위해서는 시장 세분화에 따라 목표시장(目標市場)이 결정되어 기업의 제품 또는 서비스를 고객에게 알리는 동시에 마지막으로는 그들의 기억(記憶) 또는 마음속에 각인(刻印)시키는 절차가 있어야만 한다.

첫째는 적절하게 포지셔닝 표적의 크기를 선정할 수 있어야 하며 둘째는 특정의 고객들에게 정확하게 주입 내지 전달될 수 있어야 하며 세번째는 이러한 과정 내지 단계를 통하여 고객들이 기업의 포지셔닝에 대하여 공감대(共感帶)를 형성할 수 있어야 하며 네 번째는 기업의 포지셔닝 작업 내지 전략에 대한 처음의 목표가 공감(共感) 내지 적응(適應)되어 고객(消費者)의 마음속에 자사

(自社)의 상품이나 서비스가 경쟁기업의 제품이나 서비스와 구분되어 자리를 잡고(positioning) 있는지를 그려 낼 수(mapping) 있는 단계가 있어야 한다.

구체적인 포지셔닝의 방법에는 고객을 중심으로 하는 방법, 기업이 제공하는 제품이나 서비스를 중심으로 하는 방법, 제품이나 서비스에 대한 등급(grade)이나 명성(reputation)에 관련한 이미지를 중심으로 하는 방법, 경쟁기업의 제품이나 서비스에 대응하는 경쟁기업을 중심으로 하는 포지셔닝이 있다.

물론 특정의 기업이 특정의 시장이나 고객에 대하여 세분화전략이나 표준화전략 그리고 포지셔닝전략 가운데 특정의 전략으로 접근하여 수행하여 나갈 수도 있으나 변화무쌍한 시장 또는 고객들에 대하여 단수(單數) 보다는 복수(複數)의 전략으로 치밀하게 접근하여 수행하여야 한다.

다음의 〈표 7-1〉은 특정의 표적시장(標的市場)에 대하여 사전적(事前的)이고도 치밀(緻密)한 전략의 수행 결과에 따라 신흥시장(emerging market)에서 거둔 성공을 보인 기업들의 사례이다.

이러한 결과는 진출 대상이 되는 표적시장(標的市場)에 대하여 장기간(長期間)에 걸친 사전적(ex ante)이고도 치밀(緻密)한 전략으로 접근하여 수행한 결과이다.

〈표 7-1〉 신흥시장에서 성공기업들의 KSF

기 업 명	성 공 요 인
Pepsi Cola	50년에 걸친 꾸준한 현지에 대한 투자
Wal-Mart	현지사정에 밝은 기업의 인수에 의한 단계적인 시장 확대
Caterpillar	장기적인 전망에 의한 선행적 투자 실시
Dunkin Donuts	시장실패에 대한 철저한 원인분석에 의한 현지화 수행

그동안 중국에 진출한 한국기업들의 경우 초기에는 생산비의 절감 등에서 경쟁력을 갖고 있었으나 최근에는 지속적인 인건비 및 각종 세금의 인상 그리고 경쟁 심화 등으로 사업을 축소(縮小)하거나 본국(本國)으로 역진출(逆進出)하는 사례가 빈번하게 발생하고 있다.

그럼에도 불구하고 뛰어난 마케팅 전략의 수행을 통하여 어려움을 벗어나고 있는 기업들의 사례를 찾아보기로 하자.

지난 2009년에 중국시장으로 진출한 삼익악기(三益樂器)는 2011년 상반기 매출액이 작년 매출액(80억 원)을 넘어서게 되었다. 이러한 추세는 100%대의 성장세로 중국의 중 · 고가 피아노 시장에서 일본의 Yamaha에 이은 2위의 실적이다.

또한 인도네시아 공장에서 피아노를 생산하여 중국에 판매하고 있어 인건비 상승에는 영향을 받지 않고 있으며 인도네시아와 중국과 체결한 FTA에 따른 관세 혜택도 받고 있다.

그러나 목표시장(target market)으로 선정한 중국인들의 소득 증가에 초점을 맞춰 철저하게 중 · 고가 시장으로 세분화하여 공략(攻略)한 것이 커다란 성공요인(KSF)이 되고 있다. 특히 중 · 상류층이 해외 브랜드를 선호한다는 것에 주목하여 자사가 얼마 전에 M&A를 통하여 인수한 독일 Seiler의 피아노를 선두에 내세웠으며 각 악기 대리점이 여러 회사의 제품을 취급하고 있는 유통시스템을 적극 활용하였다.

각 대리점 현장에 피아노 조율사를 파견하여 특정 지역 내에서 세미나와 신제품 설명회를 여는 등 지속적인 관리를 수행하면서 그저 단순히 '구색 맞추기'로 삼익악기의 제품을 판매하는 점포(店鋪)와는 과감하게 거래를 중단하기도 하였다.

매년 10월 열리는 상하이 악기 박람회 기간 중에는 삼익 딜러 패밀리 파티를 열어 화합의 시간을 갖는 동시에 점차로 중국 현지인의 채용도 늘여오고 있으며 대금결제(代金決濟)의 경우 철저하게 현금 거래를 시행하면서 오히려 자본이나 경영면에서 능력있는 대리점을 확보할 수 있는 잇점(利點)도 생겼으며 현지 지사의 대표가 사업 전반에 걸쳐 직접 챙기게 하고 중국어에 숙달한 직원이 통역을 거치지 않고 회의(conference)와 만남(meeting)을 주관하고 현지 대학의 교수들을 찾아다니며 제품을 홍보하는 등 10%에 머무르는 현재의 보급률을 성숙기인 45%에 도달할 시점까지를 기회(機會)로 보고 적극적인 마케팅활동을 수행하고 있다.

국내 산업용 센서 · 제어기기 1위 업체인 Autonics는 2002년에 嘉興(Jiaxing)시에 법인을 설립한 이후 연평균 35% 성장을 보이면서 올해만 해도 매출이 300억원에 이르러 산업용 센서분야에서 5위권의 판매실적을 보일 것으로 전망되고 있다.

Autonics는 '중국에서 생산한 제품은 100% 중국에 판매한다. 인건비가 오른다고 두려워하기보다는 딜러를 더 만들고 거점(據點)을 하나라도 더 확보한다.'는 목표로 대리점을 확장(2011년말에 10개)하는 등 적극적인 마케팅활동을 계획하고 있는 가운데 가장 신경을 쓰는 부분은 딜러들에 관한 관리 부분이다.

즉 딜러들이 자사 제품에만 집중적으로 판매하도록 하기 위하여 여러 회사의 제품을 파는 대형 딜러보다는 중 · 소상인들과의 거래를 확충시켰으며 만일 타사의 제품을 판매할 경우에는 과감하게 거래를 끊을 뿐만 아니라 일체의 외상 거래를 지양(止揚)하였고 각 지방에서 열리는 전시회에도 적극 참여하여 신규 거래선 및 전문 관련 홍보 잡지 등을 발굴하였으며 특히 수시로 바뀌거나 제정되는 행정 당국의 지시나 규제에도 적극 호응하여 이를 실현시켰다.

이렇듯 현지의 시장환경에 적극적으로 대응한 구체적인 사례가 있다. 즉 현지의 지방 정부가 '전력 공급을 40% 줄이고 자체 발전기를 돌릴 것'을 요구하였을 때 즉시 자체 발전기를 준비, 가동하여 이전과 같은 전력 공급은 물론 嘉興市(Jiaxing)로부터 '10대 신공업화 선도기업(先導企業)'으로 선정된 적도 있었다.(매일경제신문, 2011년 9월 10일)

따라서 중국의 마케팅 활동에서의 성공 여부는 중·고가의 시장 겨냥, 해외 유명 브랜드의 강조, 철저한 유통시스템관리, 외상거래 지양, 당국의 기준이나 지시(指示)의 적극적인 수행 및 준행(遵行)과 같은 현지화에서의 실현에 달려 있다고 할 수 있다.

제 2 절 Amore Pacific : 蘭芝로 中國의 女心을 적시다!

1. 기업 연혁

1945년에 설립된 태평양화학(太平洋化學)은 한국에서 여성을 위한 전문 화장품을 생산하기 시작하여 남성용(男性用) 화장품의 개발로 신시장을 개척하였으며 나아가 해외시장을 개척하는 등 동종업계의 선도기업(先導企業)이다.

이후 2006년 6월에 기업 분할을 하면서 태평양은 지주회사(持株會社)로 남고 아모레퍼시픽은 기존 태평양의 주력인 화장품 부문을 넘겨받았다. 이제 순수 지주회사로 변신한 태평양은 이제 아모레퍼시픽, 퍼시픽글라스, 장원산업, 태평양제약, 에뛰드, 아모스 등 6개 자회사를 기획 · 관리하는 역할을 맡고 있다.

Amore Pacific은 아시아 국가들을 시작으로 아프리카와 프랑스를 비롯한 유럽에 널리 알려져 있다. 특히 LANEIGE (-내리는-"눈[雪]"의 프랑스어)는 1993년에 아모레퍼시픽의 대표적인 제품 라인으로 등장하였다.

한국의 화장품은 '쇼핑의 천국'이라는 홍콩은 물론 SK-II나 시세이도와 같은 일본의 브랜드와도 겨룰 수 있게 되었으며 최근에는 아시아를 넘어 남태평양, 북아메리카, 남아메리카 시장에까지 진출하였다. 최근 아모레퍼시픽은 CI의 일환으로 '아리따움'으로 명명(命名)한 매장을 운영하기 시작하면서 The Face Shop, Missa 등의 매장들을 교체시키고 있다.

아리따움 매장은 국내에서는 LANEIGE, HERA, IOPE, 설화수(雪花秀) 등의 제품으로 급성장을 거듭하는 가운데 국내 화장품시장의 영역을 넓혀가고 있으며 이들의 영업성과는 국내에서 뿐만 아니라 해외에서도 아래의 그림이 보여주는 것처럼 지속적으로 성장하는 추세에 있다.

즉 홍콩의 소고 백화점, 상하이 1급 백화점인 팍슨 등 37개 도시 122개 백화점에서 매장을 운영하며 싱가포르의 중심에 있는 이세탄(伊勢丹) 백화점, 대만의 미쓰코시(三越) 백화점 등 성공적으로 해외시장에 진출한 기업으로 알려지고 있으며 앞으로는 중국과 프랑스 그리고 미국 등 3대 시장을 축(軸)으로 적극적인 글로벌 마케팅을 수행할 계획으로 있다.

2. Amore Pacific의 중국 진출

중국에서는 LOREAL이 화장품 시장 전체의 81.4%를 차지하는 가운데 최고급의 화장품으로 자리 잡고(positioning) 있으며 P&G의 Olay이 6.55%, 시세이도의 ZA가 5.92%를 점유하고 있고 한국의 라네즈와 VOV가 3.73%과 3.29%를 차지는 가운데 상위 10대의 브랜드 권내(圈內)에 들고 있다.

Amore Pacific은 국내시장에서 대표적인 브랜드로 알려진 LANEIGE(蘭芝)를 중국은 물론 싱가포르, 대만 인도네시아 등으로 확장하여 아시아 브랜드로 확산시킬 계획으로 있다.

지난 1993년에 선양 현지법인을 설립하면서 선양-장춘-하얼빈의 동북 3성(省)을 중심으로 마케팅을 강화하고 2000년에는 세계 글로벌 화장품 기업들의 각축장인 상하이에 현지 법인을 세우면서 프리미엄 이미지를 심는데 성공하였다.

또한 글로벌 연구개발(R&D)에도 집중적인 투자를 하고 있다. 즉 중국 현지 법인 소속의 상해연구소는 베이징대 · 푸단대 · 쓰촨대와 같은 중국 유명대학의 병원 피부과와 공동 연구를 진행하는 가운데 현지 전문가들과 제휴하여 R&D를 통해 맞춤형 제품을 개발할 계획으로 있다.

특히 중국의 경우 Premium Make-up Line으로 요구르트 팩의 도입이나 피부 관리 교육 프로그램, 고객카드제도, 무료 스킨케어 및 샘플 제공 등을 도입하는 등 철저한 사전 조사를 통한 현지에서의 정서(情緖)에 대한 정확한 파악으로 한류 열풍의 대표주자인 송혜교를 통한 광고 효과의 극대화를 통하여 2010년의 경우 중국에서만 1176억원의 매출을 올렸는데 이는 전년도 보다 무려 55%나 신장된 것이다.

여기서 중국 화장품 시장의 특징을 살펴보기로 하자. 중국의 화장품 시장은 경제발전 및 생활수준의 향상으로 연 40% 이상으로 성장하였다. 특히 기초 화장품은 35%, 미용 관련의 화장품은 29%, 두발용품은 28%, 향수(香水) 및 기타 화장품의 경우에는 8%나 신장되었으며 최근에 이르러서는 색조(色調) 화장품의 크게 늘어나고 있으며 정부당국의 관세율 인하에 따라 외국산 제품에 대한 구매율은 더욱 높아지고 있다.

한편 그동안 중국에서 생산되어온 화장품인 대보, 육신, 미가정 등의 경우 브랜드 이미지가 매우 낮을 뿐만 아니라 품질 역시 열악하여 복제품(複製品)은 물론 모조품(模造品) 및 조잡(粗雜)한 제품들로 인식이 매우 떨어져 있다.

또한 화장품(化粧品)을 화공제품(化工製品)으로 인식하는 등 기술개발에 둔감(鈍感) 할 뿐만 아니라 업체들이 영세하고 포장에 대한 디자인은 물론 재질 역시 열악(劣惡)한 상황에 있다. 그러다 보니 구매자의 교섭력(交涉力)이 커서 중고가의 고급제품을 선호(選好)할 뿐만 아니라 브랜드 충성도(忠誠度)가 높으나 잠재(潛在) 진입기업(進入企業)의 출현 가능성은 매우 높아 썬 크림이나 BB 크림과 같은 대체재(代替財)의 시장 진입이 용이(容易)한 상황에 있다.

그러나 경제적인 성장과 더불어 '짠스왕랴오왕'(자신을 위해 돈을 아낌없이 쓰는 35-50세의 미혼 남성을 말함)라는 말이 회자(膾炙)될 정도로 개인적인 성향(性向)의 추구 및 풍요(豊饒)로움을 구가(求暇)하는 인식이 높아지면서 과감한 씀씀이와 더불어 럭셔리제품에 대한 선호도가 높아지고 있다.

따라서 앞으로는 고가 및 고급제품에 대한 선호도가 높아지는 것을 고려한 품질과 디자인의 업그레이드와 같은 상품전략(Product), 고급 브랜드의 이미지에 맞는 유통채널의 확대(Place), 제품의 고급화(高級化)와 중고가(中高價)를 선호하는 소비계층의 니즈에 부응하는 가격전략(Price), 옥외 및 TV를 통한 촉진전략(Promotion)의 수행과 함께 고객은 물론 납품과 물류를 담당하는 업자들과의 '꽌시'(關係) 등도 중시하여야 할 것이다.

3. Amore Pacific의 SWOT 전략

중국에 진출한 Amor Pacific의 경영환경을 요약하면 다음의 〈표 7-2〉과 같다.

〈표 7-2〉 Amore Pacific, China의 SWOT

강점/强點(Strength)	약점/弱點(Weakness)
1) 확고한 포지셔닝 라네즈는 프리미엄 백화점에 진입/ 마몽드는 2-3급 백화점 진입, 다양한 유통채널 확보, 고급 브랜드인 로레알, 올레이 등과의 경쟁을 통한 타겟 고객층 인식 제고, 2) 국내 화장품 업계 1위 3) 최고 경영자의 의지 및 본사의 지원 신속한 의사결정. 철저한 시장조사/3년 4) 한류를 이용한 마케팅, 국내모델을 아시아모델로 기용	1) 글로벌 브랜드 대비 낮은 브랜드 파워, R&D 본사 의존도 과중, 국제화 전문 인력 부족, 2) 성장둔화, 시장 생성이 오래되었고 꾸준한 경쟁사의 시장 진입으로 성장세가 둔화되고 있음 3) 낮은 현지 적응력, 미국과 유럽지역 여성들의 기호에 맞는 제품 미약9微弱) 국제화 전문 인력부족,
기회/機會(Opportunity)	**위협/威脅(Threat)**
1) 해외시장의 현지업체와 공동 협력, 열악한 중국 현지 화장품 제품, 2) 불황을 타지 않는 화장품시장 외모(外貌)에 대한 관심 증가 3) 한류열품(韓流熱風)을 통한 이미지 상승 4) 중국시장 개방화와 경제변화, 외국제품(外國製品) 선호 증가	1) 국내 기업들의 해외진출에 따른 경쟁 2) 낮은 진입장벽으로 외국기업과 경쟁 심화 3) 모조 및 열악한 제품의 증가 4) 인터넷 거래 확산 5) 반영구제품 출시 6) 방판(訪販) 업체의 호황

4. Amore Pacific의 STP 전략

Segmentation	거대한 중국시장임을 감안하여 지역별, 계층별로 소비 형태와 니즈가 차이가 있으므로 대표 브랜드인 라네즈를 아시아브랜드화 하여 북경, 심양, 상해로 세분화
Targeting	중국에서 최대 화장품의 수요자는 20대 여성임을 감안하여 도시 거주의 20-30대의 젊은 여성을 타겟으로 하여 그들의 라이프스타일과 화장품 구매에 대한 소비자 행동을 분석
Positioning	진출 3년전에 현지 소비자에 대한 시장조사를 바탕으로 중저가로 고급이미지를 유지할 수 있는 유통경로인 백화점에 진입하여 고급브랜드 이미지를 각인

5. Amore Pacific의 성공요인

Amore Pacific의 중국 시장 매출은 2009년의 경우에는 1,100억원이었으나 2015년의 경우에는 7,300억원(연평균 37% 성장)을 목표로 하고 있으며 2008년 아모레퍼시픽의 시장점유율은 1.4%로서 매출액 규모는 14위를 차지했다.

그리하여 프랑스의 Biotherm, 미국의 Clinique와 같은 글로벌 브랜드와 함께 어깨를 나란히 하면서 프리미엄 인기화장품으로 특히 중국에서도 트렌디(trendy)한 도시인 동시에 유행(流行)의 첨단(尖端)이라는 팍슨(Parkson) 백화점(百盛百貨店)에서 매출이 상위권에 오를 정도로 인기가 있는 품목으로 자리잡고 있다.

브랜드별로는 '라네즈' 9위, '마몽드' 16위에 자리 잡았다. 중국 시장에서의 2009년 매출액의 목표는 1,100억원으로 2009~2015년까지 연 평균37% 성장하여 2015년에는 7,300억원을 제시했다. 2009년 영업이익은 110억원 (영업이익률 10%)으로 동기간 연 평균47% 성장하여 2015년에는 1,125억원 (영업이익률 15%)을 목표로 하고 있다.

라네즈는 '젊음이 보유한 자연, 자신의 행복을 의식하고 숭상(崇尙)하고 자애(慈愛)로운'이라는 뜻을 가진 "란쯔(蘭芝)"라는 브랜드로 프리미엄 백화점에서 판매하고 있으며 마몽드는 2-3급 백화점과 전문점의 매스티지 브랜드로 로레알, 올레이 등과의 경쟁을 통하여 타켓 고객층이 확고한 포지셔닝을 확보하면서 적극적인 마케팅의 수행과 본사의 적극적인 지원으로 서서히 자리를 잡아 갔다.

이는 결국 확고한 포지셔닝 전략, 유명한 한국 연예인을 광고 모델로 내세워서 서양 화장품보다 동양인 피부에 더욱 적합하다는 것을 강조하는 적극적인 마케팅 활동과 함께 중국과 최근접(最近接)한 국가로서 본사의 적극 지원 및 신속한 의사결정의 덕분이라고 볼 수 있다.

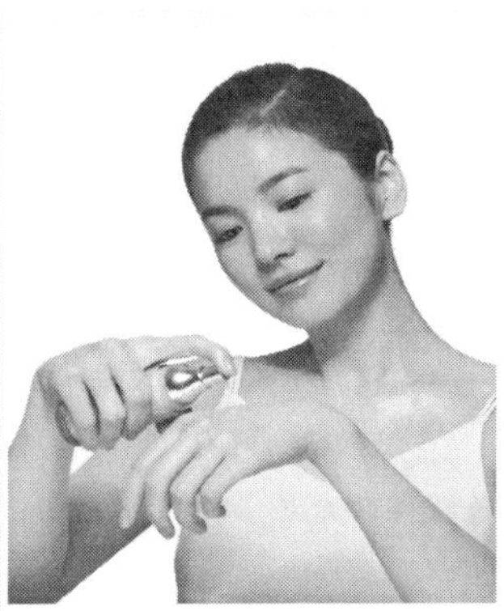

Amore Pacific은 본격적인 중국 진출을 앞두고 한국의 글로벌시장 조사업체와의 광범위한 현지 시장조사(Field survey)를 통하여 3,500명에 이르는 중국의 여성들을 대상으로 하는 제품 사용감(使用感) 및 화장품 사용에서의 특성, 채널별 주요 경쟁사 그리고 주요 지역 및 고객 유형별 브랜드 콘셉트 조사 등을 면밀하게 조사하였다.

이의 성공요인(KSF)은 첫째로 1994년에 한국에서 시장에 출시한지 1년 만에 무려 1000억원의 매출실적을 보였던 Amore Pacific의 대표 브랜드인 LANEIGE를 중국 시장에 진출시키기로 한 점이다. 이를 위하여 한국의 대형 컨설팅회사와 진출 전략을 수립하는 한편 및 고객 유형별 브랜드 컨셉, 특히 미리 제품을 나눠 주고 집에서 5-7일 정도 화장품을 나눠준 후 이의 느낌을 묻는 'Home Using Test' 등을 실시하였다.

조사 결과 중국 소비자들은 브랜드에 대한 충성도가 상대적으로 낮아 만족도가 높지 않으면 브랜드를 쉽게 바꿀 수 있다는 결론을 얻게 되었다. 따라서 브랜드 충성도를 높이려면 프리미엄 이미지를 구축하면서 차별화된 서비스의 제공이 필요한 것을 알게 되었다.

또한 주요 타켓이 되는 20대 여성들의 경우 건조함과 끈적임을 싫어하고 보습효과(保濕效果)가 뛰어난 제품을 선호(選好)하는 것에 주목하여 수분(水分) 컨셉의 라네즈를 고급스러우면서도 젊은층(層)이 소비(消費)할 수 있는 '프리미엄 영 브랜드'로 포지셔닝(Positioning)하였다.(DBR, No. 58, 2010)

둘째로 오랜 기간(3년)동안의 시장조사(Market research)에도 불구하고 즉시 중국 본토에의 진출을 서두르지 않고 먼저 홍콩에 진출하였다. 그리하여 시험적인 시장(test market) 내지 안테나 숍으로 홍콩을 겨냥한 결과 2002년에는 명품 백화점으로 알려진 소고에 매장을 설립하여 월 평균 1억원이 넘는 매출을 올리게 되었다. 결과적으로 홍콩은 중국시장에 대한 유용한 정보원(情報源)이 되었던 것이다.

셋째로 LANEIGE의 경우 중국의 베이징(北京)이나 상하이(桑海) 등과 같이 유명 백화점에 입점(入店)한 점이다. 이는 중국이 너무 광대하여 로드 숍(road shop)의 설립은 비효율적일뿐만 아니라 전문제품을 판매하기에는 적합하지 않은 것으로 판단되었기 때문이었다.

다시 말해 즉 매장의 '차별화(差別化)'와 함께 '선택(選擇)과 집중(集中)'을 동시에 시도한 것이다. 특히 주 고객인 20대 여성들의 경우 일정금액 이상의 의류를 구입하면 LANEIGE 제품을 사용할 수 있도록 연계시키는 행사를 개최하는 등 적극적인 마케팅활동으로 따라 중국의 주요 도시 61곳에 매점을 설립하게 되었으며 2007년에는 매출실적이 474억 원으로, 2008년에는 760억, 2009년에는 1176억 원으로 지속적인 성장을 보이게 되었다.

넷째로 LANEIGE의 가격대는 200-300위안으로 비교적 고가(高價)이다. 중국에서는 저가의 화장품들이 너무 많을 뿐만 아니라 카피 제품을 잘 제조하기에 고가 브랜딩을 통하여 제조나 판매에서의 가능성을 사전적으로 차단하는 전략을 수행하게 되었는 바, 이는 한국의 소비자들은 감성적인 소구(訴求)에 익숙하지만 중국인들은 가짜 화장품에 대한 의심으로 과학적인 근거 내지 설명을 요구하기 때문이었다. 또한 '향장지(香粧誌)'라는 잡지를 발행하여 상품에 대한 성분과 효능을 설명하는 한편 매장 직원들에게 미용지식에 관련한 전문적인 컨설팅을 제공하였다.

다섯째로 2011년 4월에 싱가포르의 국가과학연구기관인 A*STAR(Agency for Science Technology and Research와 함께 신세대 항노화(抗老化) 제품 개발에 힘써왔으며 상해 현지법인 소속의 상해연구소를 운영하고 북경대학, 북단대학, 사천대학 병원 피부과와 공동연구를 통하여 중국 여성의 피부 특징, 현지 지역 및 기후 특성을 고려한 특화제품을 개발하고 있는 점이다.

여섯째는 중국을 포함한 아시아지역에서 한류의 열풍을 극대화시키는 스타 마케팅전략을 적극적으로 활용하고 있는 점이다. 이는 아래의 그림에서와 같이 현지의 니즈를 파악하여 한류 스타들의 열성적인 팬들을 중심으로 하는 시장진입의 단계를 거치면서 시장을 확대 내지 구축시키는 적극적인 마케팅전략인 것이다.

◆ 지역별 PPL 전략 방안 -아시아

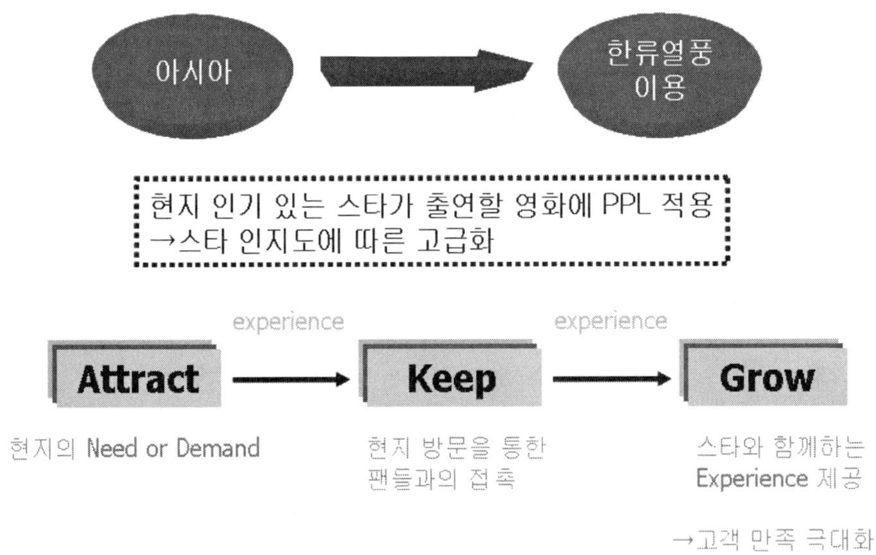

6. Amore Pacific의 중국시장 활성화 방안

1) 원산지 및 브랜드 이미지의 제고

비오템은 로레알, 로레알은 프랑스 제품, 시세이도는 일본 제품인 것을 소비자들은 잘 알고 있다. 아모레퍼시픽의 경우 브랜드 아이덴티티를 명확하게 하여 소비자들과의 신뢰감을 제고시켜야 한다.

즉 미용 박람회 등의 적극적인 참여를 통하여 한국산 제품의 우수한 높은 기술과 품질을 알리는 동시에 P&G가 샴푸를 판매와 함께 사회캠페인이나 지원사업을 실시하거나 시세이도가 색조 화장품을 판매를 위해 전개하였던 미용센터 교육 등과 같은 적극적인 마케팅전략을 수행하여야 할 것이다.

2) 제품 타깃별 광고매체의 차별화 강화

거대한 국토와 다양한 민족으로 구성된 중국의 경우 TV 광고가 효과적이라고 보기 쉬우나 TV 광고는 저가제품에 집중되어 있다는 점을 유념하여야 한다. 즉 Johnson&Johnson이나 OLAY와 같은 저가제품이라는 인상을 줄 수 있으므로 패션이나 비즈니스 관련 잡지를 이용하여 고급스런 이미지를 유지하여야 할 것이다.

3) 장기적인 현지화 전략 중시

Amore Pacific은 중국시장에 단순히 진출하는 수준에 머무르지 않고 지속적인 성장을 통하여 안정적인 시장을 확보하겠다는 목표로 현지 인력의 채용확대 및 R&D 등에서의 지속적인 투자를 통하여 현지화를 실현하여야 할 것이다.

LANEIGE

雪花
LANEIGE HOMME

SUN BLOCK
LANEIGE HOM

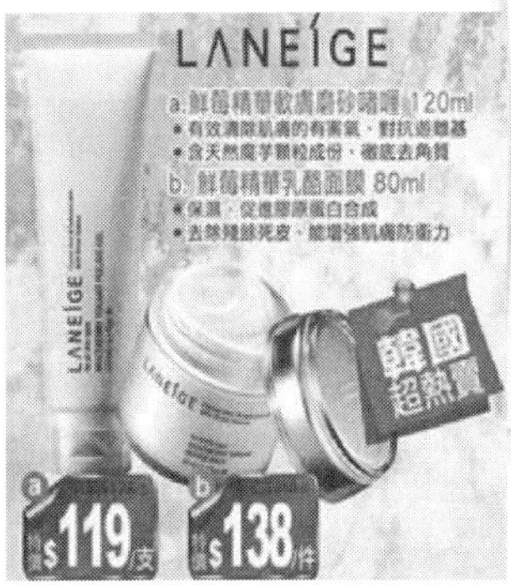
LANEIGE
a.鮮莓精華軟膚磨砂啫喱 120ml
b. 鮮莓精華乳酪面膜 80ml
韓國超熱賣
$119/支
$138/件

水漾容颜
清新每天

제 8 장

국제마케팅의 제품전략

제1절 제품 전략의 의의

제2절 caffebene의 사례

제3절 한국에서 팔리는 이태리 신발, 안토니의 바이네르!

제 1 절 제품 전략의 의의

기업은 국내시장 또는 해외시장을 지향하는 여부 그리고 업종이나 산업의 분야에 상관이 없이 제품(Products)을 생산하여 구매되고 있는 시장에 판매하려는 상품(Goods)은 다음의 〈표 8-1〉에서와 보는 것과 같은 반드시 극복하여야 할 요소들을 갖고 있다.

〈표 8-1〉국제마케팅의 상품들에게 반영되어야 할 요소들

통제가능한 마케팅의 환경요소들	통제 불능의 마케팅 환경 요소들
4Ps : Product Price Place/Distribution Promotion	경제동향 /시장 수요 패턴 /경쟁적 역학 작용 유통구조 및 유통기구의 영향 마케팅관련의 법률 및 정부정책과 규제 정치적 영향 /기술적 변화 /사회/문화적 변화 생태 환경적 변화

최근에 이르러 글로벌리제이션의 대세(大勢) 내지 일반화가 이뤄지면서 세계의 도처(到處)에서 누구나 상품과 서비스는 구매의사만 있다면 실시간(實時間)으로 이를 충족시킬 수 있는 시대가 실현되고 있다. 여기서 말하는 도처는 국가나 지역을 초월하여 어느 곳에서나 상존하는 시장을 말하는 것이며 실시간이란 인터넷(Cyber) 무역 또는 쇼핑 몰 등을 통하여 이뤄지는 국제간의 온라인 쇼핑을 의미하는 것이다.

이러한 움직임은 직접적으로는 인터넷이나 스마트폰과 같은 IT 산업의 눈부신 발전에 따른 것이 기도 하지만 WTO나 FTA 등과 같은 경제적 결합 내지 결성에 따른 영향력의 증대 때문이기도 하다.

최근 이러한 추세에 부응하여 그동안 PB(Private Brand)로 알려진 유통업체의 기획상품(Private Label)이 글로벌시장에서 유통, 판매되고 있다.

이는 유통업체가 제조업체에 생산을 주문해 만든 상품에다 자체 상표를 붙여 판매하는 것으로 무엇보다도 마케팅이나 유통비용이 절약돼 제조사의 고유 브랜드 제품보다 저렴한 것이 커다란 장점이다.(2011년 11월 17일, 조선일보)

특히 유럽 등 선진국 소매 유통시장에서는 PL 상품들이 차지하는 비중 30%를 넘어서고 있어 디자인이나 기술력이 있는 국내의 중소(수출)기업들에게 기회가 되고 있다.

미국 내 대형마트에서 판매되는 상품 4개 중 1개는 판매처인 마트의 자체 상표가 붙어있다. 현재 미국에서의 PL 상품의 전체 시장규모는 900억달러(약 101조원)에 달하고 있으며 유럽에서도 점차로 비중이 더욱 커지고 있다.

독일에서 저가 할인마트 체인으로 널리 알려진 알디(ALDI)의 경우 매출의 94%를 PL이 담당하고 있으며 영국의 테스코나 미국 월마트에서도 전체 매출에서 PL이 차지하는 비중은 40%를 웃돈다.

국내의 유통업계에서도 점차로 PL의 시장점유율이 커지면서 글로벌 PL 시장은 국내 기업들의 주요 수출 무대로 떠오르고 있다. 특히 기술력을 갖춘 중소기업 사이에선 글로벌 유통업체의 PL 생산 계약은 '달러 박스'가 되고 있다.

경북 경산에 2005년에 설립된 일심 글로벌은 극세사(極細絲)를 활용하여 청소용 걸레 등을 생산하는 섬유업체로 OEM 방식으로 세계 36개국에 수출을 하고 있다. 독일 의 할인마트업계 '빅3'인 알디 · 리들 · 플러스는 자체 상표를 붙여 판매 중인 생활 섬유 클리너 대부분이 일심 글로발의 제품이다. 또한 까르푸를 비롯해 프랑스 내 16개 수퍼마켓 체인점, 스페인 유통업체 에로스키에도 PL 상품을 납품하여 연 수출액이 80억~90억원에 이르고 있으며 PL 상품을 통하여 안정적으로 납품하고 있는 글로벌 거래처는 90여개에 이른다.

꿀과 차를 생산하는 꽃샘식품은 국내에서 홈플러스 PL을 생산하던 노하우를 발판으로 중국 내 글로벌 유통업체에 진출하면서 2009년 7월부터 중국 내 테스코 67개 매장에 PL 액상차 4종을 납품하여 50만달러의 수출실적을 올렸으며 2011년 8월에는 중국의 월마트 300개 매장에 120만달러어치의 PL 액상차 6종을 납품하는 등 2000년 초까지 해도 20억원 규모이던 연 매출은 2010년의 경우 220억원에 달하였다.

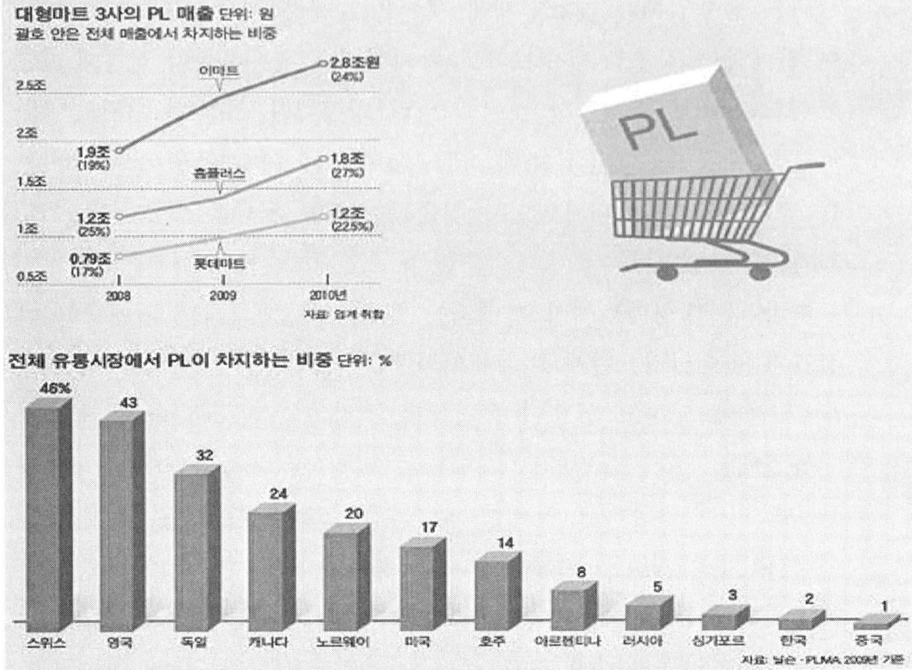

하이트진로는 2011년 7월부터 일본 최대 유통업체인 Aeon에 PL 맥주를 공급하면서 연간 400억원, 500만 상자(350mL 캔 24개)를 수출하고 있다.

일본의 PL 맥주는 이온의 자체 상표인 '톱밸류'를 붙여 이온의 600여개 대형마트, 1300여개 수퍼마켓, 자회사인 편의점 미니스톱에서 판매하고 있으며 가격은 350mL 캔이 158엔(2320원)으로 일본내 브랜드 맥주보다도 20~30% 저렴하다.

국내 대형 유통업체들도 PL 상품의 수출에 관심을 갖고 PL 상품을 글로벌시장에 출시할 계획을 갖고 있는 가운데 롯데마트는 2010년 9월 미국 LA 인근 30개 한인 마트에 PL 상품인 '초이스엘 고추장과 '초이스엘 된장' 2000개를 수출하고 있는 바, 가격은 8.5달러로 미국 현지에서 판매되는 고추장 · 된장에 비해 15~40% 정도 저렴하다.

롯데마트는 장류전문제조업체와의 제휴로 시장을 공략하고 있어 국내 중소기업의 해외 판로 확보에도 도움을 주고 있을 뿐만 아니라 가격경쟁력도 충분하다는 판단으로 소면 · 김 · 참기름 등의 PL 상품도 수출하는 방안을 추진하고 있으며 2011년에는 충남 서천에서 직접 수확한 '안심쌀' 5만톤을 호주로 수출하였다.

한국에서도 글로벌 PL 상품의 수출 확대를 적극적으로 지원하고 있어서 특히 무역협회의 경우 2011년 11월 1일 미국 뉴욕에 본사를 둔 PLMA(세계 PL제조사협회)와 공동으로 '글로벌 대형 PL 유통바이어 초청 수출 상담회'를 열고 중소기업들의 해외 PL 시장 수출지원에 나섰다. 이날 행사엔 까르푸 · 테스코 등 9개 글로벌 유통업체의 소싱팀이 참석했고, '세계 PL산업 동향' 'PL 제조사의 성공사례'를 주제로 한 세미나도 열렸다.

KOTRA는 2010년 10월에 영국의 테스코 홈플러스와 MOU를 맺고 국내 중소 제조업체들의 수출을 지원하기 위하여 국내 중소기업의 상품을 세계 14개국에 소재한 테스코 매장에서 판매할 계획으로 있다. 이러한 PL 수출증대는 국내의 유통업체와 제조업체 나아가 세계의 고객들이 모두 윈윈(win-win)할 수 있는 계기가 될 수 있는 것이다.

따라서 글로벌시대의 시장에서 판매되는 상품들은 다음에서 인용한 사례에서와 같이 종전과 같이 기업들은 제품을 먼저 생산한 이후에 판매를 하는 것이 아니라 제품에 대한 계획 내지는 설계 단계에서부터 고객의 취향과 트랜드,

곧 요구(needs) 대한 치밀하고도 사전적인 연구와 검토가 선행되어져야만 할 것이다.(조선일보 11월 17일)

브라더기업이 내놓은 라벨프린터(모델명 P터치 PT-12K)가 대표적인 제품으로 전자계산기와 비슷한 모양과 크기에 핑크색으로 멋을 더했다. 주부들이 하는 가사일 중 상당한 시간을 소요하는 작업이 바로 '정리'다. 계절이 바뀔 때마다 철 지난 옷을 박스에 정리해야 하며, 장난감 · 학용품 정리에 정신없이 하루를 보낼 때도 있다.

라벨프린터는 전용 라벨용지에 이름표를 인쇄해 박스 · 반찬 통 등 내용물 확인이 어려운 물건에 간편하게 이름을 새겨 붙일 수 있다. 물론 한글 · 영어 · 한자 · 일어 · 이모티콘 기호 등을 다양하게 표현할 수 있다. 브라더는 "라벨프린터가 전에는 가게에서 많이 사용했지만 요즘은 가정에서 깔끔한 정리정돈을 도와주고 원하는 물건을 쉽게 찾을 수 있어 주부들에게 인기가 높다"고 설명하고 있다.

또한 블랙이나 화이트가 대표적이던 노트북의 시장에도 변화의 바람이 불고 있다. 삼성전자는 최근 스타일을 중시는 여성들을 겨냥해 다양한 컬러의 노트북 '센스 시리즈 3 300V'를 선보였다. 그리하여 강렬하지만 세련된 시크 블랙, 지적이고 차가운 스모키 실버, 상큼하고 톡톡 튀는 라스베리 핑크, 시원하고 도시적인 알래스카 블루, 생기 있고 발랄한 바이탈 오렌지 등 개성 있는 이름의 5가지 색상을 제공하면서 노트북 커버와 같은 컬러를 키보드에도 적용해 '패션 코드'를 맞추고 있다.

노트북이 점차 화려해지면서 주변기기도 평범한 디자인만 고집할 수 없게 됐다. 마이크로소프트의 '익스프레스 마우스'는 화려한 컬러로 포인트를 준 감각적인 디자인이 특징이다. 소비자들이 취향과 개성에 따라 색상을 선택할 수 있도록 회색 · 빨강 · 분홍 · 하늘 · 파랑 5가지 색상으로 출시됐다. 손에 착 감기는 둥근 곡선모양의 깔끔한 디자인을 채용하였으며 겉모습만이 아니라 기능에도 신경을 써서 매끄러운 대리석이나 거친 카펫 등의 다양한 표면에서도 마우스가 작동하는 블루트랙 기술을 적용하였다.

해외시장을 추구하는 기업들은 국내에서의 기존제품(existing goods)이나 신제품(new products)이나 수정제품(modified product) 또는 개량제품(improved product)을 생산하여 판매하고 있다.

위에서 언급한 여러 가지의 요소들은 서로 대칭되고 불가능한 것으로 보일 수 있으나 기업, 특히 해외시장에서 마케팅활동을 수행하는 기업으로서는 우회(迂廻)하거나 또는 직접 현장에서 반드시 부딪치고 극복하여야 할 환경적인 요소들이다.

물론 이를 위해서는 현지시장에 대한 자세한 구분, 즉 시장 세분화(segmentation)를 거치고 다음에는 목표시장(targeting)이 탐색되며 또한 현지국의 고객들로부터 인지되어 구매로 까지 이어지는 포지셔닝(positioning)의 단계를 거쳐야 하고 이후에는 자사 제품을 표준화(標準化) 또는 현지화(現地化) 할 것인가에 것에 대한 구체적인 전략도 수립하여 현지국의 소비자들로 하여금 글로벌 브랜드로서의 인지도(brand awareness)를 제고 시킬 수 있는 대안을 마련하여야 한다.

즉 국내시장과는 다른 제품전략이 요구되고 있다는 것으로 이는 마케팅의 기본적인 특성의 하나인 차별화의 필요성(necessity)을 강조하여 주는 것으로 이는 단순한 제품의 생산에만 그치지 않고 상표에 관련한 전략(branding strategy)과 제품에 관련한 가격전략(pricing strategy)도 함께 병행하여야 한다.

기업의 장기간에 걸친 마케팅활동으로 축적된 상표는 타사 제품과의 차별화를 가져오게 하는 것으로 점차로 상품의 PLC가 단축되어질 뿐만 아니라 유통기간 및 채널이 짧아짐에 따라 점차로 소비자들은 특정의 제품이 생산된 국가나 회사보다는 평소에 인지(認知)하고 있는 상표에 따라 구매하는 경향이 일반화되고 있는 추세이다.

해외에서 판매되는 상품은 반드시 생산이라는 과정을 거쳐서 제품으로 출시(出市)되는 과정을 거치게 된다. 이러한 경우 자국에서의 기준과 방식에 따라 생산된 제품에 대하여 제품 자체에 대한 자신(自信) 또는 명성(reputation)이 있을 경우에는 표준화를 할 수 있으나 만일 그렇지 못할 경우에는 현지국의 고객 또는 소비자들이 원하는 제품을 상품을 생산하고 판매하여야 한다. 물론 현지화는 제품의 생산에서 뿐만이 아니라 인사와 마케팅 활동에 있어서 해당국의 기업이나 상품과 같거나 또는 유사하게 인식되어져야 한다.

다음의 〈표 8-2〉는 해외시장(overseas market)에 진출하려는 상품이 자국에서 생산한 상품을 그대로 표준화(標準化)하여 판매하는 제품의 경우와 현지국의 시장 환경을 감안하여 현지화(現地化)하는 제품의 특성을 비교한 것이다.

〈표 8-2〉 제품의 표준화와 현지화의 특징

표준화(Standardization)	현지화(Localization)
• 동일하거나 유사한 제품으로 여러 시장에 진출 • 경험과 자원의 이전 가능 • 비용절감 효과 • 규모의 경제	• 각 시장의 니즈(needs)를 반영하면서 서로 다른 제품으로 진출 • 이질적 소비자의 니즈를 충족시킴

표준화는 진출하려는 국가나 시장에 구분을 하지 않고 국내에서와 같은 제품과 이의 상표나 가격 그리고 유통단계에 이르기까지 동일한 방법으로 진출하고 판매하는 것을 말한다.

이의 좋은 예로는 최근 베트남에 진출한 롯데마트가 매장의 설치나 운영 등에 있어 철저한 현지화를 시도한 것이다. 베트남인들의 경우 아침에 일찍 일어나고 일찍 자는 생활습관을 반영하여 오전 8시부터 저녁 10시까지의 영업시간 책정으로 베트남인들로부터 호의적인 관심을 유도해 내면서 긍정적인 이미지의 갖게 하여 지속적인 매출에서의 성장을 얻고 있다.

중국에서 활발한 경영활동을 수행하고 있는 하나은행은 법인 설립 후 3년을 영업안정과 수익기반의 구축 기간으로 설정하여 다양한 성장정책을 추진해 왔다. 즉 중국 개인 인민폐(人民貨幣) 업무, 직불카드, 방카슈랑스, 채권매매 업무 등 라이선스를 획득하면서 상업은행으로서의 모습을 보이는 가운데 2011년의 비전을 '현지 수익성 1위 은행 달성'을 목표로 하고 있다.

지난 3년간 업무부문과 채널부문에서 구축된 기반을 바탕으로 하여 대도시 중심의 분행(分行)과 지행(支行)을 증설하고 예수금(預受金) 유치를 위한 우수한 직원을 확보한다는 전략으로 처음부터 발전가능성이 큰 동북 3성 지역에 진출하면서 직원 현지화에 중점을 두고 현지법인 설립 시부터 한국계 은행 중 유일하게 동사장과 감사, 그리고 상임 부행장을 중국 현지인으로 채용하고 현지인 부서장과 분지행장도 각각 6명씩 두어 주요 간부의 절반 이상을 현지화(現地化)하였다. 그 결과 2010년 7월 현재 현지 고객 비중이 대출의 경우 59%, 예수금의 경우 70%를 차지하는 등 높은 성과를 얻게 되었다.

캐논코리아에서는 "고화질 카메라를 탑재한 스마트폰이 카메라 시장을 잠식했다고만 볼게 아니니다. DSLR 같은 고급 카메라에 대한 수요도 늘려 놓았다"고 말하면서 한국의 카메라시장에서 경쟁력에 자신감을 보이고 있다.

요즘 영화관이나 TV에서 자주 볼 수 있는 캐논의 광고를 잠시 살펴보기로 하자. "DSLR은 어렵다? 하지만 당신은 이미 더 어려운 걸 하고 계십니다. 운전 · 자녀교육 · 요리 같은. DSLR 어렵다? 어렵지 않다." 이러한 멘트 뒤에 젊은 여성이 DSLR(Digital Single Lense Reflex · 필름카메라의 기능을 구현한 디지털카메라)을 들고 사진을 찍는 모습 위로 'DSLR은 결코 어려운 게 아니다'는 성우의 목소리가 흐른다.

삼성경제연구소에서는 '여성의 마음을 얻는 비결'이란 제목의 보고서에서 캐논을 '여성 시장 개척에 성공한 기업'으로 꼽았다.

이러한 광고를 통해 캐논은 DSLR에 입문하는 여성 사용자를 사로잡는 데 성공했다는 것이다. 실제로 이 광고에 등장한 제품 EOS 550D는 출시 한 달 만에 1만 대가 넘게 팔렸다. 국내 홈쇼핑에서도 12회 연속 매진 기록을 세웠다.

캐논코리아 컨슈머이미징의 CEO는 "흔히 고성능 카메라를 탑재한 스마트폰이 디지털카메라 시장을 잠식했다고들 한다. 한데 오히려 고급 카메라의 저변이 넓어진 것"이라고 말하고 있다. 캐논코리아는 여성을 대상으로 DSLR 캠페인을 시작하였으며 중년층을 대상으로'DSLR을 시작하기에 늦지 않았다'는 캠페인도 진행하고 있다.

이런 마케팅 덕분으로 국내 DSLR 카메라 시장에서 캐논 제품의 비중은 58%에 이르고 있다. 캐논은 세계 1위 디지털카메라 기업이지만 글로벌 시장에선 2위 사업자와 점유율 차이가 크지 않은 반면 국내 시장에선 두 배가량 차이가 난다. 캐논에서는 “시장이 변하는 건 기업으로선 리스크지만 잘 관리하면 변화는 기회”라고 말하고 있다.

캐논의 또 다른 1등 전략은 ‘낙수효과(落水效果)’다. 카메라 시장은 전문가들이 일반 사용자에게 미치는 영향이 크다. 이 점에 착안하여 캐논에서는 전문가들을 대상으로 한 최고급 플래그십 제품을 정기적으로 내놓았다. 전문가들 사이에 입소문이 나면 일반인을 타깃으로 내놓은 낮은 사양의 제품까지 잘 팔리는 효과를 노린 것이다. 캐논은 “이 전략을 모르는 기업은 없다. 하지만 장기간의 기술 투자 없이는 이를 구사하기 힘들다”고 설명하고 있다.

한편 캐논이 2012년에 출시할 ‘시네마 EOS’ 역시 영화 촬영에 쓰이는 전문제품으로 동영상카메라의 시장에도 본격적으로 진출할 예정이다.(중앙일보, 2011년 12월 26일)

또한 Nestle, Danon, Unilever, Kraft Foods 등 미국이나 유럽에 본사를 두고 있는 글로벌 식품기업들은 과감한 투자를 통하여 소득수준이 낮은 동남아시아 시장을 넓혀가고 있다. 이들은 동남아 지역에서의 수출을 줄여 가면서 현지에서 직접 제품을 생산하고 유통, 판매하는 방식으로 현지화 활동을 확장하고 있다. 즉 동남아 지역에 저소득 계층이 많다는 점을 감안하여 가격을 파격적으로 낮추는 대신 제품의 사이즈를 줄이거나 소포장한 보급형 제품(PPP : Popularly Positioned Products)을 출시하는 식으로 소비자 피라미드 최하단층까지 깊숙하게 침투하는 전략을 구사하고 있다.

특히 Nestle 인도네시아의 경우에는 '이곳에서 판매하는 Nestle 브랜드 제품은 모두 여기서 직접 생산한다."며 "유통 과정의 낭비를 막기 위해 현지 판매제품은 모두 현지에서 생산한다는 원칙을 갖고 있다'고 유제품의 호주, 뉴질랜드, 미국 수입 의존도를 대폭 줄이는 대신 저금리로 현지 낙농가에 자금 지원을 해주는 방식으로 협력을 강화해 현지에서 생산하는 유제품의 양을 두 배로 늘릴 계획을 시행하고 있다.

그들은 '신흥국에서 제품의 가격을 인상하는 것은 있을 수 없는 일' 이기며 만일 '가격을 올리면 소비자들이 아예 이용을 하지 못하면서 매출에 타격을 입을 것'임을 잘 알고 있기에 '처음에는 소비자 계층의 맨 밑을 공략하면서 이들에게 브랜드에 대한 충성심을 각인시키고 이후 현지인들의 소득 수준이 높아졌을 때 고급 제품의 판매로까지 시장을 확대'한다는 마케팅전략을 갖고 있다.

현지화를 통하여 Nestle는 필리핀의 경우 타나우안 공장에 1억달러를 투자하여 커피 프림, 분유, 우유 제품을 생산하는 공장을 설립하였으며 이러한 유통시스템에 따라 필리핀의 작은 마을까지에도 자사의 생산제품을 신속하게 유통 시킬 수 있게 되었다.

Danon의 경우에는 생수 브랜드인 아쿠아 워터를 인도네시아 현지에서 직접 깨끗한 물로 공급받아 원가를 낮추는 동시에 현지 소비자들의 니즈에 맞도록 사이즈를 조절하고 포장하는 등의 차별화로 인도네시아 전역에 흩어진 상점 200만여 곳에 유통시킬 수 있는 할인점과의 네트워킹 구축으로 현지는 물론 아시아 지역에서의 판매가 20%나 늘게 되었으며 결국 세계 전체의 매출 증가율이 8.7%를 넘게 달성할 수 있게 되었다.

이처럼 문화를 통한 현지화의 영향력은 크다. 따라서 최근 '슈스케'로 불리면서 국내는 물론 세계적인 열풍의 진원지가 되고 있는 한류(韓流)의 경우에도 처음에는 유행하는 노래나 이를 부르는 가수 집단들에 의하여 시작되었지만 점차로 음악이라는 확대된 장르 내지 분야로 이어지고 나아가서는 음식과 패션의 분야 및 산업으로 연장되고 확대되어져야 한다.

SM의 이수만회장은 한류(韓流) 산업의 성장과정을 3단계로 설명하고 있다. 즉 그는 처음의 1단계는 단순히 한류문화를 수출하는 단계이며, 2단계는 현지의 회사나 연예인들과의 합작을 통하여 시장을 확대하는 단계이고, 마지막의 3단계는 현지회사와의 합작회사를 설립하여 현지인들에게 한국의 CT(Culture Technology)를 전수하여 부가가치를 창출시키는 단계라는 것이다.

특정 기업의 특정 제품이 언제나 해외시장으로 진출하여 적극적인 마케팅활동을 수행하는 가운데 매출신장 및 안정적인 수익을 보장받는 사례는 많이 있다. 즉 다국적기업들에 의하여 수행되는 국제 마케팅의 대표적인 사례로는 Coca Cola, Nestle, ADIDAS, BMW, 3M, HP 등 수많은 기업들이 있다.

세계적인 스포츠 운동화의 대명사이며 세계 젊은이들의 'Must-Have Item'인 NIKE의 경우에는 'Just do it'이라는 카피로 세계의 운동화시장을 석권하고 있는 가운데 대표적인 다국적기업의 행태 및 국제마케팅의 활동을 보여 주고 있다.

한편 'Let there be lightest!'를 내세우는 가운데 1906년에 매사추세츠의 보스톤에 설립된 'New Balance의 경우에는 해외에 공장을 이전하거나 설립하지 않으면서도 자사의 표준화된 제품들을 해외시장에 마케팅을 하여 성공한 세계적인 기업으로 널리 알려져 있다.

제 2 절 Caffe bene의 사례

1. 기업 현황

1) 카페베네의 등장

요즘 시내 중심가에는 한집 건너 커피 전문점이 홍수를 이루고 있다. 다국적 기업 인이 '스타벅스'를 비롯하여 패스트푸드에서 새로운 변화를 모색하고 있는 맥도날드의 맥카페에 이르기까지 커피의 전성시대가 도래 한 것이다.

이렇듯 치열한 커피 시장에 뒤늦게 뛰어들어 차별화된 마케팅으로 최근 400호점을 돌파한 커피 전문점이 있다. 바로 Caffe bene이다. 2008년 후발주자인 국산 브랜드 Caffe bene가 이미 시장 포화상태인 커피 전문점들 사이에서 어떻게 성공할 수 있었으며 또한 앞으로 나아가야 할 방향은 무엇인지에 관련하여 살펴 보기로 하자.

2) 창업 배경

> 지난 2004-2005년에 아이들을 캐나다로 유학 보냈다. 아이들을 보러 캐나다를 방문하곤 했다. 아이들이 등교하면 아내와 동네 커피 전문점들을 순회하는 게 일이었다. 아무리 봐도 매뉴얼 등이 한식보다 어려워 보이지 않았다. 게다가 동네 중심가 상권에는 항상 커피 전문점이 있었다. 이런 글로벌 아이템을 한국에서 하면 얼마나 좋을까 생각했다. 그래서 프랜차이즈 사업가 처지에서 커피 전문점들을 계속 평가했다. 커피 맛은 물론이고 주방에서 일하는 사람들의 움직임, 컵의 디자인 등을 면밀히 살펴보았다. 2007년 봄에 비로소 커피 사업을 할 결심이 섰다.

위에서 인용한 글은 Caffe bene의 김선권대표가 창업을 하게 된 동기를 회상하면서 쓴 글의 일부이다.

Caffe bene는 우리에게 익숙한 Cafe와 이탈리아어로 '좋은'의 뜻을 나타내는 bene의 합성어로 '좋은 커피, 좋은 카페' 정도로 풀이될 수 있다.

Cafe bene가 탄생되던 2008년에 이르면서 우리나라의 커피 전문점은 외국산 브랜드와 토종 브랜드로 이미 포화상태였기에 그의 주변에서는 모두 너무 성장해버린 탓에 '무모한 도전'이라고 말렸다. 그러나 김대표는 '이미 커피 시장이 잘 되고 있었기에 차별화(差別化)를 이루면 된다'는 확신을 가지고 있었다. 그는 미국의 카페 스타일을 쫓는 다른 커피전문점과 다르게 유럽의 자유롭고 따뜻한 분위기를 연출하였으며 메뉴는 더욱 세분화 하였고 대부분의 유럽의 커피 전문점에서 커피와 함께 팔고 있는 젤라또를 도입하는 한편 와플, 브레드 메뉴 등 다양한 메뉴들도 선보였다. 즉 '고객이 중심이 되는 공간을 만들자'라는 슬로건으로 소비자가 원하는 코드를 카페에 적용시켰다.

3) Caffe bene의 성장

김선권대표는 이미 다양한 업종의 프랜차이즈 사업에서 성공을 거뒀다. 일본의 유명 게임회사인 SEGA를 한국에 들여오기도 하였으며, 행복추풍령 추어탕, 삼겹살 등 요식업에서도 성공을 거두었다. 하지만 이런 프랜차이저로서의 이미지가 오히려 커피 사업에는 장애가 되었다. 소비자는 익숙한 것을 찾기에 마련이기 때문이다.

그리하여 Caffe bene는 국내의 대형 기획사 '사이더스 HQ'와 전략적 제휴(strategic alliance)를 위한 MOU를 체결하면서 급성장하기 시작하였다.

4) 회사 연혁

2008년 01 커피사업부 통합 워크숍
02 와플 특허출원
04 직영매장 1호점 오픈, 유세윤 외 다수 기념행사
06 베네로띠 출시, 탤런트 최수종과의 지면광고 촬영
08 본사 사옥 입주 (생산, 배송팀 통합)

09 브런치 신메뉴 출시, 전주 MBC 및 주요 상권 가맹점 10호점
10 로얄티 수입으로 장애 아동시설 지원, 한마음 체육대회
11 [34th Street] 서울 콜렉션 협찬, 사이더스 hq MOU확정
12 [나는 펫] 팀과 함께 자선 일일 찻집 운영

2009 01 BI, CI리뉴얼작업, 바닐라 라떼 출시
02 한예슬의 CF촬영, 아라코 라이센스 계약, 점장(店長) 통합미팅 시작
03 커피사업부 통합 워크숍, 한예슬 CF방송 시작
04 미숫가루음료 특허출원, 일일생산, 배송, 소비시스템 개시
05 압구정 직영점 OPEN(인테리어 리뉴얼), 오곡(五穀) 신메뉴 출시
06 500호점 돌파 기념행사
07 아이디어 공모전 시상식, SBS [태양을 삼켜라] PPL
08 봉사동호회 출범, 지식경제부 장관상 수상
09 고객 평가단 발대식, MBC [지붕뚫고 하이킥] PPL
10 위,아,자 행사, 한마음 체육대회
11 별별 바자회 행사, 100호점 돌파 기념행사, 본사사옥 전(청담동)
12 대상 MOU체결, SBS [크리스마스에 눈이 올까요] PPL

2010 01 청년자원봉사단 인도에니상 반유앙이 방문
02 제1회 Cafe Bene 바리스타 챔피언쉽 개최,
제1기 Cafe Bene 홍보대사 발대식
디지털조선일보 주최 '2010소비자가 뽑은 가장 신뢰하는 브랜드' 대상, 한국경제매거진 주최 '2010년 대한민국 소비자 만족' 대상
03 한예슬, 최다니엘과 CF촬영, MBC [신이라 불리는 사나이] PPL
04 동아일보 후원 대한민국 브랜드 대상

05 200호점 기념행사, SBS커피하우스 PPL, 여름신메뉴 3종세트 출시
06 서비스 공모전 시상식, 음악방송(DJ)오픈, 브라질 현지농장과 커피재배 계약
07 로스팅 플랜트 준공
08 KBS 결혼해주세요 PPL, 코스탁 상장(IPO) 대표 주관회사 선정(대우증권)
09 300호점 기념행사, 대학 패션위크 행사 참여
10 10월 미국현지 법인설립
2010년 Cafe Bene 전국통합 업그레이드 교육(롯데호텔)
11 크리스마스 행사 시작(11.1) 및 크리스마스 송 창작

5) Caffe bene의 메뉴

Caffe bene의 메뉴는 굉장히 세분화, 다양화 되어있으며 크게는 Beverage, RTD, Dessert 등이다.

(1) Beverage(음료)

-Blending coffee

카페모카, 카푸치노, 카라멜 마끼아또, 에스프레소, 화이트모카, 아메리카노, 아포가토, 카페라떼, 스트로베리 모카, 스트로베리 라떼, 스트로베리 화이트모카 (11종)

-Special latte

허브티(민트), 캐모마일, 화이트 피어, 잉글리시 블랙퍼스트, 얼그레이 라벤더, 진저피치, 녹차, 시트러스, 홍차라떼, 아이스 블랙티, 블루베리 라떼, 핫초코/아이스초코, 녹차라떼, 허니부쉬 카라멜, 우유, 차이티, 우롱, 오곡라떼 (18종)

-Grain Benesto

오곡베네스또, 카라멜시나몬 오곡베네스또, 크렌베리아몬드오곡베네스또 (3종)

-Frappeno/Smothie

초콜릿프라페노, 화이트모카프라페노, 카라멜프라페노, 에스프레소 프라페노, 모카프라페노, 그린티프라페노, 바닐라프라페노, 플레인요거트스무디, 블루베리요거트스무디, 피치요거트 스무디, 망고패션프루츠스무디, 홍시요거트스무디, 유자요거트스무디, 딸기요거트 스무디 (14종)

-Fruits aid&Juice

오렌지 후르츠에이드, 레몬 후르츠 에이드, 자몽 후르츠 에이드, 자몽 주스, 키위 생과일 주스, 오렌지 생과일 주스, 블루베리 주스, 블루베리 에이드, 피치 에이드 (9종)

-Season

팥빙수, 딸기빙수, 커피빙수 (3종)

총 58종

(2) Dessert(디저트)

-Waffle

호두와플, 레귤러와플, 생크림와플(카라멜 바나나), 스페셜와플(싱글젤라또), 스페셜와플(더블젤라또), 생크림와플(딸기), 크림치즈와플(딸기), 젤라또와플(레드빈), 젤라또와플(젤라또), 요거트와플(블루베리), 요거트와플(딸기), 크림치즈와플(블루베리), 스페셜와플(에스프레소), 매니아와플(허니넛), 매니아와플(체다치즈), 매니아와플(칠리), 콤보 (17종)

-Gelato

바닐라 젤라또, 딸기 젤라또, 크림카라멜 젤라또, 살구 젤라또, 블루베리 요거트젤라또, 에스프레소 젤라또, 요거트 젤라또, 다크초코렛 젤라또, 그린티 젤라또, 크림치즈 젤라또 (10종)

-Honey Bread

카라멜 시나몬 브레드, 갈릭&치즈 브레드, 딸기요거트 브레드, 핫 칠리 브레드 (4종)

-Cake

블루베리 타르트, 치즈케익, 요거트 롤케익, 치즈 브라우니 케익, 티라미스 케익, 베네 베리 타르트, 티라미수, 다크돔케이크 (8종)

-Others

플레인 베이글, 블루베리 베이글, 어니언 베이글, 치즈 머핀, 마블쵸코 머핀, 블루베리 머핀, 피넛버터 쿠키, 마늘쿠키, 초코쿠키 (9종)

총 48종

(3) RTD(Ready-To-Drink) 일반 소매점에서도 Cafe Bene를 느낄 수 있도록 제작된 PET음료도 구비하고 있다.

음료 메뉴와 디저트 메뉴의 종류를 합하면 총 106가지의 메뉴가 존재한다. 그만큼 다양한 입맛을 모두 사로잡을 수 있다는 게 특징이다.

6) Caffe bene의 특색

최근 Cafe bene가 급속도로 성장하고 있는 건 다양한 메뉴와 따뜻한 매장 분위기 뿐만 아니라 다른 커피전문점과는 차별화를 이루는 특별한 점들이 있기 때문이다.

(1) 카페에는 커피만 있다?! Caffe bene에 가면 모든 게 있다!

유럽식의 따뜻하고 정겨운 카페를 지향하는 Caffe bene는 커피메뉴에만 주력하지 않는다. 대부분의 사람들이 커피를 마시러 카페에 간다고 생각하지만 의외로 커피를 마시지 못하거나, 이전에 몇 잔씩 마셔 거북한 사람들도 더러 존재한다. 또한 시간을 보낼 만한 조용한 곳을 찾고 있는데 또 커피를 마시라며 잔뜩 늘어놓은 메뉴판을 보면 한숨이 저절로 나기 마련이다.

Caffe bene는 그런 사람들까지도 모두 수용할 수 있는 다채로운 메뉴를 갖췄다. 즉 음료만도 58종이다. 평소에 전문점에서도 접하기 힘든 홍차들은 물론 '오곡라떼'와 같은 자체개발의 메뉴까지 갖추고 있다.

어떤 음료를 찾아도 유연하게 마실 수 있는 곳이 Caffe bene로 디저트 메뉴까지도 훌륭하게 준비되어 있다.

기본적인 와플을 비롯하여 아이스크림, 허니브레드, 케익과 간단한 쿠키들까지 맛 볼 수 있어서 저녁을 거르고 카페에 가더라도 간단하게 요기는 할 수 있을 정도이며 특히 매장 직접 구워주는 와플은 종류가 다양하여 입맛에 맞게 골라 먹을 수 있다.

(2) 말 뿐인 멤버십 서비스는 가라!

보통 멤버십 서비스를 생각해보면 지극히 형식적이다. 매일 가지고 다니면서 적립해도 잘 쌓이지 않는 마일리지 카드와, 채 1%도 되지 않는 할인율. 정말 이름뿐인 멤버십 서비스가 아닐 수 없다. 하지만 Caffe bene에서는 진정한 멤버십 서비스를 실행하는 가운데 노트북을 빌려주기도 하고 비가 올 때에는 우산을 대여해 주며, 급할 땐 여성용품도 받을 수 있다.

(3) Hey DJ! 음악을 들려줘요!

'카페에 빠질 수 없는 게 무엇이 있을까?' 향기로운 커피 향과 잔잔하게 흐르는 음악일 것이다.

Caffe bene에는 다른 곳에서는 들을 수 없는 음악이 있다. 하루 두 번 진행하는 ' Caffe bene 음악 방송'이다. 비슷한 카페에서 듣는 비슷한 음악이나 지루하기 짝이 없는 유행가가 아니라 사연과 함께 이에 맞는 신청곡이 흘러나온다.

여자 친구의 화를 풀기 위해 사연을 신청하여 깜짝 놀라게 해주거나, 친구들과 좋은 추억을 만들 수도 있다. 사연 신청도 문자로 접수가 가능해서 하루에 70~80건이 넘는 신청이 이뤄지고 있다고 한다.

요즘의 카페 문화가 낯선 어른들에게는 추억을 되살릴 수 있는 계기가 되고, DJ가 있는 다방 문화를 접하지 못한 신세대들에게는 새로운 경험과 재미가 될 것이다. 이는 결국 카페가 단순히 커피만 마시는 공간이 아니라 복합적인 문화공간이라는 인식을 심어줘 꼭 커피가 아니더라도 다시 찾고 싶은 공간이라는 느낌이 들게 한다.

(4) 다양한 요구에 발 맞게, 하지만 기본은 충실하게!

Caffe bene는 다양한 음료와 디저트, 그리고 특별한 경험까지 모두 느낄 수 있는 공간이다. 하지만 카페의 선택에 있어 가장 중요한 건 커피의 질과 맛이다. 아무리 다양한 종류의 음료와 디저트가 구비되어 있으며 특별한 경험을 체험할 수 있다고 해도 커피 맛이 떨어지면 자연스럽게 발길도 끊기기 마련이다.

Caffe bene는 최근 커피 플랜트 공장을 준공하여 생산된 원두가 날짜에 맞게 각 점포에 공급되면서 신선하고 맛있는 커피를 맛 볼 수 있게 하였다.

(5) 소비로 그치는 커피가 아닌 직접 만져보는 커피

대학생을 위한 해외 봉사활동은 이미 다른 기업에서도 하고 있는 일반화된 프로모션으로 이미지도 올리고 해외에 나가 봉사활동도 하는 일석이조의 효과도 얻고 있다.

Caffe bene에서도 가맹점 100호점 돌파 기념으로 제1기 청년봉사단을 커피 생산지인 인도네시아에 파견하여 원두 농장에서의 봉사를 통해 커피를 느껴보는 귀한 시간을 갖게 하고 있다.

또한 Caffe bene는 고객이 참여하는 로고송 제작 이벤트다. 카페의 얼굴이 될 로고송을 고객들이 직접 참여하게 하여 카페에서는 소비만 가능하다는 인식을 깼다. 이는 고객들의 관심을 유도하는 Caffe bene의 체험 마케팅이라고 볼 수 있다.

2. Caffe bene의 경쟁력 분석

1) 4P 분석

Product(제품)	Price(가격)
자체 플랜트 공장에서 나오는 신선한 커피, 다양한 메뉴의 음료, 간단한 요깃거리를 넘어선 디저트 메뉴, Cafe Bene에서만 맛볼 수 있는 자체개발 메뉴,	해외 브랜드에 비해 저렴한 커피 가격, 점포별로 상이한 가격 체택, 다양한 세트 메뉴가 구비되어 있어 함께 이용 시 저렴해짐, KT와의 제휴를 통한 10% 할인 혜택
Place(유통)	**Promotion(홍보)**
강남 교보타워 사거리, 압구정 로데오 입구 등 유동인구가 많은 곳에 위치, 가맹점 제도를 통한 폭발적인 점포 증가,	우리나라 최대 기획사와의 MOU, 시트콤, 드라마를 통한 PPL, 다양한 문화 마케팅 행복나누기를 통한 여러 단체에 후원,

(1) Product

Caffe bene는 자체 플랜트 공장을 갖추고 있어서 Caffe bene에서 판매하는 커피는 자체적인 플랜트에서 생산된 원두이다. 이를 통하여 원두의 유통 기간이나 로스팅 기법을 통일시켜 최상의 맛을 유지하기 위하여 노력하고 있다.

Caffe bene의 가장 큰 장점은 다양한 메뉴와 함께 허브티, 스무디 등을 통하여 소비자들의 선택 폭을 늘린 것이다. 물론 유럽적인 분위기를 강조하면서 커피나 음료와 함께 와플과 젤라또, 브래드를 파는 것도 카페베네의 특성이다.

(2) Price

Caffe bene Americano의 가격은 3,800원이다. Starbucks의 Americano가 3,600원인데 비해 200원 비싸다. 물론 통신사 제휴카드로 할인이 가능하고 waffle이나 Gelato 등과 함께 세트 메뉴로 즐기면 할인 혜택을 볼 수 있다.

하지만 Caffe bene는 타 커피전문점과 다르게 점포별로 상이한 가격을 책정하고 있어 혼란을 가져올 수 있는데 예를 들어 기본적인 Americano의 가격은 3,800원이지만 압구정 로데오점에서는 4,500원으로 무려 700원이나 더 비싸게 책정되어 있다.

〈표 8-3〉 아메리카노-카페라떼-카페모카의 가격 비교

	아메리카노	카페라떼	카페모카	할인 및 적립
스타벅스	3600	4100	4600	우리카드 20%할인
엔제리너스	3600	4100	4800	롯데 포인트 5%할인
커피빈	4000	4500	5000	우리카드 20%할인
할리스	3500	4000	4600	SHOW 10%할인
탐엔탐스	3300	3600	4100	5% 적립
파스쿠치	3800	4000	4500	H*P 5%적립
카페베네	3800	4300	4800	SHOW 10%할인
투썸플레이스	3800	4600	5100	SKT 10%할인
던킨도넛	3000	3500	3800	H*P 5%적립
파리바게트	2500	3000	3500	H*P 5%적립
평균가격	3470	3940	4450	
맥도날드	2000	2600		
더까페	1000	2000	2500	

(3) Place

소규모 점포들도 있지만 대부분의 Caffe bene 점포는 대규모이다. 강남에서도 압구정 로데오 거리나 강남 교보타운 사거리에 있는 Caffe bene 등이 좋은 예가 되고 있다.

직영으로만 운영하는 스타벅스와 달리 Caffe bene는 가맹점제도를 채택하고 있어 비약적으로 점포가 증가될 수 있었다.

(4) Promotion

Caffe bene의 성공은 독특한 프로모션 때문이다. 무엇보다도 국내 최대의 기획사인 사이더스 HQ와의 제휴로 인기 연예인 한예슬의 지면 광고를 통해 등장하기 시작하였으며 '지붕뚫고 하이킥' 이라는 인기 시트콤의 PPL로 가속 패달을 밟게 되었다.

압구정 Caffe bene는 연예인들이 자주 찾는 곳으로도 유명하다. '연예인을 봤다'며 인터넷에 올라오는 글들을 본 젊은층이 관심을 가지게 된 점도 빼놓을 수 없다. 이른바 스타마케팅을 활용한 것이다.

또한 Caffe bene는 다양한 문화 마케팅을 실행하고 있다. 특별한 멤버십 마케팅과 Caffe bene의 음악방송, 로고송 제작 이벤트, 청년 봉사대 등등의 마케팅을 통해 이미지를 높이는 역할을 하고 있으며 '행복 나누기' 행사의 일환으로 여러 단체에 기부도 하고 있어 따뜻한 이미지로 연결되어 고객들은 그저 소비로만 그치는 '또 하나의 커피 전문점이 아니다'라고 느끼게 되는 것이다.

2) SWOT 분석

Strength (강점)	Weakness (약점)
-싸이더스 HQ와의 MOU를 통한 스타마케팅 -고객의 취향에 맞춘 다양한 메뉴 -고객 중심의 차별화된 서비스 -따뜻하고 편안한 분위기의 매장 인테리어 -빠른 대리점 확산으로 인한 인지도 상승 -가맹점 숫자로는 국내 최고	-점포마다 다른 가격 책정 -직영점보다 훨씬 많은 가맹점의 숫자 -지나친 스타 마케팅&메뉴
Opportunity (기회)	**Threat (위기)**
-국내 커피 인구의 상승 -카페에서는 커피만 마신다는 인식의 변화 -젊은층이 선도하는 바이럴 마케팅의 효과 -유명 연예인과 PPL 드라마의 인지도 상승	-이미 포화상태인 커피시장 -국내 대기업 커피전문점의 시장 진출 -고정 시장의 브랜드 선호도 -빈스빈스 등 와플 전문 카페의 확장 -다른 외식업종의 커피시장 진출 (ex.던킨도넛, 맥도날드 등)

(1) 강점(Strength)

Caffe bene의 최대 강점은 전략적 제휴와 PPL이라고 말 할 수 있다. 이들이 없었다면 지금과 같은 비약적인 발전을 이루기는 힘들었을 것이다.

커피전문점으로서 처음으로 스타마케팅을 통한 이름 알리기를 시도할 때 사람들은 커피 전문점과 스타마케팅은 어울리지 않는 조화라고 생각했었으나 Caffe bene는 성공적으로 이를 접목시켰다. 국내 톱스타의 광고와 인기 시트콤에서의 끊임없는 노출로 사람들은 Caffe bene에 대한 관심을 갖게 되었고 이는 매출로 이어지게 되었다.

또한 눈길을 끄는 따뜻한 분위기의 원목 인테리어도 고객들의 마음을 사로잡으면서 Caffe bene는 도시적인 분위기의 Starbucks나 Coffee bean과 같은 외국의 커피전문점과 다른 느낌이 들게 하였다. 향기로운 커피 향과 와플 굽는 냄새가 후각(嗅覺)을 사로잡았다. 매장 안은 딱딱한 의자가 아닌 편안한 의자로 채워졌으며 테이블은 넓은 간격으로 자리 잡았다.

언제든지 편히 쉴 수 있는 공간이라는 생각이 들게 하고 가맹점 제도를 통한 빠른 매장의 확장은 동네에서 편안하게 쉴 수 있는 장소가 되었다. 식사를 하고 혹은 간단하게 외출을 했다가 언제라도 들러 편안한 시간을 보낼 수 있는 공간인 것이다.

(2) 약점(Weakness)

Caffe bene 홈페이지에는 가격이 따로 명시되어 있지 않다. 이는 점포마다 다른 가격 책정(pricing strategy) 때문으로 대개의 점포에서는 Americano 가격이 3,800원이지만 중심가에 위치한 대형 점포에서는 다른 가격을 받고 있다.

예를 들어 Americano가 3,800원이면 결코 저렴한 가격은 아니다. 물론 Coffee Bean이나 Pascucci와 같은 해외 브랜드보다는 저렴하지만 최근 포화상태에 이른 커피전문점으로서는 약점으로 작용할 수 있다.

또한 직영점보다 가맹점이 많은 Caffe bene는 관리의 허점이 드러날 수 있으며 점포마다 동일한 맛을 낼 수 없다는 차이점이 존재하고 있다. 현장 교육의 부족인지 동네의 Caffe bene는 서울 번화가의 직영점보다 맛이 떨어지고 있는데, 이는 점포만의 문제로 끝나는 것이 아니라 Caffe bene 전체의 이미지에 타격을 줄 수 있다.

(3) 기회(Opportunity)

국내에 커피를 즐기는 사람들이 많아졌다. 드라마나 여타 프로그램 등을 통해 커피에 대해 관심을 가지고 이를 체험하려는 고객들이 늘어났다. 이는 Cafe Bene에 기회로 작용할 수 있다.

Caffe bene는 드라마 '커피하우스'의 PPL을 통해 촬영 장소 제공과 함께 많은 노출을 시도하여 왔다. 그리하여 사람들을 드라마를 보는 동시에 Caffe bene를 보게 하면서 성공적인 PPL은 연예인들이 자주 찾는 카페라는 인식을 심어주게 되었다. 이는 연예인들이 찾는 핫 플레이스에 자신도 방문한다는 느낌을 갖게 해줌으로써 고객의 마음을 사로잡을 수 있었다.

젊은층은 열 번의 TV광고보다 한 번의 블로그 방문기에 공감(共感)을 한다. 이른바 Viral Marketing을 통하여 고객들의 관심을 이끌게 되었으며 일단 PPL을 통하여 Caffe bene에 방문했던 젊은층은 이를 블로그에 후기로 남기면서 다른 고객들의 마음까지도 흔들고(誘惑) 있기 때문이다.

Caffe bene만의 매력은 매우 다양하다. Caffe bene를 지나갈 때의 향기로운 냄새에 이끌릴 때가 많아 커피향과 함께 풍기는 고소한 와플 냄새 등으로 Caffe bene에는 커피만이 존재하지 않는다. 와플과 젤라또, 브레드 등이 있어 편안하고 느긋하게 먹고 마실 수 있는 공간이 되고 있으며 식후에는 커피 한 잔으로 끝내기엔 뭔가 아쉽고 여전히 할 이야기가 많은 20대 여성들에게 좋은 공간이 되고 있는 것이다.

(4) 위기(Threat)

국내의 커피시장은 이제 포화상태(飽和狀態)에 이르렀다. 한 집 건너 한 집이 커피전문점일 정도로 많은 커피전문점이 존재하고 있다.

이러한 상황속에서 Caffe bene의 늦은 진출의 성과는 경이(驚異)롭다. 하지만 커피 전문점을 찾는 사람들이 많아질수록 커피 전문점은 더 많이 생길 것이고 그만큼 Caffe bene의 입지(立地)는 더욱 좁아지게 될 것이다.

특히 커피는 향이나 맛에 따라 취향이 확연하게 들어난다. 오래전에 이미 한국에 뿌리를 내려 확실한 선호층(選好層)을 가지고 있는 Starbucks나 Coffee bean의 고정 고객층은 쉽게 흔들리지 않는다.

그리하여 Caffe bene의 인테리어나 분위기에 끌리다가도 이내 익숙한 곳으로 발길을 돌리고 마는 것이기에 Caffe bene에게는 약점으로 작용하게 될 것이다.

이에 대한 Caffe bene의 대안은 다양한 종류의 음료와 디저트이다. 하지만 이마저도 요즘에는 다른 전문점에서 도입되고 있어서 간단한 디저트 메뉴를 구비해두지 않은 커피 전문점은 찾기가 힘들 정도이다.

더구나 신세계를 모체기업으로 둔 Starbucks는 신라명과라는 인지도(認知度)가 높은 브랜드의 도움을 받고 있다. 따라서 Caffe bene의 강점은 매장에서 직접 구워주는 와플이다. 하지만 Caffe bene에 와플이 먹고 싶어서 찾지는 않는다. 이미 와플로 유명한 Beans 등의 와플 전문점이 확장세를 뻗히고 있어 Caffe bene의 입지는 더욱 좁아지고 있다. 따라서 Waffle이 먹고 싶어서 커피 전문점에 갈 경우에는 Waffle을 잘 하는 전문점이 나을 것이다.

요즘 커피시장에는 커피 전문점 뿐만 아니라 다양한 업종의 가게들이 뛰어들었다. 즉 독특한 광고로 시선을 끌고 있는 'McCafe'가 선두 주자이며 'Coffee&Donuts'로 이미지를 탈바꿈한 Dunkin Dounuts와 Paris Baguette, The Cafe, Toure Joure 등이 있는 바, 이들처럼 뒤늦게 뛰어든 기업들은 저렴한 가격이라는 가격에서의 차별화를 앞세워 고객들을 끌어 모으고 있다.

3. 경쟁사 분석

1) Starbucks

한국에서 커피전문점의 열풍을 불게 한 것은 Starbucks이다. 국내 진출 11년 만에 360호점을 열었다. 누구나 커피전문점의 커피를 떠올리면 자연스럽게 Starbucks의 초록색 마크를 떠올리게 되었다. 그만큼 Starbucks는 우리 생활 안에 자연스럽게 들어오게 되었으며 그만큼 고정된 확보층(確保層)도 많이 있다.

STARBUCKS COFFEE

Starbucks에서는 커피를 마시는 것이 아니라 문화를 마신다고 이야기 한다. 그만큼 Starbucks만의 독특한 분위기를 좋아하는 사람들이 많다는 얘기다.

Starbucks의 '편안하고 자유로운 분위기를 좋아하는 사람들을 어떻게 카페베네로 이끌 것인가?'는 Caffe bene가 풀어야 할 과제이다.

Starbucks는 애초에 'Take-out'으로 시작한 커피 전문점이다. 손에 들고 다니는 Starbucks 로고의 커피는 커피를 마시는 것이 아니라 'Starbucks를 마신다.'는 의미가 되었다. 국내에서는 굴지의 대기업 신세계와 손을 잡고 있어 명동에 가장 비싸고 좋은 땅에 위치하고 있다. 또한 Starbucks는 모든 점포가 직영점으로 이루어져 있다.

이는 Caffe bene와 가장 차별되는 점이라고 할 수 있는데, 직영점으로 운영하기 때문에 어느 매장에 가도 똑같은 커피 맛을 즐길 수 있다. 또한 매장마다 편차가 심한 Caffe bene와 다르게 어느 매장에든 편하게 출입할 수 있는 것이 특징이다. 특히 최근에는 신라명과와의 제휴(提携)를 통하여 커피와 함께 즐길 수 있는 컨셉의 도입으로 큰 호응을 얻고 있다.

Starbucks는 2007년 이후 고객들의 방문 증가율이 최저로 떨어지자 창업주인 Schultz회장이 다시 복귀하여 '다시 커피에 집중하자'고 하면서 위기의식을 가질 것과 '(종업원) 여러분이 기업과 직원들을 얼마나 사랑하고 아끼는지 표현하는 것을 두려워하지 마라'고 하면서 격려한 바 있다.

그동안 Starbucks는 DVD와 CD 그리고 음식을 판매했었다. Schultz는 2008년 2월 26일에 많은 반대여론에도 불구하고 미국 전역 1만6,000개에 달하는 모든 매장의 문을 3시간동안 닫은 채 모든 파트너가 모여 앉아 '왜 스타박스가 위기에 처하게 됐는지?'를 토의하고 개선점을 찾도록 하였다. 이는 70억원의 매출을 포기하는 손해(損害)이며 위기(危機)이기도 했으나 그는 이를 반성(反省)과 기회(機會)로 삼게 하였다.

Starbucks는 '커피는 단순한 음료가 아니다. 커피는 대화의 매개가 되고 소통(疏通)의 촉매(觸媒)가 된다. 커피는 휴식의 기회가 사색의 시간이 된다'는 것을 간파(看破)하고 있으며 이를 비즈니스 모델로 성공'시킨 것이다.

Starbucks의 성공을 미국 Bentley대학의 Rajendra Sisodia교수는 SPICE로 설명하고 있다. 즉 S는 Society(사회), P는 Partner(협력업체), I는 Invest(주주 또는 투자자), C는 Customer(고객), E는 Employee(직원)을 의미하는 것이다.

결국 Schultz 회장의 복귀 2년만(2010년)에 매출 11조원을 달성할 수 있었으며 그는 '혼자만의 성공한다면 그러한 성공은 공허한 것입니다. 소비자와 직원과 주주와 커피 농장 인부들과 성공을 함께 해야 진정한 성공입니다. 중요한 것은 인간애(Philantropy)입니다'라고 강조하고 있다.

2) Angel-in-us-Coffee

2000년 Jazz Cafe로 시작하여 2006년 지금의 Angel-in-us로 상호를 바꾸었으며 350개 정도의 점포를 보유하고 있으며 모기업은 롯데이다.

Angel in-us의 가장 큰 장점은 국내 브랜드라는 점이다. 우리나라 사람들은 로열티에 민감한 편이다. 그리하여 한때는 커피 한 잔을 마시면서 '외국에 지불하는 돈이 얼마냐?'라고 하면서 Starbucks를 들고 다니는 여성들을 된장녀로 몰아간 적도 있다.

Angel in-us는 순수 국내 기업으로 카페베네와 마찬가지로 로열티를 외국에 지불하지 않고 있으며 이미 Starbucks가 정상을 차지하고 있는 커피 사업에서 비교적 늦게 이름을 알린 기업이다.

Angel in-us는 영문으로 표기하여 브랜드 네임에서 느껴지듯 감성을 자극하는 노란색 간판과 만화가가 그린 로고가 특징이다.

Angel in-us Coffee
THE WORLD BEST COFFEE

국내 거대 자본력을 바탕으로 꾸준한 성장을 이루었다는 점과 감성(感性)을 자극하는 매장 분위기, 다양한 음료&디저트 메뉴 보유, 베이커리 뷔페 등을 통한 다양한 마케팅 등으로 인하여 Caffe bene와 가장 강력한 경쟁 관계라고 볼 수 있다.

커피 전문점으로서 커피 맛에 대한 평가는 좋지 않으나 자체 개발한 엔제린쇼(Angel-in-show) 아이스 홍시(紅柿)는 커다란 호평을 얻고 있다.

3) Ediya Coffee

2001년 처음 문을 연 Ediya는 국내에서 최초로 400호점을 돌파한 커피 전문점으로 특징으로는 합리적인 커피 가격을 꼽을 수 있다.

대부분의 커피전문점이 3000원 후반에서 4000원대의 가격을 보이고 있는데 비하여 아메리카노 한 잔의 가격은 2,500원으로 1000원 이상의 가격 차이를 보이고 있다.

EDIYA ESPRESSO COFFEE

대형화, 고급화 전략을 채택하고 있는 여타의 커피전문점과 다르게 소형 점포에 간단한 인테리어로 원가를 낮춘 것으로 틈새시장(niche market)을 공략하여 최초로 400호점을 돌파할 수 있는 원동력이 되게 하였다.

상대적으로 돈이 없는 대학생들을 비롯한 젊은층들이 비싼 가격의 커피전문점보다는 싼 가격의 Ediya를 더 많이 찾게 만든 것이다.

지난 2011년 8월에 한국소비자원과 카이스트 공정거래연구센터에서 국내 대형의 9개 커피 전문점을 대상으로 가격조사를 실시한 결과 커피 값이 최대 2700원까지 차이를 보이는 것으로 조사됐다.

커피빈의 가격이 다른 업체보다 전반적으로 높은 것으로 나타났으며, 특히 아메리카노값은 커피빈이 4000원으로 가장 비쌌고, 투썸플레이스, 파스쿠찌에서는 3880원이었으나 스타벅스, 엔제리너스, Caffe bene는 3600원이었으며 할리스는 3500원, Ediya야는 2500원으로 가장 저렴하였다.

값이 같은 카페라테와 카푸치노의 가격도 커피빈이 4500원으로 최고가를 기록했으며 스타벅스, 엔제리너스, 투썸플레이스가 4100원, Caffe bene, 파스쿠찌, 할리스가 4000원 수준이었으며 탐앤탐스는 3900원이어서 역시 Ediya이디야가 2800원으로 최저가였다.

고가 메뉴에 속하는 그린티라떼는 스타벅스가 5600원으로 Ediya의 2900원보다 2700원이나 차이가 났고 핫초콜릿과 카페모카는 커피빈이 각각 5000원으로 값이 높았고 Ediya는 2800원과 3000원으로 가장 낮았다.

최근 Ediya에서는 고객의 니즈를 겨냥하여 베이커리 메뉴를 대폭 보강하였다. 특히 Caffe bene와 마찬가지로 와플 메뉴를 새로 선보였으나 Ediya는 이는 여전히 다른 커피전문점과는 차별성이 적은 약점으로 작용될 수 있다.

Caffe bene나 엔제리너스 같은 분위기도 아니고 스타벅스나 커피빈 같은 파워도 없기 때문에 지지 기반이 약하다. 게다가 거대 기업들을 모체로 가지고 있는 커피전문점이 더욱 늘어나고 있는데다 가장 큰 적은 기타 업종의 커피시장 진출이다. 즉 맥카페, 던킨도넛 등의 매장에서도 Ediya와 비슷하거나 더욱 저렴한 가격으로 커피를 즐길 수 있게 되었기 때문이다.

이러한 이유들이 Ediya의 가장 큰 강점인 합리적인 가격의 메리트를 떨어지게 하고 있다.

4. 결론

커피시장의 홍수 속에서 Caffe bene가 2년 만에 400호점을 돌파할 수 있었던 요인은 무엇보다도 '할 수 있다'는 신념이었다. 국내 커피시장은 너무나 많은 사람들이 진출해 있어서 '잘 되어봤자 겠지!' 라는 생각들이 팽배(彭排)되어 있는 상황이었다.

그러나 Caffe bene는 사람들의 모든 우려를 딛고 연 매출 1천억원, 2년만의 400호점 돌파, 내년 상반기 해외시장 진출 등등의 성과를 이뤄낼 수 있었으며 이는 '할 수 있다'는 믿음을 갖고 적극적으로 고객의 요구에 적응한 마케팅 덕분이다.

또한 한국에서는 찾아볼 수 없었던 유럽식 카페를 표방한 점이다. 스타벅스 같은 미국식 브랜드가 점유하고 있는 국내의 커피 시장에 유럽 거리의 카페를 표방한 Caffe bene의 따뜻함은 오히려 신선하게 다가왔으며 와플과 젤라또는 체인의 커피전문점에서는 찾아볼 수 없는 것들이었으며 천편일률적(千篇一律的)인 메뉴에서 탈피하여 다양한 메뉴를 갖춰놓고 이를 즐길 수 있게 한 점도 Caffe bene의 성장을 도왔다.

스타마케팅은 그동안 커피전문점에서는 통하지 않을 것으로 인식하고 있었던 사회적 통념(通念)을 불식(不息)시킨 사례이다. 국내 톱스타의 커피광고는 그동안 익숙하지 않았던 마케팅이었으며 드라마와 시트콤 등 언론 매체를 통하여 지속적으로 Caffe bene를 노출시켰다. 그리하여 낯설게 느껴지던 Caffe bene가 '어제 하이킥에서 나왔던 거기'로 인식되기 시작한 것이다. 지나친 PPL이라는 의견도 있었지만 결론적으로 보면 Caffe bene를 대중들에게 알릴 수 있는 가장 큰 계기로 작용하게 되었다.

고객들은 '어제 황정음이 마시던 "그 커피, 와플, 그 아이스크림"에 관심을 갖기 시작하여 드디어는 Caffe bene에 대한 관심'으로 이어지기 때문이다.

Caffe bene는 스타마케팅에 안주하지 않았다. '요즘의 고객들은 똑똑하다. 인터넷으로 클릭하면 회사에 대한 좋은 점과 나쁜 점이 주르륵 뜬다. 때문에 내실이 없다면 아무리 '황정음이 마시던 그 커피'라도 사람들이 외면'하기 마련이다.

또한 커피 플랜트의 준공은 스타 마케팅과 PPL만 그럴듯하게 보여 주고 그대로 '킥'해 버리는 것이 아니라 '기본적인 것을 지킨다'는 이미지를 심어줄 수 있었으며 로스팅 플랜트의 준공은 다른 커피전문점들이 로스팅을 끝낸 원두를 수입하는 가운데 이미 신선도가 떨어진 해외 브랜드들과의 차별화를 꾀할 수 있었다.

고객을 향한 마케팅 또한 빠질 수 없었다. 뒤늦게 커피 시장에 뛰어들어 손꼽히게 되기까지에는 다양한 마케팅이 있었다. 우산 등을 대여하여 주는 멤버십 서비스를 시작으로 Caffe bene에서만 들을 수 있는 음악 방송, 로고송 제작 이벤트, 해외 봉사활동 등 어떤 마케팅이 나올지 궁금할 정도로 다양한 마케팅을 펼쳤다.

이를 통해 고객들은 Caffe bene에 친근하게 다가갈 수 있으며 '기업은 생산 또는 판매를 하고 고객은 소비를 한다'는 차가운 구조에 따뜻함을 불어넣는 마케팅인 것이다.

결과적으로 고객들도 Caffe bene의 일원이라는 느낌을 주면서 한 번 더 Caffe bene를 찾게 만들었다. '같은 값이면 다홍치마' 라는 속담이 있다. 이 속담은 Caffe bene에게도 해당된다. 조건이 같다면 예쁜 것을 입고 싶은 법이다. 커피도 마찬가지다. '같은 값이라면 좋고 편안한 곳에서 커피를 마시고 싶다.'

Caffe bene는 그런 소비자의 욕구를 잘 알고 있었다. 즉 '커피는 맛있지만 편안하지 않은 의자', '가격은 싸지만 좁은 매장'이 있을 경우 같은 값 또는 가격 차이가 얼마 나지 않는다면 '맛있고 편한 곳'에서 커피를 마시게 될 것이다.

Caffe bene는 따뜻하고 편안한 매장을 만들어 고객들에게 알렸다. 맛과 분위기가 빠지지 않는다면 고객들은 결코 외면하지 않을 것이다. 그저 단순히 스타를 이용하고 또한 이로써 광고 효과를 높인다거나 400호점이 탄생시켰다고 하여 많은 사람들이 찾지는 않을 것이다. 공격적인 마케팅을 받치고 있는 탄탄한 내실이 Caffe bene의 성공 비결이다.

caffé bene

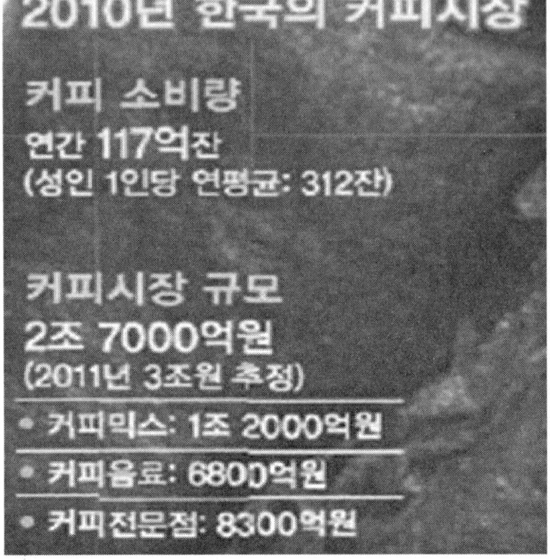

커피 원가?

- Americano
- 보통 원두 1kg에서 커피가 100잔
- 한 잔의 原豆 원가는 대략 150~450원
- Espresso 기계 가격은 고가
- 연간커피판매량 기준/: 69원/1 컵
- 賃借料 등을 감안해도 1,000원

제 3 절 한국에서 팔리는 이태리 신발, 안토니의 바이네르!

안토니

편안함과 스타일의 조화 안토니는 활동성을 중요시하면서 모던하고 세련된 고급 퀄리티의 구두와 이태리 직수입 핸드백으로 구성된 브랜드입니다.
안토니의 구두 라인은 이태리 컴포트 브랜드 디자이너로 일하고 있는 이태리 구두 디자이너 LUCA GOBBI(루까 곱비)의 작품으로 이태리 현지의 유행과 흐름을 반영한 세련되고 개성 있는 디자인을 한국인 고객의 요구와 체형에 맞도록 한국 개발팀과의 긴밀한 협조로 공동 개발하는 시스템으로 기존의 타 브랜드와는 차별화 된 혁신적인 스타일을 창출하고 있습니다.
프리미엄 브랜드 안토니는 최고의 품질, 편안함과 스타일의 조화라는 브랜드 철학으로 합리적인 명품의 가치를 선사할 것입니다.

바이네르

이태리 명품구두 '바이네르(VAINER)' 는 VAINER DE RIETRI가 1905년 이태리에서 출시한 구두로 한국에서는 안토니에서 그 전통을 이어 받아 엄선된 구두만을 출시하고 있습니다.
"발사랑" 이란 기업 이념이 뜻하듯 발의 편안함을 가장 우선적으로 고려하여 보다 편안하고 세련된 구두만을 생산하고자 하며, 고품격 이미지와 편안함이라는 바이네르만의 차별화 전략으로 고객님의 사랑에 부응하며 **최고의 구두와 서비스로 고객님의 사랑에 감사하고 보답하는 '바이네르(VAINER)' 가 되도록 노력하겠습니다.**

키노피오

키노피오는 파티용 킬힐 전문브랜드 이태리 글람 모다(GLAM MODA)에서 디자인된 제품으로 최신 트렌드의 디자인과 컬러를 자연스럽게 조화시켜 개성있는 자신만의 스타일을 연출할 줄 아는 여성을 위한 브랜드입니다.
키노피오 컬렉션은 강렬한 이미지의 여성에서 영감을 얻었으며 GLAMOUR한 매력과 개성감의 표현을 자연스럽게 믹스시켰습니다.

키노피오와 함께하는 시간은 언제나 파티가 됩니다.
우아하고 정교한 라인을 살려주는 하이힐이 당신의 걸음걸이를 디자인해주고 여성스러움을 한층 더 돋보이게 해줄 것입니다.

1) 구두를 통한 성공의 길, 김원길사장의 집념!

중학교를 졸업한 후 서산의 작은 아버지 밑에서 구두 일을 하던 소년시절의 김원길사장은 18세(1979년)의 나이에 무작정 서울로 올라와 영등포 구둣방에 취직했다. 그는 손재주도 좋았지만 둘째가라면 서러워 할 정도로 배우려는 집념과 성실성은 모두가 알아주는 청년이었다. 어느 날은 하숙집 방 안으로 새어 들어온 연탄가스에 중독돼 걸음도 제대로 걸을 수 없는 상황임에도 출근을 하여 모두를 놀라게 한 적도 있다.

세계 최고가 되겠다는 열망으로 기술의 연마(1984년 기능대회 제화부문 동메달 수상)와 함께 관리와 영업 등 회사 경영의 모든 프로세스를 습득했다. 1990년에 그는 창업을 하였으나 숱한 고비를 겪고 엄청난 자금압박으로 죽음을 생각했던 적도 있었다. 그러나 좌절을 겪는 동안 소비자들은 디자인보다는 편한 구두를 찾고 있음을 확신하게 되면서 그는 '발에 편한 구두 만들기'에 혼신을 다했다.

이후 회사는 꾸준한 성장을 통하여 직원 수 200여명에 연매출 400억원 이상의 매출을 보이는 중견기업으로 성장하게 되었으며 2007년에는 이탈리아 디자인을 접목한 제품으로 백화점에 입점하게 되었다. 이제 자체 브랜드인 Antoni와 이탈리아 브랜드인 Vainer는 전국 53개 점포에서(특히 컴포트 구두 분야) 매년 20%의 매출 신장세를 보이고 있다.

그리하여 창업 당시에는 이탈리아에서 코디바와 Vainer와의 라이센싱 계약을 통하여 기술을 수입하여 오던 것에서 이제는 명품 구두의 본고장이라고 할 수 있는 이탈리아에 역수출을 하게 되었다.

2) (주) 안토니의 성공요인

안토니는 2011년 8월에 Comfort shoes로 유명한 이탈리아 CODIVA사의 브랜드 의 지분 55%를 인수하였다.

1996년에 김원길사장은 (주)안토니를 설립한 이후 명품 구두를 만들기 위하여 이태리에서 1905년에 창업되어 명성을 얻고 있는 Vainer 사장을 만났다. 그는 안토니가 경제적으로 어렵다는 것을 알고 라이센싱 계약을 맺으면서 로열티를 받지 않고 '한국에서는 네가 사장이니 네 마음대로 해라', '김 사장은 구두 기술도 있고 용기도 있으니 분명히 성공할 것'이라며 오히려 어깨를 두드려 주기도 했었다.

그러나 2001년에 창업주인 사장이 세상을 떠나자 후계자인 아들은 의무 수입량을 늘리도록 요구할 뿐만 아니라 라이선싱 비용을 요구하면서 새로운 계약을 요청하였다.

당시만 해도 Vainer에 의존할 수밖에 없었던 김사장은 이를 수용은 하기는 하였으나 자체 브랜드에 대한 필요성을 절감하게 되었다.

또한 1990년에 설립하였던 케리부룩에서 안토니오라는 브랜드로 구두를 제작한 적이 있었으나 제품이 제법 판매되자 이태리의 구두 제조기업인 '안토니오 루디'로부터 브랜드 무단사용이라는 이의를 제기 당하기도 하였다.

이러한 상황은 결국 안토니(ANTONI)라는 브랜드를 탄생시키며 정식으로 상표(商標)를 등록하는 계기(契機)가 되었다.

지금도 이태리 현지의 디자이너인 Lucca Gobbi Liciano와 Luccioli로부터 봄과 가을에 신규 디자인을 제공받고 있지만 그는 이들 중에서 한국 트렌드에 맞는 것을 선선별하여 한국식으로 개조하여 제작하여 출시하고 있다.

안토니는 종전의 라이센싱 판매에서 벗어나 매출 243억원, 순이익 13억원의 컴포트 슈즈 1위로 등극하였을 뿐만 아니라 오히려 Vainer 브랜드로 로열티를 받고 머지않아서는 이태리 밀라노와 상하이에의 입점(入店)을 계획하고 있다.

그는 현재 60여개에 이르는 매장 중 4곳만 대리점이고 나머지는 신발업계에서는 드물게 직영을 하고 있다. 이는 제품 못지않게 서비스에 있어서도 최고의 품질을 유지하기 위해서다. 그는 대부분의 대리점(주)들이 일시적으로 돈을 벌고자 할 뿐 브랜드에는 관심이 적다는 것을 체험적으로 잘 알고 있었기 때문이기도 하지만 직접 제품이나 고객에 대한 만족을 극대화시키기 위한 것이다.

안토니는 생산이나 판매에 못지않게 직원들의 화합을 중시하여 1대당 가격이 1억 5,000만원에 이르는 고급 스포츠카인 벤츠 자동차(SLK 55 AMG V8)를 구입하여 직원들의 데이트나 드라이브에 사용하게 하고 제주산 말 2마리를 구입하여 취미활동을 즐기도록 하였으며 여름에는 수상스키, 겨울엔 스노보드나 스키를 즐길 수 있도록 배려하고 있다.

물론 중소기업으로서는 감당하기 쉽지 않지만 그는 중소기업의 직원들이 경제적으로 부담하기 어렵다는 것을 잘 알고 있기에 가능했던 것이었으며 결과적으로는 직원들의 행복지수도 높아지고 작업 효율성의 제고(1일 600-1000족 생산, 연간 24만족을 생산)와 함께 직원들의 화합으로 이어지게 되어 결과적으로는 국내 컴포트슈즈 업계 1위 기업이라는 위치에 서게 하는 원동력이 되었다.

이제 안토니의 외부적인 환경 및 내부적 환경에 관련한 SWOT을 살펴보면 다음의 〈표 8-4〉와 같다.

〈표 8-4〉 안토니의 SWOT 분석

강점	약점
· 편안함을 추구하는 구두 · 고객만족에 의한 높은 신뢰도 · 국내 컴포트 슈즈 국내 1위의 경쟁력 · 체계적, 감성적인 HRM · 높은 수준의 제화 기술	· 신규 고객 창출 어려움(특히 젊은 세대) · 적은 매장 수 · 타 경쟁기업보다 낮은 브랜드 인지도 · 중년 세대 위주의 디자인
기회	**위협**
· 세계적 브랜드 확보 · 신제품 R&D(기능성/고령화 시대 진입) · 브랜드 이미지 제고를 통한 차별화	· 경쟁기업 진입 용이(레드오션 마켓) · 타 대기업 브랜드 행사(기획/판촉활동 등)

3 미래의 지속적 성장을 위한 안토니의 대안

안토니는 고객들로부터의 신뢰도가 높다. 이는 항상 고객들의 소리에 귀를 기울이려는 사장의 노력과 평소 직원들의 편리와 사기진작(士氣振作)을 위한 과감한 투자 때문이다.

그러나 차별성과 회사의 홍보를 위한 콘텐츠는 열악하여 인터넷 등에 의한 검색에서 충분한 정보는 물론 기업 홍보에 관련한 소스가 부족하다. 물론 품질로 차별화하고 승부하려는 안토니의 전략에서 비롯된 것일 수도 있지만 고객들에게 깊게 자리를 잡을(positioning)수 있는 차별성은 약하다. 편안하고 고급스러운 이미지는 좋으나 고가의 가격으로 안토니를 선호하는 고객들은 한정이 될 수밖에 없어 대학생을 비롯한 젊은 세대들을 포함한 다양한 고객층에 의하여 구매될 수 있는 디자인이나 서비스에서의 차별화가 요구되고 있다.

다음의 〈표 8-5〉는 위에서 언급한 내용들을 요약한 것이다.

〈표 8-5〉 안토니의 브랜드 환경

Brand	Design
안토니 Vainer는 콤포트 슈즈 분야에서 업계 1위라고는 알려져 있으나 실질적으로 브랜드를 알고 있는 고객은 그리 많지 않다. 널리 알려진 에스콰이어, 금강제화와 같은 브랜드 네임보다 현저히 떨어지는 수준이다. 이를 위한 방송 매체 및 스타 마케팅 등을 적극 수행하여야 한다.	명장 Luca Gobbi 등의 디자인을 사용하고 있으나 최근 경향은 개성 중시의 경향과 대량생산보다는 소량다품종생산을 선호하고 있다. 따라서 전문적인 디자이너의 고용 또는 현재의 디자이너들에 대한 전문적인 교육 강화가 요구된다.
Contents(Story)	**Customer**
안토니 Vainer가 해외에 진출에 있어 크게 문제가 되는 점은 타 명품들보다 현저히 짧은 역사이다. 고객들은 '명품(名品)'하면 오랜 역사와 함께 장인정신(匠人情神)을 연상하고 있다. 명품처럼 고객들에게 제품에 대한 믿음과 신뢰를 줄 수 있는 안토니의 기업 스토리에 대한 콘텐츠가 요구된다.	안토니 Vainer의 주 고객층은 20~30대가 아닌 편안(便安)함과 실용성(實用性)을 추구하는 40~50대가 주를 이루고 있어 많은 매출을 얻을 수 있지만 앞으로 Design이나 Branding에 대한 투자 내지 노력을 기울이지 않는다면 고객층은 점차로 얇아지게 될 것이다.

아래의 〈그림 8-1〉은 안토니의 브랜드 환경을 5점 척도(2점 이하는 취약점, 4점 이상은 강점으로)로 하여 기존의 구두기업들과 비교하여 본 것이다.

<그림 8-1> 안토니의 브랜드 환경

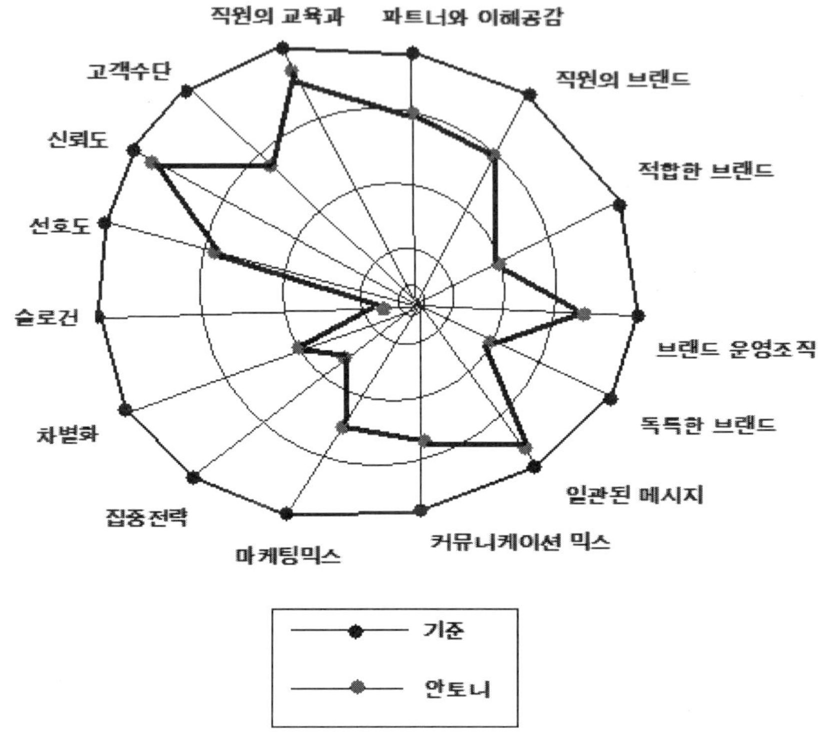

◎ TIP

"꿈을 가진 군인들에게 불타는 군화를---!", 모범 병장, 매년 2회 2명씩 후원하는 안토니 제화

육군 9사단 백마부대는 11일 예하부대 소속 2명의 병장을 모범 병사로 선정, 포상으로 7박8일간 유럽 여행을 보내기로 했다고 밝혔다. 이른바 '말년 휴가'를 유럽에서 보내게 된 것이다. 여행 경비는 부대와 자매 결연을 맺은 제화업체 안토니(대표 김원길)가 후원키로 했다.

현역 병사가 공식휴가를 해외로 가는 것은 처음이다. 9사단은 제대를 앞둔 분대장급의 리더십과 분대원 관리능력, 후임병 선도 사례 등을 살펴 1차로 40

명을 선발한 뒤 5차례 추가 심사를 거쳐 이들을 모범병사로 선발했다. 이 병장은 9사단 예하 황금박쥐부대에서 7개월간 분대장 임무를 수행하며 체력단련과 교육훈련을 주도해 전 분대원들의 체력 등급을 한 단계 이상 향상시켰고, 우울증을 앓던 분대원을 헌신적으로 보살펴 군 생활에 적응하도록 도운 점을 인정받았으며 8개월간 백호포병부대 포반장 임무를 수행한 황 병장은 부대가 포술경연대회에서 최우수 대대로 선발되는 데 크게 기여하였고 군 생활에 적응하지 못하던 후임병을 전문하사를 지원하고 임관하도록 격려하고 지도한 점 등이 평가됐다.

이번 모범병사 선발과 유럽 여행지원은 김원길 안토니 대표가 자매결연 자리에서 즉석 제안해 성사됐다. 김 대표는 “선배를 공경하고 후배를 사랑하면서 소통을 잘하는 사람이 사회에서도 성공한 리더가 된다”며 “군에서도 이런 사람을 찾아 사기를 북돋는 게 필요하다고 생각해 제안하게 됐다”고 말했다. 9사단은 앞으로 안토니의 지원으로 매년 2회 제대 직전의 모범병사 2명을 선발해 유럽 여행을 보낼 계획이다. 두 사람은 지난 9일 사단장과 김 대표 등이 참석한 시상식에서 표창을 받았으며 이달 중 유럽으로 떠난다. 이들은 “군 생활을 열심히 한 것뿐인데 군 복무 중에 유럽 여행을 간다니 꿈만 같다”고 말했다.

이번 일을 후원한 김원길사장의 명함에는 이런 글귀가 새겨져 있다. "승자는 시간을 관리하며 살고 패자는 시간에 끌려 산다. 승자는 열심히 일하고 열심히 쉬지만 패자는 허겁지겁 일하고 빈둥빈둥 놀고 흐지부지 쉰다."(헤럴드 경제, 2011년 12월 12일)

제 9 장

국제마케팅의 가격전략

제 1 절 가격 전략의 의의

가격전략(價格戰略)이란 특정의 제품이나 서비스를 시장에 내어(出市) 놓으면서 고객들이 매겨진 가격(pricing) 그대로 구매하거나 또는 이를 지속적으로 구매하도록 제품이나 서비스의 효능(benefits)에 관련하여 실제 또는 잠재적인 고객들에게 정보를 제공하거나 설득하려고 하는 마케팅활동이다.

물론 가격은 수요(demand)와 공급(supply)의 관계에 따라 수요와 공급이 일치하면서 결정되는 것이지만 이는 소비자가 상품이나 서비스에 대한 품질이나 가격에 대한 완전한 정보를 갖게 되는 완전경쟁시장에서나 가능한 것이다.

즉 공급(供給)이 일정하고 수요(需要)가 증가되는 경우나 수요는 일정한데 공급이 감소할 경우에는 가격은 상승하게 되는 것이며, 공급은 일정하지만 수요가 감소할 경우나 수요가 일정하지만 공급이 증가할 경우에는 가격이 하락하게 되는 것이다.

이처럼 가격은 시장에서의 수요와 공급이 일치하는 시점에서 결정되는 것이나 경쟁기업의 동향, 소비자의 가치관(價值觀)이나 트렌드, 기업 자체의 투입비용 등의 여건, 나아가 법률이나 행정 규제 등과 같은 다양한 경영환경에 따라 다르게 결정되는 속성을 갖고 있다.

가격은 제조기업이 자신의 제품을 시장에 출시(出市)하면서 적정수준 이상의 가격으로 책정(策定)할 수 있는 것이라고 하여 가격을 높일 경우 매출은 줄어들고 가격을 낮추게 되면 매출은 늘게 되어도 이윤은 줄어들게 되는 것이다.

그리하여 가격은 상품이나 서비스를 구매하는 고객들과의 가장 예민하고 직접적인 최초 및 최고의 접점(contact point)으로서 마케팅 믹스를 이루는 핵심적인 요소의 하나가 된다. 여기에 가격을 매기는 과정인 가격책정(pricing)은 무엇보다도 제품 및 서비스의 가치(value)를 알려 주기도 하지만 더 중요한 것은 이익을 창출, 즉 돈을 벌게(make money) 해주는 기능을 갖고 있어서 제품이나 서비스에 대한 수요(demand)와 같은 외부적 요인에 크게 영향을 받기도 하지만 이를 생산하는 기업의 원가계산이나 시장 점유율(market share)의 제고를 목적으로 하고 있는 내부적 요인에 의해서도 영향을 받게 된다.

한편 생산자인 기업으로서는 제조 원가(cost) 및 개발비(R&D), 그리고 마진(margin) 과 유통(distribution) 및 물류비용과 같은 제반 투입비용을 감안하여 적정한 가격(reasonable price)을 책정(pricing)한다.

그리하여 우선은 비용적인 측면, 수요적인 측면, 경쟁적인 측면을 고려하여 책정되지만 실질적으로는 이들을 결합 내지 종합적으로 검토하여 결정된다.

나아가 시장에 출시된 상품은 소비자들에 인식되고 있는 심리적 가격이 존재하게 된다. 즉 상품에 대하여 소비자들이 고급품(高級品), 중급품(中級品), 보급품(補給品)이라고 인식하는 경우인 단계별 가격이 있으며 브랜드명에 따른 명성가격(名聲價格), 특가품의 경우인 단수가격, 캔 음료나 라면, 과자 등과 같이 가격이 오르면 즉시 수요가 감소되는 관습가격(慣習價格) 등이 있다.

이외에도 가격을 책정하면서 고려해야 할 요소에는 지역별로 차별화를 두거나 할인이나 보상에 따라 구분을 하는 방법 또는 광고 등의 촉진활동의 여부에 따라 가격을 차등화(差等化)시키는 방법도 있게 된다.

이는 현실적으로 시장에는 단 하나만의 기업만은 존재나 하나의 상품에 하나의 가격이라는 '일물일가(一物一價)의 법칙'이 파괴되는 소비자 제일주의의 경향 내지 소비행태에 따른 가격파괴 내지 가격 혁명의 환경적 요인도 기업의 가격책정에 크게 영향을 미치고 있다.

그러므로 가격책정에서의 최선의 대안은 경쟁기업에 비교하여 우위성이 있는 수요나 또는 시장을 찾아내어 이를 참고로 결정하게 된다.

더구나 언어와 문화 그리고 상관습이 상이한 글로벌시장의 경우 가격책정에서의 요건은 더욱 다양하고 복잡하게 된다.

나아가 시장환경에서 극명한 차이를 보이는 국제마케팅에서의 가격정책은 이른바 가격의 이전(移轉)이라는 특성 또는 장점, 즉 본국의 시장가격과 현지국의 시장가격(arm's length price)이 차이를 보이는 이전가격(transfer pricing)의 문제가 종종 문제시되고 있다.

이전가격(移轉價格)이란 본사와 해외지사 또는 해외자회사들 간에 발생하는 재화와 용역의 이동시 이의 대가로 지급되는 가격이다.

이전가격이 정상적인 외부시장 가격보다 낮은 수준에서 결정되는 이유는 고율의 관세 및 해외시장에서의 경쟁을 피하면서 소득세가 낮은 국가의 경우는 가격책정을 낮게 하여 높은 수익을 올리려는 시도에서 비롯되지만, 이와는 반대로 이전가격이 정상적인 외부시장 가격보다 높은 수준에서 가격이 결정되는 것은 외국의 법인세가 높거나 외국 정부가 강력한 송금 규제정책을 실시하는 경우로 본사와 자회사 또는 해외에 소재한 자회사들 간에 책정(策定)되는 가격이기 때문이다.

세계 어느 시장에서나 거래가 이뤄지는 국제화된 시장(globalized market)에서의 시장 활동(marketing activities)은 완제품이나 부품은 물론 기술 등의 기업들간의 내부거래(intra-firm trade)는 빈번(頻繁)하게 있을 수밖에 없으며 따라서 기업 전체의 관점에서 이익을 시키기 위한 가격책정의 문제는 관계당사자들에게 초미의 관심사가 되고 있다.

즉 세율이 낮은 현지국의 자회사에 이익을 많이 내도록 하는 것이 기업 전체로서는 유리할 것이기에 다른 국가에 소재한 자회사에 판매할 경우에는 높은 가격으로 책정을 하지만 수입을 할 경우에는 낮게 책정하여 결과적으로 기업 전체의 수익이 높아지게 되는 것이다.

물론 자회사(子會社)들 간의 제품(부품 포함) 판매시에 가격을 높게 매겨서 송금 효과를 누리게 하는 식으로 관세를 적게 납부 또는 송금에 대한 규제를 회피하기 위해서도 이뤄지게 된다.

그러나 최근 들어서 모든 국가들은 투명한 관세행정 및 행정의 효율화를 위하여 치밀하게 파악하고 있어 사전적(ex ante)인 적정한 가격(reasonable price)의 책정만이 장기적인 차원에서의 바람직한 국제마케팅에서의 가격전략이 될 것이다.

제 2 절 CGV, 영화 그 이상의 감동!

1) CGV의 출현

CGV는 단관 개봉(單館 開封) 극장체계였던 영화시장에서 가장 먼저 멀티플렉스 극장을 도입했고, 또한 전국 체인화의 시대를 열었다. 현재 멀티플렉스 영화상영관으로서는 업계 1위 고수하고 있다. 멀티플렉스란 복합 영화관을 말하는데 처음에는 단순히 스크린의 수가 많다는 멀티 스크린의 의미였으나 지금은 1개의 극장시설 내에 여러 개의 스크린과 쇼핑, 레져 시설이 겸비된 복합 쇼핑센터를 의미하고 있다.

현재 CGV는 극장부문에 관한 한 국내 최초 및 최고의 시도를 실시하여 저부가가치 산업이었던 극장 사업을 고부가가치 사업으로 변모시키는데 큰 역할을 담당하고 있다.

- CJ Entertainment가 40.7%의 지분을 보유하고 있는 자회사
- 회사명 : CJ CGV 주식회사
- 설립 : 1996년 12월 20일 / CJ, 홍콩 골든하이베스트, 호주 빌리지로드드쇼 3개 투자회사 합작설립 2000년부터 CJ단독 투자 회사로 운영
- 대표이사 : 박동호
- 업태 : 서비스
- 서비스 개시일 : 1998년 4월 4일

- 자본금 : 286억 원
- 직원 수 : 520명
- 영화관수 : 현재 60여개 운영 중

슬로건 : 영화 그 이상의 감동,
선진화된 관람문화와 최고의 서비스로 고객에서 잊을 수 없는 감동선사

비젼 : 최적의 입지와 최고의 서비스로 영화 그 이상의 감동을 제공하는 하이브리드 Platform

목표 : 하나, 편안한 즐거움과 다양한 체험으로 고객만족 실현
둘, 수익성 있는 성장을 추구하여 기업가치 극대화
셋, 지속적인 자기개발을 통한 개인 및 조직의 경쟁력 제고

2) CGV의 특징

CGV는 단관 개봉 극장체제였던 영화시장에서 가장 먼저 멀티플렉스 극장 시스템을 도입했고 전국구 체인화 시대를 열었으며, 선진화된 관람문화와 세계 최고의 서비스를 지향하고 있다.

Over The Cinema
CGV만의 서비스 테마5
고객을 위한 영화 이상의 감동

- 항공기 퍼스트클래스를 옮겨놓은 골드클래스
- VIP고객용 CGV 라운지
- 초대형 판타스틱 그린시네마

- 대기하는 고객을 배려하기 위한 순번 대기표
- 여성을 위한 프리미엄 시네마

Beyond The Cinema

CGV가 드리는 최고의 서비스

- 120도 까지 펼쳐지는 침대형 좌석
- 상영관 대여 서비스
- 전용 예약 서비스 & 전용 서빙 직원
- 전용 라운지 & 바
- Flexible Meal Time & 사전주문 예약

3) CGV SWOT분석

(1) 강점(Strength)

풍부한 자금력을 바탕으로 CGV는 전국적으로 영화관을 만들어 체인화를 가능하게 했다. 영화산업에서 중요한 경쟁요소인 접근성을 확보하기 위해 계속해서 스크린 수를 늘리고 있으며 타 경쟁 영화관(롯데시네마, 메가박스)등에 비해 월등히 높은 접근성을 바탕으로 주변 경쟁 영화관과의 경쟁에서 높은 우위를 점하고 있다.

최근에 이르러 고객들은 좀 더 안락(amenity)한 환경에서 영화를 관람하고 싶어 한다. 예를 들어 2009년에 오픈한 영등포 CGV의 경우 최신식 시설과 다양한 특별관들이 위치하고 있어 많은 관객들이 영등포 CGV를 찾고 있다.

영화산업은 시설에서의 중요성이 매우 높다. 그렇기에 시설개선이나 확장에 필요한 자본을 투자할 수 있는 대기업을 모기업으로 가진 CGV의 원동력이 될 수 있다. 그리고 막대한 자금력은 CGV가 글로벌 기업으로 나아가는데 중요한 역할을 하고 있다.

멀티플렉스 영화관이 거의 없는 중국시장에 진출하여 한류열풍을 이용한 마케팅을 통해 성공을 거두고 있으며 한국과 같은 디자인 서비스의 개념을 적용해 국내 정서와 비슷한 중국시장에서 큰 성공을 거두고 있다.

CJ Entertainment라는 영화배급사를 두고 있어서 안정적으로 필름을 공급받을 수 있고 자사의 영화를 더 많이 상영할 수 있어서 이익에도 상당한 도움이 되고 있다. 영화산업에서 배급사의 경쟁력은 영화의 흥행이 좌우될 만큼 중요한 역할을 하고 있다. 배급사의 힘이 약하면 상영관 수와 일수가 줄어들게 될 정도의 큰 역할을 하고 있다.

국내 시장 점유율 1~2위를 다투는 강력한 배급사를 가지고 있는 CGV는 큰 경쟁력을 갖추고 있다. 그리고 각종 카드사와 제휴를 통해 폭 넓은 할인혜택을 제공하고 있다. 신용카드와 체크카드를 포함하여 100가지 이상의 카드로 영화할인 해택을 받을 수 있게 카드사들과 제휴를 맺고 있다. 그리고 마일리지 제도를 통해 소비자들에게 다양한 해택을 주고 있는 것 또한 강점이다. 그리고 신속한 고객 불만사항 처리도 강점으로 뽑을 수 있다.

고객들의 불만이 현장에서 바로 접수가 되면 직원이 고객과 1:1대화를 통해 불만사항을 즉시 처리해줌으로써 고객은 만족을 느끼고 불만사항도 사라지게 된다.

다양한 매점 메뉴개발도 강점이다. 팝콘의 종류도 지속적으로 늘어가고 있다. 일반적인 팝콘이 아닌 캐러멜이 첨가된 팝콘, 녹차가 첨가된 팝콘, 양파가 첨가된 팝콘을 출시하면서 소비자들로 하여금 좋은 반응을 얻고 있다. 그리고 소비자들의 니즈를 파악하여 반영하고 있다는 점이다.

예를 들어 고객들은 팝콘의 다양한 맛 중에 어떤 맛을 구매할지 망설이게 되고 2가지 이상의 맛을 먹고 싶어 한다. 이러한 소비자들의 니즈를 파악하여 CGV는 팝콘의 2가지 맛을 동시에 즐길 수 있는 트윈팝콘을 출시해 선풍적인 인기를 끌었다.

(2) 약점(Weakness)

과거 TV가 보급되지 않았던 시절에 눈으로 보고 즐길 수 있었던 오락은 영화관이 유일했었다. 그러나 큰 화면과 고화질로 TV가 발전하고 홈씨어터, 인터넷 등 영화를 접할 수 있는 영화관 대체산업이 발달하게 되면서 영화산업은 위협받고 있다. 또한 불법복제의 확대로 인하여 불법다운로드를 통하여 최신 영화를 다운받을 수 있게 되어 영화관에서 영화를 관람하는 관객 수는 줄어들고 있는 실정이다.

영화 관람료의 상승문제도 있다. 일반영화의 가격은 일반 평일 7,000원, 주말 8,000원, 청소년은 평일과 주말 관계없이 7,000원, 조조영화(아침 첫 영화부터 10시 이전 시간대의 영화를 말함) 5000원으로 지난 몇 년 동안 가격상은은 없었다. 하지만 특별관에서 상영하는 영화들의 가격은 일반 서민들에게는 커다란 부담으로 다가오고 있다.

아이맥스관(시각과 음향 특별관)의 경우 3D의 경우 조조영화는 일반 13,000원, 청소년 13,000원이고 2D의 경우 일반 10,000원, 청소년 10,000원이다. 일반영화는 3D의 경우 일반 16,000원, 청소년 13,000원이고 2D의 경우 일반 12,000원, 청소년 10,000원으로 부담스러운 가격이다.

또한 일반 3D영화의 가격은 조조영화 8,000원(일반, 청소년 동일), 일반영화 일반13,000원, 청소년 10,000원 그리고 4D(3D효과와 더불어 오감체험(五感體驗)의 효과까지 느낄 수 있는 특별관)의 가격은 조조영화 11,000원(일반, 청소년 동일), 일반영화는 일반 18,000원, 청소년 13,000원으로 소극장 공연 관람비보다 높게 측정되어 있다.

그밖에도 CINE de CHEF, 골드클래스 등은 25,000이상의 가격과 질높은 서비스 차별화된 상영관으로 고소득층을 겨냥해 만들어 졌다. 이렇게 높은 가격은 영화 관람에 대한 부담감이 커지고 고소득층만을 위한 특별관제작으로 위화감형성하여 일반고객들로 하여금 발길을 돌리게 만들 수도 있다.

CGV, 메가박스, 롯데시네마 등 대기업의 자본력을 등에 업은 3개 업체가 유통이나 지역 선점에서 치열한 경쟁국면으로 치닫고 있어, 과열양상의 경향을 보이고 있다. CGV의 경우 메가박스, 롯데시네마 등 경쟁기업들의 극장이 들어선 곳이면 어김없이 들어서서 경쟁기업 간 경쟁을 부추기고 있다.

선진국인 미국과 캐나다의 경우 멀티플렉스 극장의 개관에 집중적인 투자에 따른 파산으로 구제신청을 할 정도의 경영위기에 처했다고 한다. 이는 관객의 증가비율보다 스크린 수가 지나치게 확장되면서 경쟁적으로 멀티플렉스를 지었기 때문이며 한국에서도 이러한 전철을 밟을 가능성이 있다.

(3) 기회(Opportunity)

상대적으로 문화시설이 낙후되어있거나 없는 지역에까지 좀 더 나은 문화공간을 제공하는 노력을 기울이고 있다. 이렇듯 지역들을 선점할 수 있었던 것은 처음으로 멀티플렉스 시장을 개척한 것에서 비롯된 CGV의 높은 브랜드파워로 경쟁기업들보다도 우월한 경쟁력이 되어 CGV를 유치하려는 지역이 많았다는 점에서 기인하기도 한다.

앞으로는 CGV의 핵심역량 중의 하나인 입지개발 능력과 자본력을 바탕으로 효과적인 영향력을 미칠 수 있는 장소를 중점적으로 발굴해 투자해야 할 것이다. 복합쇼핑센터(외식, 문화, 쇼핑 등을 한 번에 즐길 수 있는 공간)가 다수 등장함에 따라 CGV의 접근성이 향상되면서 매출 또한 상승에 있다.

최근 백화점보다는 복합쇼핑센터가 많이 들어서고 있는 실정이다. 이에 따라 많은 인구가 모이는 복합쇼핑센터에 CGV의 지점을 점차 늘려갈 수 있을 것이고 이에 따른 이익은 크게 증대될 것으로 예상된다. 폭 넓은 즐기는 문화공간을 제공하는 것이다.

단순히 영화만을 즐기는 것이 아니라 문화놀이를 위한 생활공간으로 거듭나고 있다. 2009년에 오픈한 영등포CGV내에는 뮤지컬이나 연극을 공연할 수 있는 아트홀과 라이브공연과 주류를 함께 판매하고 있는 펍, 오락실이 위치하고 있어 영화관을 찾아온 고객들에게 다양한 문화공간을 제공하고 있다. 이는 영화관 산업이 영화 이외의 다양한 서비스를 제공하는 최첨단 영상 서비스업으로 거듭나게 해 줄 것이다.

(4) 위협(Threat)

경쟁적으로 멀티플렉스 영화관을 개관하고 있는 업체들이 많아 지면서 이미 포화상태에 다다른 국내 시장에서의 경쟁이 더욱 심화되고 있다. 각기 다른 경쟁력을 기반으로 한 업체들이 늘어가고 있다. 이에 따라 CGV의 부담도 커지고 있다.

현재 국내 영화관 산업은 3사 체제로 꾸준히 이어져오고 있다.(CGV, 롯데시네마, 메가박스) 이들은 타 기업들보다 월등한 자산을 바탕으로 깨끗하고 최신식 시설을 갖춘 영화관과 복합쇼핑몰 업체들과의 연계관계를 통하여 접근성 및 높은 시장점유율을 유지하고 있다. 하지만 기존 극장들도 영화관을 멀티플렉스형 극장으로 변모하고 있다.

서울극장은 1997년 기존의 3개의 상영관외에 4개의 상영관을 증축하여서 멀티플렉스형 극장에 합류하였으며 2003년에는 추가로 3개의 상영관을 증축하여 CGV의 경쟁업체는 늘어만 가고 있으나 3사의 막대한 자본과 브랜드파워, 유통노하우 등은 쉽게 앞지를 수 없기 때문에 지금은 우려 할 필요가 없을지 모르나 이들 경쟁업체들을 방관했다가는 시장포화상태에 이른 국내시장에서 설자리를 잃을지도 모른다.

따라서 다양한 마케팅기법과 고객의 니즈를 생각한 고객중심의 경영을 통해서 발전해 나가야 할 필요성이 있다.

최근 DVD시장과 각종 디스플레이들의 발달도 CGV에 커다란 위협이 될 가능성이 증폭되고 있다. 아직 DVD플레이어의 보급이 확산되지 않은 현실에서 DVD의 시장 잠재력은 클 것으로 예상될 뿐만 아니라 컴퓨터와 게임기를 이용한 상품들이 출시되고 있어 DVD의 선호와 보급은 더욱더 활발하게 이루어 것이다.

DVD플레이어의 기술적인 발전 외에도 화질의 선명도와 색 표현력이 월등한 TV가 출시되고 홈시어터 등 영화관에서 보는 것과 비슷한 환경을 집에서도 직접 느낄 수 있는 기술발전으로 인하여 영화관 산업은 점차로 위협을 받을 것으로 예상된다.

DVD불법 복제로 인하여 영화의 저작권등이 위협을 받고 있고 영화관에서 개봉도 안한 외국영화를 인터넷에서 불법다운로드 받아 볼 수 있게 되는 등 불법복제 시장이 나날이 커져가고 있는 점도 영화관에 상당한 위협으로 현실에 나타나고 있다.

이러한 잠재위험 요소와 현실 앞에 다가와 있는 위험요소들의 이겨내지 못한다면 시장포화 상태에 있는 영화관산업에서 살아남기가 어려울 것이다.

4) STP분석

(1) Segment

국내에서는 시장세분화를 10대, 20대, 30대의 청소년과, 대학생, 직장인들에게 초점을 맞추고 있지만 CGV는 전 연령층을 대상으로 세분화하고 있다. 최근에는 영화관람 문화가 가족단위로 확산되면서 전 연령층을 대상으로 다양하게 시장을 세분화해서 각 세대별로 요구하는 고객들의 니즈에 반영하여 시장을 나누고 개봉하는 영화의 종류에 따라 관람층이 변하는 영화산업 특성을 반영하고 있다.

또한 전문직과 부유층을 대상으로 하여 세분화를 하고 있는 바, 참고로 중국의 경우에는 영화 관람층들은 대부분 상류층이다.

(2) Targeting

고객의 특성에 맞는 표적시장의 선정이 영화관 산업에서는 중요하다. 멀티플렉스 영화관의 주요대상이 되는 연령층은 20대와 30대이다. 최근 20대와 30대, 즉 대학생과 직장인들이 소비층의 주류를 이루는 시점에서 이들을 표적대상으로 선정하는 것은 당연한 것이다.

특히 이들의 다양한 니즈를 바탕으로 표적시장을 나누고 있다. 그렇지만 영화의 종류에 따라 관객층이 다양해지는 산업 특성상 모든 연령대가 주요 대상이 되므로 유아부터 노년층까지 다양한 고객들을 타겟으로 선정하고 있다.

영화관산업은 문화산업이다 보니 선진국화 되고 있는 한국과 중국 시장에서 전 연령층이 즐길 수 있는 문화로 발돋움을 했다. 그러나 부유층들도 지속적으로 증가하고 있는 추세이기 때문에 부유층을 대상으로 한 표적시장도 따로 선정하고 있다. 중국시장에서는 한류문화에 관심이 많은 대상으로 시장을 선정하고 있기도 하다.

전체적으로는 포괄적으로 전 연령층을 타겟으로 하고 있지만 주요타겟은 20,30대 젊은 연령층으로 한 다양한 마케팅을 펼치고 있다.

세부적으로는 20-30대의 데이트 코스인 영화관을 연인들만을 위한 특별한 공간으로 꾸며 만든 스위티 박스(2개의 좌석이 붙어있음)라는 특별 상영관을 만들었으며, 분당 CGV는 최대 주거지역에 어울리게 가족단위 관객을 위한 놀이방들을 자체적으로 운영하는 등 다양한 고객층을 대상으로 하고 있다.

(3) Positioning

국내에서 대기업의 막대한 자금력을 바탕으로 멀티프렉스 영화관산업의 개척자로서, 가장 많은 상영관을 보유하고 있어 접근성이 뛰어나다는 장점을 갖고 있다. 특히 타사들과 차별화된 전략을 통해 CGV는 소비자들에게 영화관하면 CGV라는 확실한 CI(corporate Identity)를 구축으로 소비자들에게 포지셔닝되고 있다.

CGV의 슬로건인 '영화 그 이상의 감동'이 단순히 영화만을 상영하는 영화관이 아니라 고객들로 하여금 다양한 문화생활을 즐길 수 있도록 고객들에게 많은 문화체험 기회를 주기위해 노력하고 있는 기업으로 인식하고 있다.

CGV는 최초의 업체라는 이름만이 아니라 최고라는 이미지를 소비자들에게 각인시키기 위하여 강력한 브랜드파워를 통해 영화관하면 CGV라는 고객충성도를 유지하고 높이는 전략을 수행하여야 할 것이다. 해외시장에서는 한국기업이라는 이미지를 각인 시키고 세계최고의 글로벌영화관이 되기 위해 노력하고 있다.

5) 4P

(1) Product

One Stop Entertainment라는 국내최초의 Multiplex 영화관을 만들어 다양한 영화 선택권, 쇼핑몰 등 각종 부대시설 갖춘 One Stop Entertainment로 단순히 영화만 관람하는 것이 아니라 연극, 뮤지컬, 콘서트, 매직 쇼 등의 다양한 공연 문화를 접할 수 있는 기회 제공하였다.

경쟁사들과의 차별화를 위하여 장애인들을 위한 편의시설, 연인들을 위한 좌석, 항공기 퍼스트클래스를 옮겨놓은 것과 같은 좌석과 서비스, 식사와 함께 영화를 관람할 수 있는 서비스 인디영화상영, 아시아에서 가장 큰 상영관(스타디움)등 다양한 CGV만의 차별화된 전략으로 고객들의 다양한 니즈를 만족시키고 있다.

(2) Price

다른 경쟁업체와 동일하게 요일에 따른 가격관리와 특별관에 따른 가격으로 관리하고 있으며 심야나 조조영화와 같은 경우는 큰 폭으로 할인혜택을 주고 있다. 그리고 카드사와의 다각적이고 폭넓은 제휴로 할인을 대폭 증가시켰고 통신사와 제휴를 통해 전용요금제출시 등의 혜택도 누릴 수 있다. 그리고 장애우 고객 및 국가유공자, 경로우대 등의 가격할인 혜택도 있다.

다양한 방법으로 멤버십카드를 운영하여 소비자들에게 많은 호응을 얻고 있으며 수험생을 위한 할인혜택도 실시하고 있다.

(3) Place

CGV만의 이미지 차별화 요구로 영화관은 '영화 이상의 감동'을 주어야 한다는 전략으로 주거 밀집은 지역접근의 용이성과 편리성을 고려하여 유동인구가 많은 역세권을 중심으로 한 입지선택을 하고 있다.

또한 대도시 아파트촌이나 주택가 근처와 밀접한 곳을 선택하거나 복합쇼핑센터에 입점함으로써 소비자의 다양한 니즈에 부응 위해 장소와 시간 제약을 받지 않고 이용할 수 있는 전략으로 주부나 직장인 및 아이들과 같은 잠재되어 있던 고객의 수요를 이끌어 내고 있다.

중국의 경우 주요 도시에 위치하면서 고급스러운 시설과 함께 깨끗한 이미지로 입점하고 있다.

(4) Promotion

CGV는 영화관을 찾는 고객들이 영화관을 오면 자연스럽게 팝콘과 음료를 구매할 수 있도록 하기 위해 다양한 판매방법을 이용해 매점판매이익을 증진시키고 있다.

다양한 팝콘 메뉴개발과 문화공연과 연계한 메뉴개발(메뉴 구매시 공연관람 할인권 증정 등), 고객의 요구에 발맞춘 콤보구성, 제품구성, 직원들을 체계적으로 교육시키고 성과제를 통해 판매를 더욱 촉진시키고 있다. 카드사와 제휴를 통한 매점매뉴 할인 등의 행사도 하고 있다.

2010년 9월부터 새롭게 출시된 멤버십카드의 경우 CJ브랜드 15개를 통합한 멤버십카드로서 CJ의 다양한브랜드에서 할인혜택 및 마일리지를 현금처럼 사용할 수 있게 하고 시사회초대, 이벤트 참여, 할인쿠폰증정 등의 소비자들을 위한 혜택을 제공하고 있다. 이러한 혜택을 제공함으로서 더 많은 고객을 확보할 수 있게 되었고 고객들도 더 많은 혜택을 누릴 수 있게 되었다.

6) CGV의 중국시장 진출

(1) 진출동기

국내 서비스 산업의 비중이 커지고 국민소득도 늘어나게 되면서 다양한 문화산업이 발달하게 되었다. 특히 멀티플렉스 영화산업이 급속한 발전으로 많은 업체들이 참여하게 되었고 따라서 경쟁이 심화되면서 국내 멀티플렉스 산업은 포화상태에 이르렀다. 이러한 국내시장 포화로 인하여 국내에서의 무리한 확장보다는 성장가능성이 높으며 영화산업이 아직 발달초기에 있고 잠재력이 높은 중국시장에 진출하기로 하였다.

초기에 중국에서는 외국영화시장의 잠식을 우려 통제를 했었지만 2004년부터 진입장벽을 낮추고 외자도입을 확대하는 등 영화산업 발전을 꾀하고 있어 진출에 더욱 박차를 가했다.

CGV는 중국에서도 경제성장률이 높을 뿐만 아니라 인구수에 비해 영화상영관의 개수는 상대적으로 적어 잠재력도 매우 크다고 분석하면서 상해에 처음으로 진출하게 되었다.

(2) CGV의 해외진출전략

CGV는 중국시장 진출을 합작형태로 시작하였다. 중국은 2004년 WTO 가입 후 영화 제작, 배급, 상영 각 방면의 진입 장벽을 낮춰 영화산업에 대한 활발한 투자가 이루어지도록 유도하고 영화관 신축 및 개조에 참여하는 외자의 투자 비율 제한을 완화시켜 해외 자본의 투자를 장려하는 정책 등을 발표하였다.

그러나 외국자본이 중국과 합작하여 영화관 신축 및 개조에 참여할 경우 지분을 49% 이상 소유 할 수 없다는 규정의 개정으로 베이징, 상하이, 광저우 등 7대 시범 도시에서는 최고 75%까지 차지할 수 있도록 하고 최고 투자액도 1000만 위안에서 600만 위안으로 하향 조정 하였다. 이러한 중국 정부의 정책 요인은 CGV가 단독진출을 할 수 없었던 이유 중 하나가 되었다.

이러한 외부 요인을 고려한 CGV는 중국 국영영화기업인 상해영화그룹회사와의 지분율 50:50으로 합작 형태로 공동 경영권을 가지고 중국에 진출하였다.

멀티플렉스라는 산업의 특성상 '현지화'에 대한 고려를 해야 한다. 멀티플렉스 산업은 고객 위주의 경영으로 항상 고객과 근접해 있고 고객의 다양한 욕구에 맞춰 서비스를 제공해야 하기 때문에 현지 고객들에 대해 잘 파악하고 있어야 한다.

이러한 높은 서비스 요구 수준으로 현지 소비자들의 욕구를 잘 알고 있는 현지인을 고용하고 책임자로 둠으로써 고객들에 대한 파악과 중국문화를 이해하고 적응해 나아가면서 해결하기 어려운 문화적 차이에 적응하면 현지화를 성공적으로 이뤘다.

서비스산업은 서비스라는 특수성 때문에 수출의 형태로 진출하기 보다는 직접 진출하는 직접투자를 하게 된 것이다.

상해에는 여성들이 소비를 주도하고 있는 것이 특징이다. 이러한 점을 이용하여 CGV라는 브랜드네임을 그래도 사용함으로서 한류열풍으로 한국에 대한 호감을 가지고 있다는 것을 이용하였으며 CGV가 한국기업이라는 것을 알리고 한류스타들이 나오는 영화를 상영하는 한국영화제를 열어 주 소비층인 여성들을 끌어들임으로서 한국기업이라는 것을 입소문 효과를 통해 빠르게 전파가 될 수 있었고 기업의 글로벌한 이미지를 부각시키는 역할도 했다. 그리고 한류열풍스타를 직접 중국으로 초대하여 주 소비층들로부터 기업의 이미지를 제고시키는 효과도 얻었다.

CGV는 영화산업의 주요 경쟁력인 접근성을 중국시장에서도 활용하고 있다. 지하철역과 여러 도로가 연결되어있는 교통에 요지에 위치해 있으며 호텔, 할인점, 쇼핑센터 등 다양한 시설을 한 번에 누릴 수 있는 곳에 위치, 유동인구가 많은 점을 이용 잠재고객까지도 생각한 접근성을 이용한 전략을 이용하고 있다.

또한 네이밍 전략으로는 활용하고 있는데 합작회사인 상해영화그룹회사와 CGV의 이름을 합쳐 상영(上影)CGV로 네이밍 하고 있다. 이것은 단순히 이름뿐만 아니라 '상영(上影)'이라는 말은 영화를 상영하다는 의미도 가지고 있어 CGV라는 브랜드를 몰라도 중국 고객들도 쉽게 영화를 상영하는 곳이라는 것을 알려줌으로써 네이밍 전략에서도 큰 성과를 얻을 수 있었다.

중국에서의 영화티켓 가격은 60위안~100위안(약 7,800~1만 3,000원) 수준으로 부담스러운 비용이다.

그러나 경제성장과 함께 브랜드를 선호하고 고기능, 고품질을 선호하고 과시욕이 강한 중국시장에서는 고가격정책을 펼치고 있다. 특히 일반영화티켓보다 2배 이상의 가격임에도 불구하고 골드 클래스관도 인기를 끌면서 중국에서 영화관 최고 등급인 5성급 영화관으로 인정받았다.

이러한 전략으로 CGV는 중국내에서 오픈 6개월 만에 중국 소비자 평가 사이트에서 선정하는 상하이 전체 영화관 만족도 1위에 선정되는 등 지속적인 성장세를 보이고 있다. 앞으로도 중국시장에서 지점을 늘려나갈 계획을 가지고 있으며 미국시장에도 진출하여 글로벌 기업으로서의 성장할 계획으로 있다.

7) 경쟁기업 분석

(1) 롯데시네 현황

롯데시네마는 고객에게 '사랑, 행복 그리고 감동'을 전해 드리기 위해 영화관 입지 선정에서부터 고객님께 제공되는 서비스까지 인간사랑, 자연/환경사랑, 영화 사랑이라는 모토 하에 영화관을 운영하고 있는 롯데시네마는 순수 국내자본과 기술로 설립된 1999년 10월 일산관을 시작으로 전국적인 체인망을 형성하고 있다.

원스톱 엔터테인먼트'가 가능한 복합문화공간을 탄생시켰으며, '가족 영화관'을 구현하여 모든 세대가 함께 즐길 수 있는 편안한 공간을 만들고자 노력하고 있다. 롯데엔터테인먼트는 지난 2004년 12월 양질의 컨텐츠를 안정적으로 확보하겠다는 목적으로 설립되었다.

롯데엔터테인먼트는 매년 20여 편의 영화에 대한 투자, 배급 및 수출입 업무를 진행하고 있으며, 앞으로도 안정적인 작품 수급을 위해 기존의 메이저 제작사와의 제휴는 물론 기획력있는 신흥 제작사를 발굴하여 메이저로 육성시킬 계획이다.

또한 티켓 없이 입장할 수 있는 '하이패스' 서비스, 어린이 관객을 위한 베이비 시트 대여 서비스, 고객이 직접 원하는 좌석을 선택할 수 있는 서비스, 우천 시 무료 우산대여 서비스, 수수료 없는 인터넷 예매 서비스 등을 통해 고객중심의 서비스 품질 경영 시스템을 구축한 기업으로 선정되어'2007 KS-SQI 한국 서비스 품질지수, 2007 올해의 브랜드 대상 수상'을 수상하였다.

1999년 10월에 개점한 일산관은 순수 국내자본과 기술로 설립된 멀티플렉스 체인이다. 멀티플렉스 란 복합상영관 이라고도 하는데, 한 건물 안에 10개 이상의 상영관과 부대시설로 대형주차장, 식당, 카페, 쇼핑타운, 각종 전시장 등을 갖추고 있는 건물을 말한다.

롯데시네마는 전국 39곳에 운영하고 있으며 '사랑, 행복, 그리고 감동을 드리는 롯데시네마' 라는 모토로 운영되고 있으며 대대적인 스크린 확장 계획으로 국내 멀티플렉스 1위 자리를 차지하겠다는 목표를 가지고 있다. 특히 계열사인 롯데백화점과 롯데마트 건물에 영화관을 개관할 수 있다는 점을 최대한 활용하여 고객을 자연스레 극장으로 흡수할 수 있다는 점과 유통 강자인 롯데그룹의 강점을 살려 고객만족도를 제공한다는 것도 목표이다.

(2) 롯데시네마의 전략

1999년 설립한 이래 '사랑, 행복 그리고 감동이 가득한 Great Company'라는 비전 아래 고객과 함께하는 엔터테인먼트 기업으로 성장했다. 이후 부산, 대구, 광주, 대전 등의 지방 대도시는 물론 2005년엔 서울에도 성공적으로 진출해 2007년 기준 현재 전국 40개관 306개 스크린을 보유하고 있다.

롯데시네마의 새로운 문화 코드는 '원스톱 엔터테인먼트 공간' '고객 가치 존중 및 고객 만족을 위한 노력' '고객 눈높이에 맞춘 진실 된 서비스' '복합 문화공간 아트플렉스(art-plex)로의 진화' 등이다.

이는 롯데시네마가 타 멀티플렉스와 차별화하는 '백화점 속 영화관'이라는 컨셉트다. 한 공간에서 영화 관람과 쇼핑, 문화교실, 외식을 해결한다는 것이다.

또한 '고객 가치 존중'과 '고객 만족'을 위해서도 다양한 노력을 기울이는 가운데 눈높이가 낮은 어린이 관객을 위한 베이비시트 제공, 비 오는 날의 우산 무료대여, 우수 멤버십 고객을 위한 VIP 라운지, 여성 관객을 위한 파우더 룸, 개인용 사물함, 장애우를 위한 휠체어 대여 서비스, 유아와 엄마가 편하게 동반 관람할 수 있는 엄마랑 아가랑 이벤트 등을 실천하고 있다.

멀티플렉스 최초로 '핸드롤링 서비스'를 도입해 지난해 말부터 실시하고 있다. 이 서비스는 모든 직원이 즐겁고 신나게 일하는 모습이 고객에 대한 최상의 서비스라는 취지에서 손을 흔들며 인사하는 기법이다. 이러한 '핸드롤링 서비스'를 통해 고객과 친밀한 유대관계를 유지할 수 있었다는 것이 롯데시네마의 설명이다. 이러한 시도는 일반적인 친절 서비스를 한 단계 업그레이드한 자체 기획 '고객의 가치 존중 서비스'에서 기인한 것이다.

백화점과 할인점을 동시에 갖고 있는 롯데시네마는 유통서비스에 강한 기업으로 경쟁사에 비해 고객의 요구사항 파악이 빠르다. 업계 최초로 인터넷 예매 수수료를 없애고 하루 전까지 받던 예매나 예약을 상영 2시간 전까지 늦추었으며 또한 5살 이전 아동을 위한 베이비시트와 우수 멤버십 고객용 VIP라운지와 여성 파우더 룸을 설치한 데 이어 우산 무료 대여 및 장애인 휠체어 대여 서비스도 실시하고 있다.

2010년에 한국산업 고객만족지수(KCSI) 1위를 수상한 롯데시네마의 노력은 경영전략 가운데 하나인 '서비스 차별화를 통한 고객만족도 제고'와 직결된다. 롯데시네마는 이와 더불어 '서울 수도권 지역에서의 시장 지배력 강화'와 '해외 영화관 사업 진출'을 3대 경영전략으로 설정했다.

2011년에 홍대입구 · 미아리 · 해운대 센텀시티관을 열고 2012년에는 청량리 · 창동점 개관에 이어 제2롯데월드에 동양 최대 규모인 20개관 5000석 이상을 마련하는 등 2010년까지 75개 상영관 600여개 스크린을 열어 전국 최대 멀티플렉스 체인망을 구축할 방침이며 미아리와 청량리점에는 롯데백화점이 동시 입주하여 디지털상영관과 3D입체상영관을 확대하고 고화질 영화관람 환경을 조성하고 베트남과 중국 등 아시아 지역에도 진출할 예정이다.

이 밖에도 장기기증 서약서를 가진 고객에겐 관람료를 할인해 주고 수익의 일정 부분을 기부하는 공익활동을 강화해 '사랑, 행복 그리고 감동이 가득한 가족영화관'을 열어갈 계획이다.

8) CGV에서의 경험 사례

지금까지 6개월에 걸쳐 아르바이트를 해오고 있다. 아르바이트생을 비정규직으로 하여 다양한 교육을 통해 고객들을 위해 최선을 다하도록 교육시키고 있다.

복지후생수준도 타 경쟁기업에 비해 월등하게 잘 갖춰줘 있어서 스텝 룸을 제공하여 탈의실 및 개인사물함 쇼파, TV, 컴퓨터, 전화기 등 편의시설들이 갖춰져 있고 매달 10편의 영화관람, 매점 매뉴 할인 등의 혜택을 제공하고 있다.

매달 서비스교육 및 소방교육 등을 실시하여 고객들의 만족도를 높이고 안전성도 높이고 있다. 용모, 복장에도 많은 신경을 쓰고 있는 가운데 CGV의 얼굴인 직원들('미소지기')의 출근 시에 매번 조회를 실시하면서 복장 및 용모를 확인하고 청결 및 공지사항 및 서비스교육을 간단하게 실시한 후 현장에 투입한다.

각종 공연과 연계된 마케팅도 있으며 매점에서 제품을 구입하면 공연티켓 할인권의 증정하고 가수의 앨범이 출시되었을 때는 앨범과 판매하는 제품과 연계하여 파는 등 다양한 마케팅전략을 벌이고 있다.

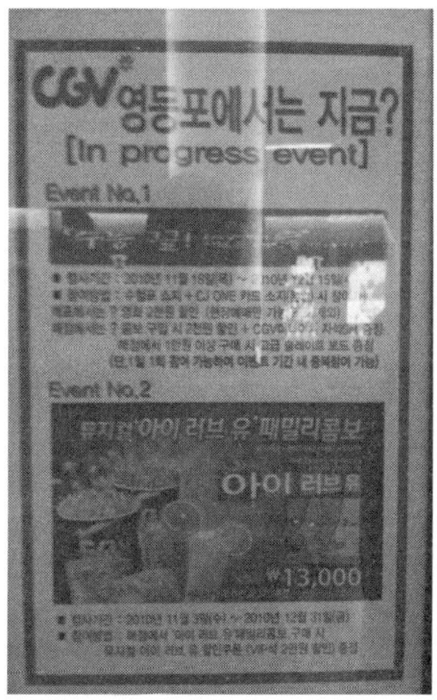

최근에는 수험생들을 끌어들이기 위한 수험생 마케팅 중에 하나로 수험표와 마일리지 카드를 제시하면 영화할인과 매점에서 일정금액 이상 결제 시에 선물도 주는 행사도 하고 있어서 많은 수험생들을 끌어들이는데 성공했다.

CGV는 연령, 성별로 세분화가 필요 없을 정도로 시기에 맞게 영화에 맞게 마케팅을 수행하고 있다.

2010년에는 인기가 있었을 뿐만 아니라 30~50대 가정주부들로부터 좋은 반응을 얻었던 영화 6편을 '미즈 영화제'를 열어 재 상영하였으며 이때 가격을 편당 5,000원으로 낮춰 상당한 관심을 이끌어 내면서 주부 고객들의 니즈를 충분히 충족시킨 적이 있다.

판매촉진을 위한 전략도 뛰어나서 미소지기들에게 각종 프로모션을 실시해 성과에 따른 포상하는 전략으로 판매증대 효과를 보았다. 이러한 판매촉진전략으로 목동 CGV는 각종 프로모션에서 전국 1등을 놓치지 않고 있다.

결국 CGV의 KSF는 접근성이다. 목동 CGV의 경우 현대백화점에 입점해 있어 많은 고객들이 찾아오고 있어서 CGV에도 전국관람객순위 10안에 들 정도로 많은 관객이 찾아오고 있다.

다음은 포인트 카드이다. CGV에 찾아오는 관객의 90%이상이 CGV회원으로 모두 포인트 카드를 소지하고 있다. 영화를 관람한 만큼 포인트가 쌓이고 현금처럼 사용할 수 있게 만든 이 포인트 카드로 인해서 더 많은 관객들로 하여금 CGV에 대한 브랜드충성도를 높여주는 계기가 되기 때문이다.

마지막은 영화의 다양성으로 CGV는 지역별로 다양한 영화를 개봉하고 있다. 가족단위가 많이 찾는 지역에는 만화영화 및 가족단위 관람객들이 관람하기 좋은 영화를 개봉하고 있으며 20~30대 젊은 관객이 많이 찾아오는 지역에는 다양한 장르의 영화를 개봉하는 한편 무비 꼴라쥬라고 부르는 인디영화 및 단편영화 등을 비교적 관람객수가 적은 곳에서 개봉을 하는 등 다양한 영화의 개봉을 통해 소비자들로 하여금 선택의 폭을 넓혀 많은 관객을 끌어들이고 있다.

결론적으로 CGV는 3강(三强)이라고 불리는 CGV, 롯데시네마, 메가박스 등 경쟁기업들과 비교하여 보면 마케팅의 측면이나 접근성에서 우위를 점하고 있으며 이는 다시 CGV의 브랜드 인지도나 매출로 연결되면서 시너지 효과를 창출하고 있다.

그러나 최근 기업의 화두인 '지속가능한 경영(sustainable management)'처럼 CGV가 미래에도 계속기업으로서 성장을 이어나가기 위해서는 M. Porter교수가 주장한 바와같은 외부환경에 대한 분석을 통하여 수립된 경쟁우위의 전략(competitive strategy)을 수행하여야 한다. 그는 산업 내에서 경쟁하는 기업들간의 경쟁관계를 집중도(concentration)로 보면서 첫째로 참여하고 있는 기업의 수가 적을수록 산업 전체의 수익률은 상대적으로 높아지지만 많은 기업들이 경쟁에 참여할 경우 수익률이 낮아지고 또한 차별화가 적은 산업, 즉 일상재(commodity)에 가까운 산업일수록 수익률은 낮아지게 된다고 설명하고 있다.(〈 그림 9-1〉참조)

둘째는 모든 산업들이 자유롭게 진입할 수 있을 경우 높은 수익률은 진입자들과의 경쟁에 의해 점차로 낮아지고 기존 기업이 갖고 있는 자본 소요량 등의 우위와 같은 진입장벽(entry barrier)을 신규 진입자들은 새로운 기술이나 경영능력, 브랜드로 넘게 된다고 설명하고 있다.

셋째는 대체재와의 경쟁으로 이들이 많을수록 자신의 제품이나 서비스로부터 높은 가격을 받을 수 있는 가능성은 줄어들게 된다고 설명한다.

넷째는 구매자의 교섭력으로 제품차별화가 심할수록 구매자는 가격에 대해 민감하지 않게 되며 이들은 공급자의 제품, 가격, 비용구조에 대한 자세한 정보를 갖고 있거나 공급선을 바꾸는 데 많은 전환비용(switching cost)이 들 경우에는 구매자의 교섭력은 훨씬 강화된다는 것이다.

다섯째는 공급자의 교섭력으로 이들은 교섭능력이 강할 때 가격을 높이거나 카르텔의 형성 등으로 이윤의 폭을 넓힐 수 있다고 설명하고 있다.

〈그림 9-1〉 M · 포터교수의 외부환경분석

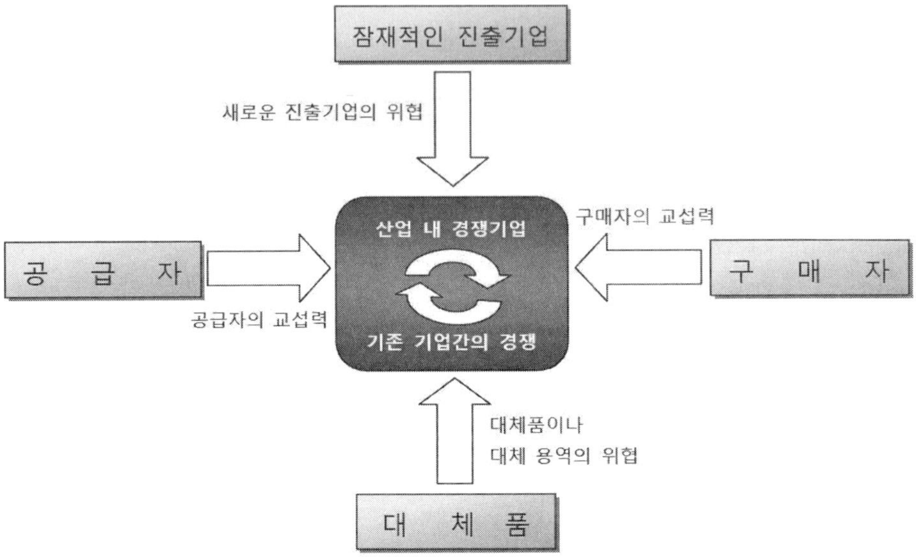

자료 : Michael Eugene Porter, Competitive Strategy, Free Press, New York, 1980

따라서 CGV의 지속적인 성공은 영화가 단순한 서비스 산업의 하나라는 미시적 인식에서 벗어나 철저한 기업환경의 분석 및 대안의 수립으로 장기적인 차원에서의 경영활동을 수행하여야 할 것이다.

제 10 장

국제마케팅의 유통전략

제1절 유통전략의 의의

제2절 UNIQLO, 일본에서 팔리면 한국에서도 팔린다!

제1절 유통전략의 의의

특정의 제품(製品)이 생산과정을 거쳐 시장에 출시(出市)를 하게 되면 소비자들은 비로소 상품(商品)을 구매하게 되고 이때 그들은 해당 상품의 이름, 곧 브랜드를 보고 구입하게 된다.

상품의 브랜드를 짓는 일(naming)은 단순하게는 상품의 용도(用途)나 기능(機能)을 널리 알리는 기본적인 기능을 넘어 고객들이 인지하게 하면서 지속적인 구매로 연결되고 매출로 이어져 드디어는 시장점유율은 물론 궁극적으로는 재무구조의 개선 내지 안정에 기여하면서 기업의 성장과 직결되게 한다.

이제 상품의 브랜드와 관련한 구체적인 내용을 중국에 진출한 한국 기업의 사례를 통하여 알아보기로 하자.

중국에 진출한 아모레퍼시픽은 한방 브랜드인 '설화수'(雪花秀)를 최고의 백화점으로 알려진 베이징의 팍슨(Parkson) 백화점에 입점하면서 중국식 발음인 '셰화슈(xie hua xiu)'로 명명(命名)하였다.

한편 Krispy Kreme Dounut은 중국 상하이 지역의 젊은 고소득 여성이 많은 난징시루(南京西路)의 쇼핑 몰인 스지팡(四季坊)에 해외 1호점을 개점하면서 동그란 빵이라는 의미에다 진출기업인 KKD를 합성하여 '카카췐팡'이라는 이름으로 현지화를 꾀하는 동시에 고급화 전략을 시도하였다. 원래는 미국 본사에서 진출할 계획이었으나 한국에 진출하면서 초기부터 안정적인 성장을 보인 한국크리스피도넛(KKD)에 위임하게 되면서 롯데홀딩스와의 계약으로 상하이에는 25개 점포를, 北京(Beijing)과 天津(Tenjian)에는 30개 점포를 개점할 계획으로 있다.

중국 정부로부터 '중국 독자 브랜드' 생산을 요청받은 현대자동차는 그동안 베이징의 현지 공장에서 베르나, 아반떼, 쏘나타 등을 생산하여 중국식 이름으로 Avante는 '悅動(위에둥)', NF Sonata는 '領翔(링샹)'으로 판매하고 있다.

최근 들어 중국에서의 마케팅활동이 활발해지면서 효율적인 브랜드의 작명에 대한 관심이 커지고 있다. 그동안 중국에 진출한 기업들은 국내에서 사용해 왔던 한자 기업명이나 상표를 그대로 쓰고 있지만 앞으로는 현지의 소비자들인 중국인들에게 호소력을 지닐 수 있는 중문식(中文式) 브랜드를 도입해야 할 것이다.

KOTRA의 조사에 의하면 중국 시장에 진출한 세계 주요기업들은 중국식 브랜드를 도입하여 현지시장에서 인지도를 높이고 있으나 한국의 대중(對中) 수출 상위 50대 기업 가운데 한자명을 쓰는 16개 업체의 81%에 달하는 13개 업체가 한국식 한자명을 그대로 사용하고 있는 것으로 나타났다.

그러나 문화적, 언어적 차이로 인해 한국식 한자명은 중국에서는 전혀 다른 뜻이나 어감으로 받아들여지는 경우가 많다. 예를 들어 '동양(東洋)'이라는 단어는 중국에서는 일본을 비하(卑下)하는 표현으로 반일감정(反日感情)이 심한 중국에서는 부정적인 뜻을 갖게 한다.

초코파이로 유명한 오리온은 중국 진출 초기에 사용했던 브랜드 '東洋' 대신 오리온과 발음도 비슷하고 '좋은 친구'라는 긍정적 뜻을 지닌 '하오리여우(好丽友)'라는 브랜드를 채택했다.

한편 인터넷 검색업체 Google이 '풍년의 노래'라는 뜻을 지니고 있으며 발음도 비슷한 '구꺼(谷歌)'로 브랜드명을 정했다가 "촌스럽다"는 중국 네티즌들의 반발에 직면하였으며 고급 승용차의 대명사인 일본 Lexus의 중국 브랜드 '레이커싸스(雷克萨斯)'가 중증급성호흡기증후군(重症急性呼吸氣症候群)인 SARS가 '죽을 사(死)'를 연상시키면서 중국인들에게 거부감을 불러일으킨 사례가 있다.

웅진코웨이의 웅진하오웨이(熊津毫威)는 중국인에게 상관이 없는 단어의 결합체로 인식되는 가운데 호탕함이나 위풍당당, 자양강장제를 연상시켜 정수기가 지녀야 하는 깨끗함, 순수함, 청정(淸淨)함과는 거리가 멀다는 느낌을 준다고 한다.

중문(中文) 브랜드 네이밍의 방법에는 원 브랜드의 뜻이나 제품의 본질과 의미를 살린 의역(意譯), 브랜드의 음을 최대한 살리는 음역(音譯), 의역과 음역의 혼합, 원 브랜드와는 관계없는 새로운 의미의 부여나 이미지 반영 등 다양한 기법이 있으며 한문이나 영문 브랜드를 그대로 사용하는 경우도 있다.

KOTRA에 의하면 중국에 진출한 글로벌 50대 기업 가운데는 '음역' 브랜드를 채택한 업체가 34%로 가장 많았고 이어 '의역' 28%, '의역+음역' 20% 순이었으나 한국의 경우에는 '원브랜드 사용'이 56%로 절반 이상이어서 중국 실정에 맞는 새 브랜드 채택에 소극적인 것으로 분석됐다. 따라서 '브랜딩'을 할 경우에는 현지인들이 느낄 수 있는 어감까지 고려하여 현지인을 통한 확인 작업이 요구된다.

무엇보다도 중국 문화의 이해를 우선하고, 뜻 · 소리 · 이미지를 함께 고려한 고도화 기법을 활용하여야 하며, 품목에 어울리는 한자와 이미지를 활용하고, 국내에서 쓰던 한자명을 중국시장에서 고집할 필요가 없으며, 중국에서 금기시하는 단어와 이미지 사용에 유의하여야 하며, 중국시장에서 이미 강(强)하게 인식된 브랜드는 개명(改名)하지 말고, 중국 현지인의 확인 작업을 반드시 거쳐야만 한다.

이의 좋은 예로 현대자동차가 중국 현지 법인에서 생산해 판매하기 시작한 소형차 New Verna의 중국 이름은 '야선터(雅紳特)'다. 이는 Verna의 수출명인 Accent를 발음이 비슷한 한자(漢字)로 바꾼 것으로 단순히 발음만 비슷한 것이 아니라 '야선터'의 경우'곱고 깨끗한 이미지의 특별함'이라는 뜻이 포함되어 있다. 그러나 Forte의 경우에는 발음이 비슷한 '푸루이디(福瑞迪)'로 이름지었다.

중국인들은 외국어 상표를 그대로 쓰기보다는 원어의 발음과 비슷한 한자어로 바꿔 쓰는 것을 좋아한다. 여기에 표의(表意) 문자인 한자의 특성상 글자의 뜻까지 생각해야 한다. 중국에 진출한 기업들이 상품이나 브랜드 작명에 고심하는 이유다.

롯데리아는 樂天利亞로, 현대자동차는 Sports Utility차량(SUV)인 '투싼'을 중국에서 '투성(途勝)'으로 하였다. 원래 발음과 유사한데다 '도로의 승리자'라는 뜻도 있어 중국 소비자의 마음을 움직이고 있는 것이다. 이전에 단순히 발음만을 고려해 Elantra(Avante의 수출명)와 Sonata를 각각 '이란터(伊藍特)'와 '쒀나타(索納塔)'로 명명했던 것보다 반응이 더 좋다고 알려졌다. 최근 운전의 즐거움을 주는 역동적인 차(車)라는 의미인 '웨동(悅動)'으로 명명(命名)한 Avante는 2010년에 판매한 현대 자동차의 30%인 2만2123대가 판매되었다.

러시아에서는 소형차를 이름을 공보하여 "Solaris'로 지었는데 이는 러시아의 유명 감독이 제작한 영화 제목과 같아 쉽게 인지도를 제고 시킬 수 있었다.

기아자동차의 경우는 공모(公募)를 통하여 Cerato를 비슷한 발음인 '싸이라투(賽拉圖)'라고 지었는데 이는 '경쟁을 이끌어간다'는 뜻을 갖고 있으며 중형세단 옵티마는 '위안젠(遠艦 · 큰 배)', 레저용 차량인 카니발은 '자화(嘉華 · 아름답고 화려함)'라는 중국식 이름을 따로 만들어 붙였다.

GM 대우자동차가 시보레 브랜드로 중국에 수출하는 젠트라(수출명 로버)는 '러펑(樂風)'으로, Kalos(수출명 Aveo)는 '러청(樂騁)'으로 판매되며 이들은'바람 같은 드라이브를 즐긴다.', '여행을 즐긴다.'라는 뜻을 갖고 있다.

한편 일본의 Honda(本田)나 Nissan(日産)처럼 한자 이름이 있는 회사와 달리 한자 이름이 없는 서양 기업들은 아예 브랜드 이름부터 새로 만들었다.

Mercedes Benz는 '번츠(奔馳 · 질주하다)', BMW는 '바오마(寶馬 · 좋은 말)', 볼보는 '푸하오(富豪 · 부호)' 로 하여 원래 이름과 비슷한 발음에 의미가 담긴 한자를 절묘하게 연결했다. 뜻만을 한자어로 옮긴 브랜드는 GM(General Motors)이 제너럴(general)의 뜻을 따 '퉁융(通用)'으로, 독일어로 '국민차'라는 뜻의 Volkswagen은 '다중(大衆)'으로 쓰고 있다. 한편 마쓰다(松田)는 '馬自達(중국 발음:마쯔다)'로 하였는데 이는 松田을 그대로 쓸 경우 '송톈'이 되어 '하늘로 보낸다(送天)'는 불길한 뜻을 연상시켰기 때문이다.

Coca Cola의 중국 브랜드인 '可口可樂'은 최고의 브랜드로 평가받고 있다. 발음도 영어와 비슷하면서 '마셔서 즐겁다'는 뜻을 가졌기 때문이며, 한국의 이마트는 '이마이더(易買得)'로 하여 발음도 원래 브랜드와 유사하지만 '편하게 사고 살수록 이득이다'는 뜻이 되어 브랜드 자체가 할인점 이미지를 연상시키고 있다.

이외에도 Rolex는 勞力士, Nestle는 雀巢, Lego는 樂高(러까오) BMW는 바오마(寶馬), Estee Lauder는 야스란다이, Clinique는 치앤뻬, Porsche는 바오스제, Sony는 쑤어니(索尼), Nike는 나이커(耐克), Seven-Up은 치시(七喜), Volkswagen은 다중(大衆), Carrfour는 자러프(家樂福), Yahoo는 雅虎, KFC는

컨더지(肯德基), Starbucks는 싱바커(星巴克) 등도 탁월한 브랜딩으로 알려져 있다.

Tuscani의 중국 브랜드인 '현대 쿠파이(酷派)', 크라운제과 죠리퐁의 '리리뺑(粒粒q), 패션의류 회사인 신원의 '시이(熙伊)', CJ의 '시제(希杰)', 태평양의 '란즈(蘭芝)' 역시 전문가들이 높이 평가하는 브랜드들이다. 쿠파이는 '쿨함을 그대와 함께'라는 뜻을 갖고 있다. 영어의 'cool'을 중국에서는 '쿠(酷)'라고 표현되어 쿠파이는 중국에서 주력 차종인 Sonata나 Elantra보다 인지도가 높다고 한다.

조리퐁을 중국식으로 명명한 리리뺑은 '알알이 통통 튄다'는 뜻도 되면서 어린아이가 깡충깡충 뛰는 느낌까지 준다. 시이는 발음이 한국 브랜드와 비슷하면서 '화려한 여성'이라는 뜻으로 여성 의류회사의 제품 및 브랜드 콘셉트와 일치하고 있다. '시제' 역시 발음도 비슷하면서 '뛰어남을 바란다'는 좋은 뜻을 갖고 있다.

그러나 아가방의 중국 상호는 '아카방(阿街邦)'의 경우 중국인들에게 아무런 의미도 주지 못할 뿐만 아니라 부정적인 어감을 주는 '방(幇)'과 발음이 같아 '거리의 불량배'라는 느낌을 줄 수 있다고 하며 두산그룹의 일부 계열사도 상호를 두산으로 그대로 쓰고 있으나 중국에서 '斗山'은 '산과 싸운다'라는 뜻으로도 해석된다고 한다.

기아 카니발

기아 쎄라토

제 2 절 UNIQLO, 일본에서 팔리면 한국에서도 팔린다!

1) 기업 개요

UNIQLO는 '유니크, 클로징 웨어하우스(Unique, Clothing Wearhouse)'의 약자로 '유니크, 즉 독특(獨特)하고 다양(多樣)한 의류창고(衣類倉庫)'라는 뜻이다.

창업주인 야나이 다다시사장이 일본의 GAP을 꿈꾸며 1984년 6월 히로시마에 1호점을 개점하였으며 1991년에는 '패스트 리테일링'으로 회사명을 변경한 후 '패스트푸드의 완전 시스템화 모델을 패션 산업에서 확립하여 캐주얼의 스탠더드를 스스로 만든다'는 비전으로'SPA(Specialty Store Retailer of Private Label Apparel) System'을 도입하였다.

이는 제조에서 판매에 이르기까지를 직접 관리를 하여 중간 유통의 과정을 없애는 시스템이다. UNIQLO는 창업 10년 만에 매출 43배, 경상이익 540배라는 경이적인 매출 실적으로 다음의 〈표 10-1〉에서 보는 것과 같이 브랜드 가치 및 회사 주식이 1조엔을 상회하는 등 업계 최고의 성장세를 보였다.

〈표 10-1〉 UNIQLO의 성장추세

	매출액	경상이익
1990년 8월	52억 엔	1억 엔
2000년 8월	2,250억 엔	540억 엔
2008년 8월	5,864억 엔	856억 엔

UNI QLO = COMPETITIVE PRICE + High QUALITY & FUNCTIONAL

UNIQLO는 저렴한 가격에 좋은 퀄리티의 제품을 출시하는 것으로 유명하다. 이것은 제품 개발에서부터 제조 · 유통 · 판매까지의 전 과정을 본사가 일괄적인 통제를 유지하는 생산 시스템에서 비롯된 것으로 저렴한 가격의 뛰어난 퀄리티는 다른 제조 소매업 SPA 브랜드와 비교해도 단연 돋보이는 UNIQLO의 특징이다.

1984년 히로시마 1호점 오픈을 시작으로 중저가(中低價)의류 브랜드를 내세운 유니클로는 세계 곳곳에 836개 점포를 거느린 글로벌 체인으로 성장했고, 2001년 영국 출점을 시작으로 2005년 9월에는 한국의 롯데쇼핑과 합자회사 에프알엘코리아(주)를 설립하여 해외 SPA브랜드 중 최초로 진출하게 되었다.

현재 8개 국가에 진출해 있는 UNIQLO는 '특정 국가에서만 잘 팔리는 옷은 결국 그 국가에서도 팔리지 않는다.'라는 신념으로 글로벌 기업으로서 성장하고 있다

.

GAP　　GAP을 표방한 UNIQLO　　UNIQLO를 표방한 SPAO

이제부터 UNIQLO의 브랜드 특성을 알아보기로 하자. 첫째는 다양한 칼라를 들 수 있다. 즉 상품마다 평균 4가지 색상을 갖추게 한 것으로 베이직한 컬러부터 트렌디한 컬러까지 있다.

둘째는 원단 소재의 구매를 제조업체와의 직접적인 교류 통하여 조달하는 것이다. 소재기획팀은 전 세계 유력 제조업체와 직접 교류하여 최고의 소재를 조달하고 캐시미어를 저렴한 가격으로의 판매가 가능 할 수 있었던 것은 그들과 직접적으로 협상을 수행하기 때문이다.

셋째는 패션 감각이 반영된 고품질 베이직 캐주얼을 최저가격으로 공급하려는 것으로 언제(whenever), 어디서나(wherever), 누구에게나(anyone) 제품을 제조-유통시키겠다는 것이다. 다시 말해 언제, 어디서나, 누구나 입을 수 있

는, 패션 감각이 반영된 고품질의 베이식 캐주얼을 시장 최저 가격으로 공급하겠다는 것이다.

'기본적인 제품에 충실한다'는 이른 바 베이직 아이템(Basic Item)의 활용으로 다양한 색과 동일한 소재를 이용한 폴라플리스, 메리노울, 캐시미어, 면바지, 데님 등이 대표적인 아이템이며 특히 폴라플리스는 폴리에스테르를 주재료로 한 합성섬유 제품으로 유니클로의 기폭제(起爆製)가 되었다.

또한 디자이너와의 협업(designer collaboration)으로 2006년 F/W시즌부터 시작된 유니클로 디자이너 초청 프로젝트를 통하여 세계적으로 활동을 하고 있는 유능한 신인 디자이너들과의 협력을 통하여 모던하면서도 캐주얼한, High-quality의 제품을 생산할 수 있었다. 특히 이러한 시스템을 통하여 젊은 감성과 아트적인 이미지를 구체적으로 표현하는 유능한 아티스트와의 꾸준한 협업으로 글로벌 캐주얼 브랜드를 출시하게 되었다.

2) SWOT 분석

(1) 내부 강점(Strength)

SKU(상품재고 최소관리 단위)를 통해 확실한 재고 관리와 좋은 품질 그리고 저렴한 가격으로 유통이 가능하게 되었으며, 여기서의 저렴한 가격과 빠른 상품회전은 그때마다의 트렌드를 민감하게 제품에 반영할 수 있게 하였다.

이른바 SPA(Specialty store retailer of Private label Apparel)브랜드로 알려진 SPA는 생산부터 소매, 유통까지 직접 맡는 패션 업체를 말하는 것으로 백화점 등의 고비용 유통을 회피하기 위하여 대형 직영매장을 직접적으로 운영하여 비용을 절감하고 싼 가격에 제품을 공급하는 동시에 소비자의 요구를 정확하고 빠르게 파악하여 상품에 반영시키는 신 유통업태이다.

SPA는 1986년 GAP에서 새로운 사업시스템으로 처음 도입한 것으로 한국에도 다양한 SPA브랜드들이 진입하여 Fast Fashion Market을 형성하고 있다. 이의 대표적인 브랜드들은 GAP, 유니클로, 자라, 망고, H&M, 밸리걸 등이며

UNIQLO는 해외 SPA 브랜드 중 한국에 최초로 진출한 외국 브랜드로서 새로운 시장(Blue Ocean)을 개척하였다.

(2) 내부 약점(Weakness)

다품종 소량생산에 의한 sold-out goods로 재구매의 불가능과 수요예측의 실패 가능성이 크다는 점이며 베이직한 스타일의 추구로 차별성이 없는 단조로운 디자인을 형성하게 된다는 것이다. 또한 자신만의 개성을 중시하는 일본과 달리 여전히 유행을 중시하는 한국의 경우 베이직 스타일기반의 스타일 창조를 추구하는 유니클로서는 약점이 될 수 있다.

(3) 외부 기회(Opportunity)

다양한 패션 아이템 라인과 불황에 따른 명품 수요의 감소 및 중저가 브랜드의 판매 확대는 성장의 기회가 될 수 있으며 모든 연령층을 목표시장(target)으로 할 수 있어서 가족 구매를 장려할 수 있는 기회가 되고 있다. 또한 일본의 기술력과 중국에서의 생산성 그리고 미국식 경영시스템을 활용하는 데서 얻게 되는 생산 및 유통 및 관리에서의 시너지 효과도 누릴 수 있다.

이를 통하여 UNIQLO는 패스트 패션(FAST FASHION) 즉 트렌드가 즉시 반영된 '빠른 패션'을 가능하게 하여 유통채널이 다양해지고 해외여행과 인터넷을 통해 해외 패션정보를 실시간으로 접하게 되면서 빨라진 유행의 흐름에 신속하게 대처할 수 있게 된 점이다. 유행주기가 짧아졌기 때문에 미리 트렌드를 제시해 대중들을 리드하는 것이 아니라 오히려 패션 리더들이 현재 무엇을 원하는지 시중의 트렌드로부터 아이디어를 얻어 선택을 받을 만한 아이템들을 전개하는 쪽으로 바뀌고 있다.

그리하여 다음의 〈표 10-2〉에서 보는 것과 같이 글로벌 패스트패션 기업들은 계절에 앞서 옷을 만들어 놓는 것이 아니라 유행에 따라 그때마다 다품종 소량 생산하는 시스템을 통하여 재고를 최대한 줄이고 유행을 신속하게 따르면서 급신장하고 있다.

〈표 10-2〉 글로벌 패스트패션 업체의 재무 성과

글로벌 패스트패션 업체

자료:각 회사

브랜드	국적	운영 회사	설립연도	창업자	매출액 (2009회계연도)	매장 수	시가총액
H&M	스웨덴	H&M	1947년	얼링 페르손	1187억 크로나 (18조8600억원)	35개국 2000여 개	3604억 크로나 (57조2600억원)
자라	스페인	인디텍스	1975년	아만시오 오르테가	78억 유로* (12조1700억원)	74개국 4500여 개	268억 유로 (41조7900억원)
유니클로	일본	패스트 리테일링	1984년	야나이 다다시	6850억 엔 (8조6400억원)	8개국 1000여 개	1조5932억 엔 (20조1800억원)
포에버21	미국	포에버21	1984년	장도원	17억 달러* (1조9700억원)	10여 개국 500여 개	비상장

※매출액 중 자라는 2009회계연도 1~3분기, 포에버21은 2008회계연도 기준. 시가총액 및 환율은 최근일 기준

(4) 외부 위협(Threat)

중국의 지속적인 임금상승으로 가격 통제에서의 어려움이 대두되고 있으며 엔화 대비의 위안 환율 평가 절상으로 마진이 감소되고 있다. 또한 무엇보다도 계속되는 세계 각국의 SPA 브랜드의 한국시장 진출로 시장이 포화 상태를 보이고 있는데다 Trendy한 브랜드로 인식되고 있어 브랜드 조절의 용이하지 않다. 특히 한국 소비자들의 빠른 기호 및 유행에서의 기민성(機敏性)에다 저가 브랜드의 이미지로 인하여 고가 브랜드로의 positioning 어려운 점이다.

3) STP 분석

(1) 시장세분화(Segmentation)

시장세분화는 1-10만원의 다양한 가격대 의류를 판매하여 경제적인 사정이 여의치 않은 10대-20대의 젊은층을 적극적으로 공략하는 것이다. 즉 유행을 이끌어 가는 Trend Setter들을 겨냥하여 언제 어디서나 누구나 입을 수 있는 패셔너블한 고품질의 베이직 캐주얼을 최저가격으로 공급하여 캐주얼 명품의 이미지를 구축하려는 것이다.

또한 폭넓은 소비자 계층, 즉 모든 연령대를 타겟으로 베이직한 디자인에 공정의 단순화로 고품질·저가격 제품의 제공(300개)으로 누구든지 자연스럽고 개성 넘치는 의상을 구매하도록 세분화하고 있다.

(2) 목표시장(Targeting)

모든 연령층을 트렌드 셋터(Trend Setter)로 하여 베이직한 디자인과 유행에 민감하고 개성을 중시하는 10대-20대 고객층을 겨냥한 빈티지 & 피트 웨어를 목표로 하는 동시에 패션과 유행에 민감한 10대-20대 소비자들의 낮은 경제적 능력과 소득을 감안하여 유니클로의 이미지를 각인시키려고 하였다.

(3) 포지셔닝(Positioning)

먼저 Casual 브랜드로 고품질, 고기능의 베이직한 패션을 부담없는 합리적인 가격과 다양한 컬러와 디자인을 통해 캐주얼계의 명품 브랜드로 자리잡게 하였다.

또한 깔끔한 브랜드로 인지(認知)되게 하여 깔끔하면서도 고품질인 옷을 제공하는 깨끗한 브랜드로의 이미지를 부각(浮刻)시키려 하고 있다.

그리고 Basic과 Fashionable이 공존하는 브랜드의 구축(構築)으로 Basic하면서도 Trendy하지만 그렇다고 해서 과하게 Trendy하지도 않은 보수적이면서도 독특한 개성으로 Balance를 잘 맞출 수 있도록 각인(刻印)시키려고 하고 있다.

다음의 〈표 10-3〉은 UNIQLO의 4P를 정리한 것이며 〈그림 10-1〉은 UNIQLO을 포함한 패스트패션기업들의 포지셔닝을 그려 보인 것이다.

〈표 10-3〉 UNIQLO의 4P

product	price
• High Quality • High Function • Basic Casual • Various Design • 모든 연령층 커버 가능 • WHENEVER, WHEREVER ANYONE	• Competitive Price • 원가 절감의 성공 • 모든 상품 가격 끝자리를 9로 맞추는 9자 마케팅'전략

place	promotion
• SPA system -옷의 디자인, 생산, 유통, 판매에 이르기 까지의 모든 과정을 한 회사에서 담당하여 유통마진을 줄이는 방식으로 저렴한 가격 판매 • SCM system -신제품개발, 판매촉진, 상품구색, 상품보충 등의 부문에서 원재료 공급업체, 제조업체, 유통업체, 물류업체 등이 서로 협력하여 생산에서 최종판매에 이르기 까지 상품 정보를 공유	• 전단지 광고 • 다양한 캠페인 실시 • 발상의 전환, 심플한 TV 광고 • Collaboration T-shirts • Internet Marketing • 티셔츠 프린트 공모전 • 홈페이지의 데님 5천원 할인쿠폰

〈그림 10-1〉 UNIQLO의 Positioning

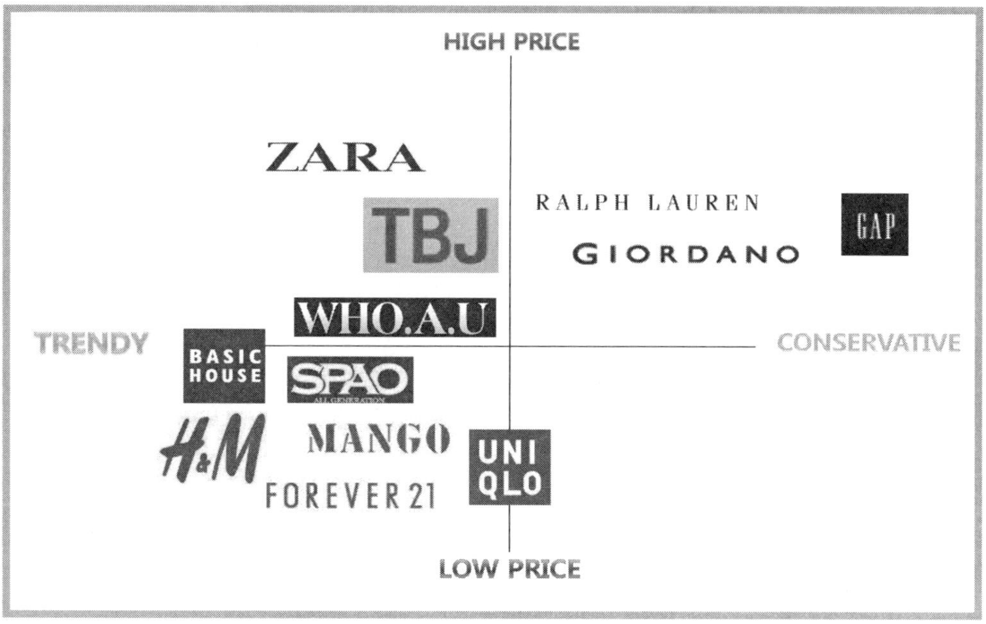

4) 성공요인(KSF of UNIQLO)

SPA로 의류 제조업에 진입하여 자신만의 모델을 창조하여 제조기업으로 진화한 유니클로는 1984년 히로시마(광도)에 1호점을 개점한 이후 지속적인 성장으로 일본에는 750개 그리고 한국, 중국, 미국, 영국, 프랑스 등 6개국에 해외 점포 및 7개국에 생산거점을 확보하고 있다.

야나이 다다시(柳井正)회장은 '강하다고 평가받는 기업도 순간 방심하면 단기간에 모든 것이 무너진다. 착실히 매일의 점검을 게을리 하지 않는 것이 기업 존속의 열쇠다'라고 강조하고 있다.

이제 UNIQLO의 성공요인을 정리하여 보기로 하자. 첫째는 제품에 있다. 고품질, 고기능, 저가격의 옷으로 누구든지 쉽게 입을 수 있는 옷(Made for All)인 동시에 유행에 휘둘리지 않는 베이직한 아이템을 특징으로 하는 제품의 생산으로 베이직 케주얼에 집중한 소품종 대량생산 방식의 구축과 유명 디자이너와의 협업(Collaboration)으로 이뤄 낸 점이다.

둘째는 유통의 경우 생산과 판매의 유기적 연계를 위한 중국 협력업체와의 신뢰관계 형성으로 안정적인 품질의 확보 및 숙련된 일본에서의 뛰어난 장인들의 축적된 기술력을 통하여 중국 현지의 생산부서로부터 신뢰감을 얻은 점 그리고 SPA방식을 통한 대량생산, 일괄발주, 완전구매, 현금결제를 통한 비용절감 효과 등이다.

또한 컴퓨터 시스템 설비의 확충으로 완벽한 공급망의 구축과 함께 철저한 매장 파악이 가능하게 되었고 비록 생산기지는 해외(중국)에 있지만 생산관리는 UNIQLO에서 직접 통제할 수 있게 하면서 재고품의 철저한 리스크의 책임관리 또한 효과적인 공급망 관리로 대량 수요에 대한 신속한 관리는 물론 원가절감으로 고품질의 상품을 저가격으로 공급할 수 있게 된 점이다.

셋째는 기존의 정보 전달 방식에 홍보를 지양하고 심플하면서도 세련되고 스마트한 UNIQLO의 이미지를 공격적으로 전달하도록 하였으며 IT 시대의 시장상황에 맞게 온라인 메가스토어를 적극적으로 활성화시킨 점이다.

넷째는 창업주인 야나이 사장의 합리적인 경영방식과 때로는 상식을 뛰어넘는 아이디어의 발상과 실현이다. 그는 체결한 계약의 철저한 이행과 조직이 성장하고 비대해지면 나타나는 이른바 대기업병의 피하기 위하여 항시 신속하게 대처하였다.

그러나 최고의 품질에 최저의 가격(competitive price with high quality)을 원하는 소비자들을 지속적인 구매로 연결시키려고 할 때 안이(安易)한 방심(放心)은 금물이다. 즉 2011년 10월에 명동에 개점한 UNIQLO에서 소비자들이 기본 티셔츠(1만원대 가격), 패딩점퍼(10만원대), 또한 보온기능의 히트텍 제품(2만원대)을 구입하면서 "우리는 입어서 좋으면 됐지 브랜드에 크게 신경을 안 쓴다"고 말하는 점이라든가 20대 여성이 "UNIQLO는 겉옷으로 입기에는 예쁘지 않다"면서 "기본적인 아이템으로 속에 입기는 참 좋은 것 같다" 것 등에 관심을 갖고 디자인 및 생산에 않는 신경을 써야 할 것이다.

다음의 그림은 현재 명동에 진출한 패스트 패션업체들의 위치 및 현황을 보여주고 있다.

브랜드	국내 진출	국내 점포 수	첫 진출 점포	최대 규모 점포	명동 점포 규모
유니클로	2005년 9월	44개	영등포·인천 롯데 백화점, 잠실 롯데마트	명동	2314㎡(560평, 1~4층)
자라	2008년 4월	17개	롯데영플라자, 코엑스	명동 M플라자	1300㎡(390평, 1~2층)
포에버21	2008년 10월	1개	명동 M플라자	명동 M플라자	2800㎡(850평, 1~3층)
망고	2009년 4월	7개	명동	영등포 타임스퀘어	600㎡(180평, 1~2층)
스파오	2009년 11월	2개	명동	명동	2875㎡(870평, 1~3층)
H&M	2010년 2월	1개(27일 오픈 예정)	명동 눈스퀘어	명동 눈스퀘어	2600㎡(790평, 1~4층)

자료:각 업체

다음은 UNIQLO 명동점의 점장과 연구자가 나눈 인터뷰의 내용이다.

[1] A : 안녕하세요. UNIQLO 명동점 김oo점장 입니다.

Q : 안녕하세요. 저는 현재 협성대학교 국제통상학과 4학년 재학 중인 학생입니다. 제가 평소 관심이 많았고 또 자주 이용했었던 유니클로에 대한 기업조사를 했는데 이를 마무리 하면서 몇 가지 질문을 드리고자 합니다. 괜찮으신지요.

A : 네 괜찮습니다. 뭐든 물어보세요.

[2] Q : 감사합니다. 먼저 첫 번째 질문은 UNIQLO라는 세계적인 패션 SPA 브랜드가 한국에 진출, 입점한 지도 5년이 되었는데 2005년 이후 2010년까지의 매출액 추세가 어떠한지 궁금합니다.

A : 지금까지 매출세는 꾸준히 상승하고 있습니다.

[3] Q : 두 번째 질문입니다.

제가 명동점 UNIQLO를 방문 할 때마다 명동의 지리적 특성 상 외국인 관광객이 원래 많아서 인지 UNIQLO 명동점은 다른 매장에 비해 특히 외국인이 항상 많았던 것으로 기억 합니다. 명동점의 하루 이용객 현황과 외국인과 내국인의 비율을 말씀해 주실 수 있는지요?

A : 맞습니다. 명동의 지리적 특성상 외국인 관광객이 다른 지역에 비해 많은 편이고 이에 따라 명동의 UNIQLO는 하루 약 1천명 이상의 고객이 방문을 하고 있으며 외국인과 내국인의 비율은 약 5:5 정도입니다.

[4] Q : 제가 UNIQLO의 특성으로 보았던 것이 협업(Collaboration)이었습니다. 작년에 JIL SANDER와 UNIQLO가 첫 합작을 하여 흔히 말하는 대박을 쳤다고 알고 있는데 그 당시 상황을 좀 자세히 가르쳐 주시겠습니까?

A : 작년 JIL SANDER와의 합작은 성황리에 끝마쳤고 이제는 다른 브랜드와도 협업을 진행 중입니다. 발매 초반 당시에는 하루 매출액이 6억원을 기록한 날도 있어서 뉴스기사에 날 정도였습니다. 이 정도면 대박 맞죠.(하하). 주말 평균 UNIQLO의 매출이 1억원인 점을 감안하면 굉장히 큰 금액이지요.

5 Q : 다섯 번 째 질문이요. 조금 민감하실지 모르겠지만 질문을 드리겠습니다. 제가 알기로는 유니클로는 미국의 GAP을 모델로 한 것으로 알고 있습니다. 그런데 작년 2009년 11월에는 이러한 UNIQLO를 표방한 국내 브랜드인 SPAO가 생겨났습니다. 그것도 명동 UNIQLO의 바로 옆 자리에.. 그렇죠? 저 또한 명동 1호점인 SPAO를 이용해 본 경험이 있는데요. 제품의 종류와 색깔, 매장내의 형태와 배치 그리고 디자인, 포장용품의 박스 등--. 굉장히 많은 부분에서 어느 누가 봐도 '모델링이 UNIQLO구나'라는 것을 알 정도로 흡사하다는 것을 느꼈습니다. 2009년 11월 국내 첫 SPA 브랜드인 SPAO의 명동1호점 개점으로 UNIQLO의 매출액에 변동이 있었는지가 궁금합니다.

A : 둘 다 비슷한 브랜드로 경쟁치열이 예상되었으나 SPAO 개점으로 UNIQLO에 특별히 타격이 되었던 것은 없었습니다. 오히려 H&M이 명동에 처음으로 오픈한 날의 매출이 좋았습니다.

Q : 아! 2010년도 3월에 명동 눈스퀘어에 오픈한 H&M을 말씀하는 것이지요? H&M 오픈 당일 굉장히 많은 사람들이 몰려서 그 일대가 마비될 정도여서 패션 의류 매장에 줄을 서서 대기 하였다가 들어갈 정도였다는 뉴스를 들었습니다. 저도 오픈 1주일 뒤에 명동 눈스퀘어점 H&M 매장을 방문했었는데 오픈을 한지 1주일이 지났음에도 불구하고 여전히 굉장히 많은 인파가 줄을 서서 들어가고 많은 경호원이 배치되어 있었던 것을 기억하고 있습니다. 하지만 H&M 역시 같은 SPA 브랜드로 UNIQLO의 경쟁업체라는 생각이 드는데 H&M의 오픈 당일 UNIQLO의 매출이 좋았다니 의외입니다.

A : 저희도 예상치 못했지만 사실입니다. 분석을 해보면 H&M에서 쇼핑을 하고 난 후 고객들이 UNIQLO로 매장으로 많이 찾아와 주신 것이 그 이유인 듯합니다. 그날 UNIQLO를 찾아주신 고객분들 가운데 H&M의 쇼핑백을 들고 계신 분들이 많았었거든요.

Q : 그렇군요. 생각해보니 명동을 돌아다니고 있노라면 거의 대부분의 사람들이 UNIQLO, ZARA, H&M, FOREVER21, MANGO 중 한 가지 이상의 쇼핑백은 들고 있는 것을 쉽게 발견할 수 있거든요.

6 Q : 마지막 질문을 드리겠습니다. 조금 어려우실지 모르겠지만 제가 궁극적으로 가장 듣고 싶은 질문입니다. UNIQLO의 성공요인, KSF(Key Success Factor)를 설립자이신 야나이 사장님은 무엇이라고 생각하십니까?

A : 어렵지만 재미있는 질문이군요. 먼저 매장점원들의 친절함이 아닐까요.(하하). 그리고 가격 경쟁력에서 여타 브랜드에 밀리지 않는 경쟁우위라는 점, 그리고 품질, 바느질, 원단 등에서 뛰어난 것이 아닐까 생각합니다. 또한 20,000원이 아닌 19,900원으로 판매하는 가격전략도 영향을 미쳤다고 생각합니다.

Q : UNIQLO 매장의 점원들은 어느 매장이나 굉장히 친절하다는 것을 알고 있습니다. 그리고 지금 말씀하신 것은 '숫자 9 마케팅'이지요? UNIQLO의 모든 제품은 가격이 9로 끝나기 때문에 소비자에게 조금이라도 더 저렴하다는 이미지를 준다고 생각했습니다. 저 역시 숫자 9 마케팅이 성공요인의 하나라고 생각하고 있습니다. 어찌 보면 100원 차이지만 소비자의 입장에서는 그 '100원' 차이가 단순한'100원 차이'가 아닌'그 이상의 차이'로 다가오기 때문에 UNIQLO에 구매유도에 상당한 효과를 가져왔을 것이라고 생각합니다. 지금까지 질문에 친절하게 응해주셔서 감사합니다.

제 11 장

국제마케팅의 촉진전략

제 1 절 촉진전략의 의의

촉진전략은 마케팅의 믹스의 4P 가운데 Promotion을 말하는 것으로 특정 기업의 제품이나 서비스를 고객들에게 알려서(communicate) 구매 행동으로 이어지게 하는 '대 고객(對顧客)'에 대한 홍보활동이기도 하다.

이의 구체적인 방법으로는 광고, 판매촉진, 인적판매, 홍보 등을 들 수 있다. 먼저 광고는 제품이나 서비스의 생산업자인 광고주가 판매를 촉진(promote)시키기 위해서 TV, 라디오, 신문, 잡지, 옥외광고, 우편발송 등의 매체를 활용하여 널리 알리는 커뮤니케이션(疏通) 수단이다.

효율적인 마케팅활동을 수행하기 위해서는 시장세분화 전략, 표적시장 전략, 포지셔닝 전략이 필요하게 된다.

먼저 시장세분화(segmentation)의 경우 상호간에 유사한 필요(want), 욕구(desire), 선호(preference), 구매행동(purchasing action) 등에 있어 특성을 보이는 고객들을 군집화(群集化)하는 것으로 지리적 위치, 라이프 스타일, 추구하는 편익(便益), 특정 상품이나 서비스의 이용 횟수, 연령·성별·소득·직업·가족 상황 등의 인구 통계학(人口統計學)적인 특성 등 처럼 세분화(細分化)의 근거를 마련하기가 쉽지 않다는 점과 함께 세분화의 범위나 수준도 선정하기가 쉽지 않다는 어려움이 있다.

표적시장(targeting)은 시장세분화(市場細分化)를 통하여 얻어진 자료로 경영활동에서의 최대한의 효과를 가져 올 수 있는 시장을 선택하려는 것으로 먼저 적정한 규모의 시장이 존재하여야 하고 시장에서의 상품의 주기(製品壽命週期)를 고려하여야 하며 경쟁기업과의 차별화(差別化)가 존재하고 있어야 한다.

포지셔닝(positioning)은 제품이나 서비스가 고객의 마음속에 자리를 잡게 하는 단계로서 시장 세분화에 따라 목표시장이 결정된 이후에 기억(記憶) 또는 각인(刻印)시키는 단계이다.

예를 들어 고급품(luxury goods) 또는 사치품(奢侈品)으로 기억되는 식으로 고객으로 하여금 강력하게 소구(appeal)되도록 자사 제품과 서비스를 차별성(差別性) 내지 독특성(獨特性)으로 인지(認知)시킬 수 있어야 한다.

포지셔닝은 상품을 고객의 눈높이에 맞춰 진열하는 것이 가장 좋다고 보면서 제품진열(製品陳列)의 개념으로 설명하기도 하지만 Al Lies와 Jack Trout는 "Volvo는 가장 안전한 차, BMW는 더 나은 것이 나올 수 없는 최고의 자동차, Porsche는 세계 최고의 소형 스포츠카"처럼 '고객이 될 수 있는 사람들의 마음에 어떻게 파고 들 것인가에 관한 것이다'라고 주장하고 있다.

중국의 지속적인 경제성장과 소득증대, 라이프 스타일의 변화에 따라 외식시장이 연평균 20%의 고속 성장을 보이자 커이춘(客怡村)이라는 브랜드로 2009년에 상하이 푸둥(浦東)의 따무즐(大拇指) 광장에 진출한 교촌의 포지셔닝 맵은 다음의 〈그림 11-1〉, 〈그림 11-2〉와 같다.

〈그림 11-1〉 교촌의 포지셔닝 맵

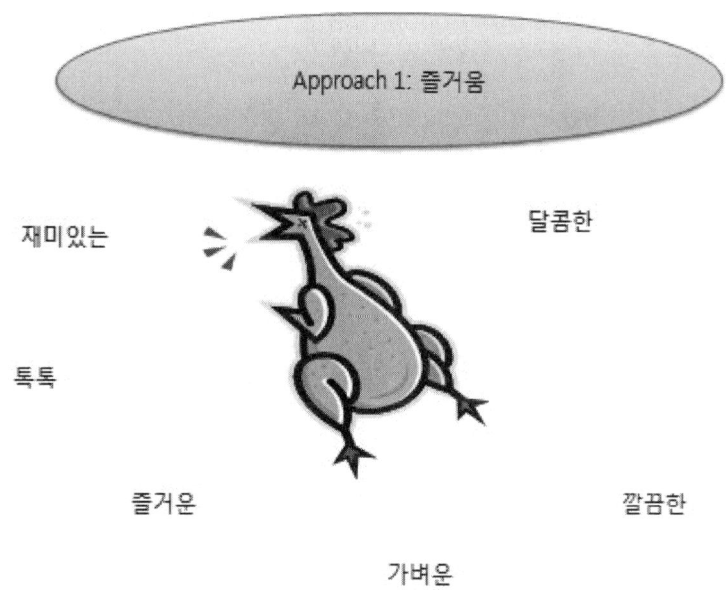

〈그림 11-2〉 교촌의 포지셔닝 맵

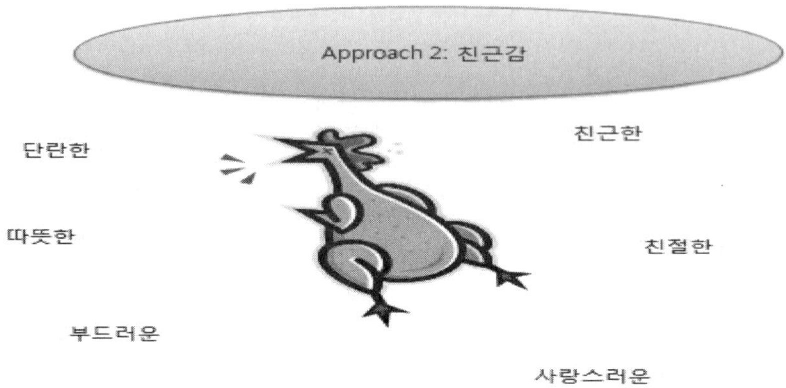

한편 203년에 진출하여 베이징과 상하이에서 중국 최고급 유명 제과점(明星餅屋)으로 2년 연속으로 명성을 얻은 바리빠이티엔(巴黎贝甜)의 포지셔닝 맵은 다음 〈그림 11-3〉과 같다.

〈그림 11-3〉 Paris Baguette의 포지셔닝 맵

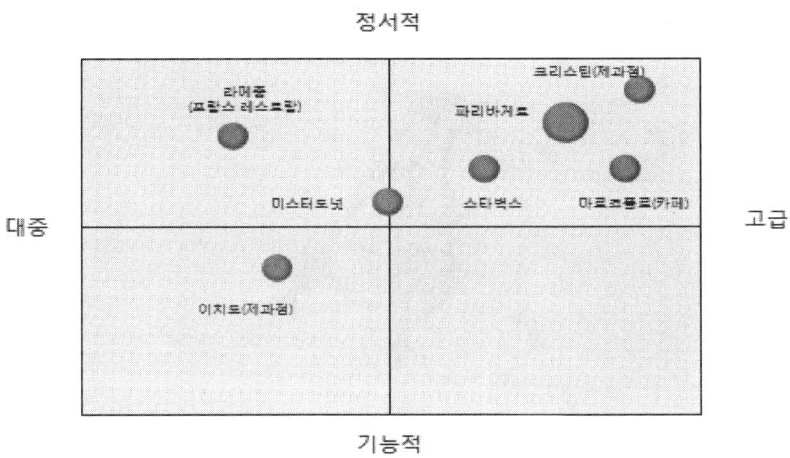

제 2 절 Nintendo, 안방을 게임의 천국으로 만든다

1) Nintendo닌텐도의 등장

Nintendo는 일본의 기업으로서 교토(京都)에 본사를 가지고 있는 게임기 제조기업으로 닌텐도의 게임들은 전세계에서 판매되고 있다.

그들은 세계에 지사를 설립하여 현지국에 맞는 현지화를 통해 기업의 이미지를 구축하여 성공하고 있다.

Nintendo는 1889년에 화투를 제작하는 개인 상점에서 출발하여 임천당골매(任天堂骨牌, 닌텐도곳파이, 곳파이는 카드를 의미)로 시작하였으나 1947년에 Nintendo 주식회사로 설립되면서부터 게임산업에 투자를 시작하였다.

• 국내 진출 및 주요 제품

한국에는 2006년에 Nintendo 코리아라는 이름으로 설립되었으며 게임기 등을 생산하여 세계 시장에 판매하고 있다.

대표적인 게임기로는 슈퍼패미컴(1990년), 닌텐도64(1996년), 게임큐브(2001년), Wii(2006년) 등의 가정용 게임기와 게임보이 (1989년), 게임보이 어드밴스(2001년),닌텐도DS(2004년)등의 휴대용 게임기가 꾸준한 매출실적을 보이고 있으며 게임 분야에서 많은 이익을 내고 있다.

2) STP 분석

(1) Segmentation

Nintendo는 많은 고객들을 유치하기 위하여 노력을 하고 있고 특히 게임 분야에 집중을 하고 있다. 게임은 최근들어 각광을 받고 있는 문화이며 사람들은 노는 것(遊戲)을 즐거워한다. 전통적으로는 어린이-청소년 캐릭터 게임을 즐기고 있으나 점차로 교양 소프트웨어로 여성과 20대 후반에서 40대로 까지 확대시키고 또한 단순, 편리성을 선호하는 50대의 장년층으로 세분화 시켰다.

특히 현지화, 정보화가 생활의 일부가 되면서 게임문화도 디지털화 하여 게임마니아층을 위주로 하였으나 일반 및 고령층을 확보하면서 부터는 주 고객인 저(低)연령층을 고정화시키기 위하여 노력을 기울이고 있다.

(2) Targeting

최근에는 경쟁회사들과 다르게 게임이란 분야를 잘 접하지 않는 일반 고객층에게 어필 할 수 있도록 요가, 건강 등을 가미한 게임개발로 고객들에게 인지도를 높이는 노력을 기울이고 있다.

(3) Positioning

일반 고객층과 저연령층에게는 게임분야에 대해 조금 더 친숙하게 접근하려고 하며 일반 고객층들에게는 거부감이 없이 가볍게 즐길 수 있는 게임 장르를 선보이고 특히 교육적인 게임과 온 가족이 즐길 수 있는 게임을 출시하고 있다.

저연령층에게는 재미있는 게임과 흥미로운 게임을 선보이면서 어린아이들이 좋아하는 귀여운 캐릭터와 좋아할 수 있는 요소를 넣었으며 항상 게임을 즐기는 게임마니아층을 위해 액션, 슈팅, RPG, 스포츠 등의 게임들을 출시하였다.

3) 4P 분석

(1) Product.

① 새로움을 추구하여 나온 획기적인 상품.

Nintendo는 다른 회사들과 달리 새로움을 추구하는 상품을 제작하였다. 타 회사가 계속해서 비슷한 게임기들을 출시하는 반면에 Nintendo는 항상 새로움을 추구하면서 획기적인 상품을 출시하였다.

구체적인 사례로는 2006년에 닌텐도가 출시한 게임기인 Wii를 들 수 있다.Wii는 Nintendo에서 발매할 당시에 많은 해외 언론들의 관심을 끌었다. 타 경쟁회사인 Sony, Microsoft가 발매한 PS3, XBOX360은 과거에 발매된 손으로 버튼을 눌러 조종하는 게임기를 내놓았으나 Wii는 이전과는 다른 버튼과 함께 손의 움직임을 이용한 모션 패드를 선보인 것이다. 게임기에 모션센서를 적용하여 유저가 움직이는 행동에 반응을 하는 획기적인 조종 방식을 채택한 것이다.

또한 Nintendo는 사람들에게 실용적인 상품으로 게임기 뿐만이 아니라 다른 용도로도 사용할 수 있다는 것을 보여주기 위해 Wii에 새로운 소프트웨어를 탑재한 'Wii Fit'를 출시하였다.

Wii Fit는 현대인들이 바쁜 생활로 운동을 할 시간이 없다는 점에 착안하여 헬스클럽에서 트레이닝 코칭을 받는 것처럼 운동기구로 활용 할 수 있다는 것을 보여줬다. 또한 두뇌 개발 및 영어 공부 등 교육적인 게임으로 고객들에게 교육적인 면도 있다는 것을 알렸다.

② 온라인을 이용한 상품 및 자사의 게임 간 연동이 되는 상품

Nintendo는 많은 수의 게임기를 가지고 있다. 특히 최근에 가장 많이 투자한 게임은 Wii와 Nintendo DS 라고 할 수 있다.

인터넷과 온라인이 강세를 보이는 요즘에 Nintendo 역시 시대를 따라 가정용 게임기와 휴대용 게임기에 온라인을 이용한 상품을 선보였다. Wii와 Nintendo DS에 온라인이 가능하도록 와이파이를 이용하면서 랜으로는 다른 사람들과의 온라인 만남을 가능케 하였다.

가정용 게임을 온라인으로도 사용할 수 있는 기능 개발 및 휴대용 게임기를 들고 다니면서 새로운 사람과 무선 LAN을 이용하여 만나는 것을 가능하게 하였다.

또한 자사의 게임 간 연동성을 이용하여 게임기를 구비한 고객이 새로운 컨텐츠를 가질 수 있도록 하고, 닌텐도의 상품을 구매해준 고객들에게는 상품을 구매한 만큼 더욱 많은 컨텐츠를 제공하도록 하는 전략을 내세웠다. 즉 Nintendo Wii와 Nintendo DS 간 온라인 컨텐츠를 연결하고 같은 종류의 게임을 구매했을 경우 게임 중에 새로운 캐릭터를 볼 수 있게 하고 이는 다시 새로운 아이템의 구매로 이어지는 시스템을 개발하였다.

③ 캐릭터 사업

Nintendo가 오랫동안 사랑을 받아온 이유 중의 하나는 많은 사람들에게 널리 알려진 익숙하고 친숙한 캐릭터를 사용하는 점이다.

특히 타기업들과는 달리 닌텐도는 역사가 길다는 장점으로 일반인들에게 친숙한 캐릭터가 많은 편이다. 따라서 성인이 된 사람들도 어렸을 때, 게임을 하면서 만났던 그 캐릭터를 보면 좋아하고 새롭게 캐릭터를 접한 사람들에게도 귀엽고 특이한 캐릭터로 어필한다.

그리하여 사람들에게 알려진 캐릭터로 새로운 게임을 개발하거나 또한 이벤트를 여는 등의 전략을 사용할 수 있었다.

Nintendo는 수많은 캐릭터를 가지고 있는 바, 대중적인 캐릭터로는 마리오, 커비, 포켓몬스터 등을 들 수 있다. 특히 캐릭터 사업으로서 전 세계적으로 성공한 사례로 볼 수 있는 포켓몬스터는 Nintendo가 발매한 포켓몬스터 게임으로 151종의 포켓몬스터를 모으는 게임으로 시작 했다. 이렇게 시작된 포켓몬스터는 어린 팬들에게 귀여운 모습으로 인기를 끌면서 각광받는 가운데 포켓몬 신드롬을 가져왔으며 1999년 아시아판 타임지의 [올해의 인물]로 선정되기도 하였다.

포켓몬스터 캐릭터의 성공을 확인한 Nintendo는 게임에서 시작한 포켓몬스터를 인형, 애니메이션, 각종 캐릭터 완구제품 등으로 확장시키면서 시장 점유율을 높혀 갔다..

또한 포켓 몬스터 게임의 지속적인 발매와 함께 새로운 포켓몬스터 캐릭터를 만들어 냈다. 동시에 Nintendo의 사랑받는 캐릭터 중의 하나인 마리오를 기념하는 25주년 기념행사를 통하여 캐릭터를 사랑해 준 사람들을 위한 이벤트와 함께 '미래에도 함께 할 것'이라는 점을 널리 홍보하였다.

(2) Price

타 경쟁 업체와 비교했을 때 상대적으로 저렴한 가격정책으로 고객들에게 어필하였으며 이는 Nintendo를 '다른 전자제품보다 게임기의 가격은 저렴해야 한다.'라고 생각하고 있는 고객들로 하여금 타 경쟁 기업들보다 높은 상품 구매욕구를 가져 오고 있다.

(3) Place

대리점 및 온라인 판매방식을 사용하고 있다. 최근에는 구매(購買) 전의 시연(試演)을 원하는 고객을 위해서 KOEX에 DS 체험존을 설치하였다. Wii의 경우 매장에서 고객들이 직접 체험 할 수 있는 체험 마케팅전략을 사용했다.

(4) Promotion

① 광고전략

Nintendo는 게임이라는 분야를 고객들에게 친숙하게 다가갈 수 있도록 일반인들이 플레이하는 광고와 사람들의 이목을 집중시킬 수 있도록 대중적인 스타 모델을 사용하는 스타 마케팅을 채용하였다. Nintendo의 경우 상당한 마케팅비용을 투자하여 고객층들과 비슷한 사람들이 광고에 나와 플레이하는 모습을 통하여 일반 대중(고객)들에게 게임에 대해서 긍정적인 모습을 갖게 하였다.

또한 광고에서 일반 고객들에게 인터뷰하는 모습을 보여줌으로서 욕구(needs)를 불러 일으키고 있으며 때로는 혼자서 게임을 하는 모습을 보여주기도 하지만 가족들끼리 함께 즐길 수 있다는 점을 보여주기도 한다. 광고에 나오는 가족들은 즐겁게 웃으면서 함께 어울려서 게임을 즐기고 있다. 이렇듯 누구나 가족들과 함께 게임을 할 수 있고 게임에 대하여 문외한이라고 하더라도 쉽게 할 수 있다는 점에 어필한 Easy & Active 전략을 내 놓은 것이다.

일반 고객층을 공략하겠다는 차원에서 Nintendo는 또 하나의 광고전략인 스타 마케팅을 적극 도입하여 활용하고 있다. 일반인을 사용한 광고와 함께 공중

파에서 유명할 뿐만 아니라 고객들에게 좋은 이미지로 자리매김 하고 있는 스타를 마케팅에 이용한다.

Nintendo는 송혜교, 장동건, 유재석, 이나영, 소녀시대, 고현정 등 고객들에게 많이 알려진 스타들을 채용하여 그들이 게임을 플레이하는 것을 광고로 보여주면서 Nintendo의 브랜드 이미지를 게임이란 분야가 모두에게 즐거운 분야라는 이미지를 각인시켜는 스타 마케팅으로 성공하였다.

고객들이 선호하는 스타들이 사용한 것이기 때문에 고객이 Nintendo를 즐긴다면 스타와 함께 할 수 있다는 것을 보여주는 광고가 된 것이다. 그리하여 자신이 즐기는 게임을 스타들도 같이 즐기고 있다는 것을 본 고객은 자신이 스타가 된 것 같은 느낌을 받게 되는 것이다.

② 현지화 전략

Nintendo는 진출한 나라에 알맞은 현지화 전략의 수행을 위하여 Nintendo는 진출 국가에 알맞은 언어를 사용하는 등 문화에 알맞게 변화시키고 있다. 타 기업에게는 없는 100% 한글화로 고객들이 타 언어 사용으로 불편함이 없도록 하는 현지화 전략도 내세웠다.

Nintendo가 국내에서 출시한 모든 소프트웨어는 한글로 되어있으며 현지문화에 알맞게 번역되어 있다. 또한 국내의 새로운 제휴를 통하여 타국에는 발표되지 않은 게임 소프트웨어를 발매한 바 있다.

대표적인 인기 게임인 '포켓몬스터' 최신작을 일본 발매 후에 북미, 유럽 등보다 한글판을 먼저 출시하는 식으로 빠른 현지화를 보여주기도 했다.

또한 진출한 나라에서도 본국에서의 혜택을 그대로 받을 수 있도록 노력하고, 세심한 부분까지 배려하는 모습을 보여주고 있다. 예를 들어 일본의 표지와 한국의 표지를 볼 수 있는데 국내의 표지에는 한글판 문구가 들어가야 하기 때문에 버섯 캐릭터를 가릴 수 있었다.

그러나 Nintendo는 버섯 캐릭터의 자리를 옮기면서까지 국내의 닌텐도 고객에게 본국과 같은 혜택을 주도록 세심하게 배려하는 모습을 보였다. 결국 닌텐도를 사랑해주는 고객을 위한 노력이 전달되게 되는 것이다.

③ 마니아층을 이용한 구전마케팅

게임이 인기가 높아져 가면서, 게임을 좋아하는 고객들이 생겨나고, 게임에 대해 관심이 많은 마니아층이 형성되어 Nintendo를 사랑하고 좋아해 주는 마니아층이 형성되었다.

그들은 고객충성도(Brand Loyalty)가 높아졌고, 항상 닌텐도가 내 놓을 상품과 소프트웨어에 대해 관심을 기울이고 있었다. 그리하여 닌텐도는 그들을 위한 전략을 만들기 시작했다. 그들에게 인기가 많았던 캐릭터와 게임을 내세우면서 광고를 하기 시작한 것이다.

오래된 역사만큼이나 오래된 게임을 가지고 있는 닌텐도는 계속해서 게임의 시리즈를 만들어 나갔으며 그동안 함께해 온 제휴사의 유명 게임도 만들어 나가면서 Nintendo의 마니아들을 위한 상품을 제작하기 시작했다.

이로써 새로운 시리즈가 나올수록 고객들이 기대치와 충성도를 높여 나가기 시작했고 고객들은 다른 고객들에게 게임에 대해 알리면서 닌텐도 게임을 모르던 고객들에게 Nintendo를 홍보하는 역할을 하는 Sneezer들이 생겨났다.

인터넷의 발달로 인하여 각종 사이트들이 생겨나면서 홍보효과는 배로 늘어나기 시작했다. 게임기와 게임을 다루는 리뷰 사이트 홈페이지가 개설되고, 각종 커뮤니티 사이트가 생겨났으며 Nintendo에 대한 입소문이 점점 퍼져나가 리뷰어들의 좋은 글을 접한 고객들이 또다시 닌텐도를 접하게 되는 등 홍보효과를 가져오게 되었다.

4) SWOT 분석

(1) Strength

Nintendo의 강점은 게임 분야에서의 오랜 노하우와 고객층에 있는 바. 소니와 Microsoft의 게임업의 진출 시기보다 일찍 진출하였기에 고객층이 두터울 뿐만 아니라 Nintendo를 즐긴 부모가 자녀들과 함께 이를 즐길 수 있는 장점에다 경쟁기업이 갖지 못한 기능성 게임의 다수 보유 그리고 저렴한 가격 책정에 의한 보급 등과 같은 강점을 갖고 있다.

(2) Weakness

Nintendo가 진출한 분야는 게임이라는 분야이기에 타겟이 한정될 수밖에 없다. 고령층은 게임을 할 수는 있으나 대개는 게임에 흥미가 없을 뿐만 아니라 게임이 꼭 필요한 것이 아니기에 일반 고객층을 끌어들이는 것은 쉽지 않다.

따라서 가격대는 저렴하나 제품의 사양이 낮을 수밖에 없는 약점과 함께 세계 어디서나 100%의 현지화를 추구하다보니 제품 출시가 늦어지고 국내에 진출한 제휴사가 적어 쉽사리 출시가 되지 않는 소프트웨어가 많다는 약점을 갖고 있다.

(3) Opportunity

현재 게임시장은 과거와 같이 부정적인 시각이 아니라 많은 사람들이 '하나의 시장'으로 생각하는 시장으로 자리매김 하고 있다.

이제는 과거처럼 일(working)만을 하는 시대를 지나 일을 하면서 취미(hobby)를 즐기고 재미(fun)를 추구하고 선호하게 되면서 게임 분야는 고객들에게 어느 정도 즐길 수 있는 것이라는 생각을 갖도록 변화하였다. 그리하여 게임을 사랑하는 마니아층이 형성되면서 게임시장이 유지 될 수 있는 구전마케팅의 효과도 가져 오게 되었다.

(4) Threat

고사양(高仕樣)의 게임기들이 출현하고 또한 최첨단의 게임기들이 출현하면서 부터는 가볍게 즐기는 사람들에게 어필하기 위해서 나온 Nintendo의 게임기가 밀리는 느낌을 받는다.

Wii의 모션센서가 획기적이고 창조적이었던 것을 확인한 경쟁기업들이 비슷한 종류의 모션센서를 사용한 제품을 출시하면서, Wii만의 독창성을 무너뜨리고 있다.

또한 국내 시장 및 국외 시장에서 PC를 이용한 온라인 게임이 비중이 점차로 높아지고 있어서 가정용 게임시장이 축소되는 시점이라는 점과 무엇보다도 게임기를 무료로 이용하기 위해서 불법 기기를 사용하는 유저들에게 큰 위협으로 작용하고 있다.

이들은 인터넷을 통한 게임 다운로드로 게임을 즐기는 경우가 많아 일반 유저들도 불법으로 게임을 즐기는 경우가 많다. 그 만큼 고객들의 게임 소프트웨어의 구입이 적어지게 되는 상황에 있다.

이제 강력한 경쟁기업인 Sony에서 출시한 PSP와 Nintendo의 차이점을 알아보기로 하자.

<표 11-1> Nintendo와 PSP의 제반 기능 비교표

	Nintendo	PSP
휴대성	포터블형/73.9*133*21.5/218G	휴대 불편/170*74*23/260g
고 객	다양한 성별 및 연령층/ 여성유저 증가	10-20대 젊은 남성
가 격	15만원	20-30만원
기 능	쉬운 게임/자유로운 호환(互換)/ 짧은 로딩아워	고사양(高斜陽)/ 실제 게임 수준
배터리	7-8시간	5-6시간

다음의 〈표 11-2〉는 지금까지 살펴 본 닌텐토의 SWOT을 요약한 것이다.

		Strength	Weakness
		1. 타 기업보다 오래된 기업의 역사(1889)와 노하우 2. 기능성 게임의 성공/유명 캐릭터 보유 3. 저렴한 가격대 4. 깔끔/다양한 디자인 5. 별도의 추가 게임팩 구매로 인한 파급효과	1. 게임이라는 한계 2. 제품의 사양이 상대적으로 낮음 3. 100% 현지화로 인한 늦은 출시 4. 취약한 마케팅 구조 5. skip버튼 부재/지루한 설명
		S-O	W-O
Opportunity	1. 게임 시장에 대한 인식의 변화 2. 마니아층의 형성 3. 여성 유저 급증 4. PSP등 게임시장/기계의 확산으로 쉽게 접할 기회 확산 5. 정보화 사회의 도래	과거와는 달리 긍정적으로 변한 게임시장에 대한 시선이 있는 가운데 기능성 게임을 제작하며 이미지를 상승시키고, 저렴한 가격대를 통한 일반 고객과 마니아층을 동시에 공략하는 형태를 보여줄 수 있다. 또한 기업의 노하우를 온라인 시장에도 접목시킬 수 있다.	제품의 기능과 사양이 낮지만, 닌텐도의 장점을 두터운 마니아층이 홍보해 주고 정보화 시대가 오면서 찾아온 온라인 시장은 시장에 대한 시선 변화로 더욱 큰 홍보효과를 보일 수 있다.
		S-T	W-T
Threat	1. 타 기업의 경쟁적 진출로 독창성 약화 2. 인터넷 게임 증대(스토리 다양) 3. 가정용 게임기 시장의 축소 4. 불법복제를 이용하여 게임을 즐김 5. 휴대폰 기능 확장/스마트폰/내비게이션 등	경쟁 기업이 비슷한 게임 출현으로 독창성이 줄어들고 있으나 오래된 역사와 노하우로 고객들에게 신뢰를 줄 수 있다. 또한 게임기 시장이 축소하고 있는 가운데 게임기의 기능성을 높인 게임을 출시하고 저렴하게 출시하면서 시장 기회를 유지한다.	게임이라는 분야의 한정성을 가지고 기업 경영을 하기 위해서는 상당히 많은 약점이 생길수 있다. 고질적인 문제인 불법복제 문제를 해결해야 할 것을 잊어서는 안될 것이다. 또한 시장이 축소되는 가운데 경쟁 기업 보다 사양이 낮고 상품 발매가 늦어진다면 시장 확보가 어려워 질 수 있다는 것을 인지하여야 한다.

5) KSF of Nintendo

Nintendo는 항상 새로운 상품을 추구하고 개발해 왔다. 기업은 이미 성공한 상품을 계속해서 고객들에게 판매하면서 안정적인 수익을 얻을 수 있다. 하지만 Nintendo는 지속적으로 새로운 상품을 개발하고 획기적인 상품 개발을 하여 왔다.

이런 식으로 신상품을 개발할 경우 기존 상품에 익숙해 있던 고객들을 감소시킬 수도 있는 위험성을 가지고 있다. 하지만 Nintendo는 과감하게 상품 개발에 몰두 하였고, 이러한 경영전략은 고객들에게 새로움과 흥미로움을 보여주었고 이는 위험을 감수한 닌텐도에게 성공을 가져다 줬다.

게임이라는 분야는 어렵게 생각하는 고객들에 대하여 친근감을 주기 위하여 친근 마케팅(friendly marketing) 전략을 사용하여 고객들이 쉽게 게임을 받아들이고 좋아할 수 있도록 배려했다. 즉 고객들과 함께 할 수 있도록 귀여운 캐릭터를 개발하고 어렵지 않게 즐길 수 있도록 쉬운 게임들을 많이 출시하면서 친근함을 이용한 마케팅을 보여 준 것이다.

나아가 진출 국가에 따라 알맞은 문화코드와 언어를 사용하고 그 문화에 맞는 광고 전략을 사용하는 식으로 진출 국가의 고객들에게 좋은 이미지를 가지게 하는 전략을 전개하였다.

Nintendo는 이 부분에 많은 투자를 하면서 적극적인 현지화를 실행하였다. 예를 들어 미국에서는 게임장면과 게임을 플레이하는 사람을 위주로 홍보를 하였지만 국내에서는 스타 마케팅을 위주로 하는 홍보전략을 사용하였으며 적극적인 해외 진출을 통하여 현지의 저렴한 노동력을 활용하기 위하여 개발도상국에 공장을 설립하고 더불어 신속한 유통망을 위한 유통센타도 설립하였다.

6) 결론

Nintendo는 진출한 지역 또는 시장에서의 현지화에 대한 노력과 고객들을 치밀한 마케팅활동의 수행으로 게임업계의 선두주자(leader)가 되었으나 IT 산업의 특성상 앞으로도 현재와 같은 성공을 지속적으로 이어 나가리라는 보장은 없다.

그저 살아만 남는(survival enterprise)에서 미래에도 수익성을 추구하는 지속가능한 기업활동(sustainable management)을 수행하여만 하는 것으로 게임 시장의 변화와 추이를 끊임없이 파악하여야만 한다.

즉 인터넷을 비롯한 IT 문화가 일반화된 21세기에는 고객들의 니즈가 일순간(一瞬間)에 급격하게 변화되기에 이들에 대한 치밀하고도 과학적인 자료와 정보에 의한 접근이 무엇보다 요구되고 있기 때문이다.

최근 Nintendo는 1억대 이상의 게임기를 판매하였던 미국의 경우 스마트폰과 소셜 네트워크 서비스(SNS)의 열풍에 밀려 적자를 보게 되었다. 지난 4-9월의 반기 결산에서 매출이 같은 기간 동안에 40.6%나 떨어진 2,157억 엔(약 3조 1,480억 원), 영업손실 573억 엔(약 8,363억 원)을 기록하였다.

Nintendo DS 시리즈와 Nintendo Wii 및 포켓 몬스터, 슈퍼 마리오 등의 세계 어린이들이 좋아하는 캐릭터를 통하여 세계 시장을 석권하였던 Nintendo는 이제 일본의 대표 우량기업으로서의 위치가 위태롭게 될 상황에 이르렀다. Nintendo는 엔고에 따라 입게 된 400억엔의 환차손(현재 판매의 80%를 해외로 수출하고 있다) 때문이라고 밝히고 있으나 근본적인 원인은 스마트폰 등의 보급에 따른 게임기시장의 축소 때문인 것이다.

따라서 다양한 장르를 특징으로 하는 게임 산업은 고객들의 니즈가 천차만별(千差萬別), 각양각색(各樣各色)인 것을 유의하여 실시간으로 파악하고 즉시 대응하고 전문가나 전문기업을 활용하여 고객들의 트랜드는 물론 동종업계의 경쟁기업들의 동향에 대해서도 주도면밀(周到綿密)하게 파악하고 반응하여야 할 것이다.

2012년 1월달에 Nintendo는 기업 내부에서는 물론 외부로부터의 지적과 경고에도 불구하고 시대적 대세, 즉 IT의 급성장에 따른 변화에 대처하지 못하고 Nokia, Apple 등과 함께 자신들의 성공기반이 되어온 IT산업에 의하여 파산에 이르게 되었다.

◎ TIP

세계 최대 게임기업체인 닌텐도를 두고 일본인들은 `히토리카치(一人勝ち)` 라고 부른다. `혼자만 잘 나간다`는 뜻이다.

도요타, 소니 등 쟁쟁한 기업들조차 어려움을 겪는 와중에도 닌텐도는 최고 실적을 거듭하며 성장해 왔다.

그런 닌텐도가 돌연 위기에 빠졌다. 지난 분기(3~6월) 매출 989억 엔에 영업 적자는 377억 엔을 기록했다. 영업 적자는 창사 이래 처음이다. 매출액도 1년 전보다 반 토막이 났다. 스마트폰 하나면 얼마든지 싼 값에 게임을 즐길 수 있는 세상이 되었다.

소셜 네트워크는 또 얼마나 재미있는가. 몇 십만 원씩 하는 게임기를 사야 할 이유가 없다. 2008년 1조 8386억 엔 매출에 30%의 영업이익률을 기록한 초우량 기업이었지 만 지금 생존을 걱정해야 하는 게 당연하다.

결국 지난 11일 충격적인 가격 인하를 단행하여 `Nintendo 3DS`의 판매가격을 2만 5000엔에서 1만 5000엔으로 40%나 내렸다. 미래를 책임지게 될 주력 제품이라고 하면 서 출시를 한 지 반 년 만이다. IT 조사기관인 isupply Japan에 따르면 3DS의 하드웨 웨어 제조 원가는 103.25 달러로 경상비용을 고려하면 1만 5000엔의 판매가격은 원가 수준이다.

삼성이 Galaxy 폰을, LG가 평면 TV를, 현대자동차가 쏘나타의 가격을 단번에 이만큼 내린다면 얼마나 버틸 수 있을까. 절체절명의 위기에서 다른 기업은 상상도 못할 카드를 꺼낸 Nintendo의 뱃심이 궁금했다.

Nintendo의 2010년 결산서를 보니 주력제품인 `Nintendo DS의 경우 지난해 하드웨어 판매량은 1750만개지만 DS 소프트웨어 판매는 7배나 많은 1억 2100만개였다. 가정용 게임기인 Wii는 하드웨어(1500만개)보다 소프트웨어(1억7130만개) 판매량이 11배나 많다. 지난해 매출액 중 소프트웨어 판매 비중이 40%를 점했다. 그들은 애초부터 게임 기계보다는 제조 원가가 거의 들지 않는 게임 소프트웨어를 수익의 원천으로 삼아왔다. 소비자들에게 일단 게임기 한 대씩 갖게 해 놓고 지속 적으로 매력적인 게임 소프트웨어를 출시하여 Nintendo를 찾아오게 만드는 전략이다. 1983년 게임시장에 들어온 이 이후 포켓몬스터, 슈퍼마리오, 두뇌 트레이닝 등 '세상 에 없는 것`들을 창출해 온 혁신의 경쟁력이 있었기에 가능했다. 원가로 제품 값을 내린 Nintendo에서 패배자의 굴욕감보다는 "몇년만 버티면 세상은 또 바뀐다. 그때 보자"는 자신감이 느껴진다.

유타 노무라(野村)증권 게임 담당 애널리스트도 40% 가격인하에 대한 분석 보고서에서 "과연 Nintendo가 자신의 길을 잃은 것인가"라는 평가를 내놨다.

Google의 모토롤라 인수를 계기로 소프트 경쟁력이 부족한 한국에서는 IT 기업들의 미래에 대한 걱정이 많다.

하지만 Nintendo는 "소프트 경쟁력은 성장의 원천일 뿐만 아니라 이제는 당장 살아 남기 위한 필수 조건이 되어 버렸다"고 말한다.(매일경제, 20011년 8월 21일)

제 3 절 Blizzard, 세계인(世界人)의 유희(遊戲)는 우리에게 맡겨라!

1) 기업 소개

Blizzard는 '액티비전 블리자드(구 비벤디 게임즈)'의 자회사이다. 그리고 액티비전 블리자드는 지난 2008년 비디오 게임시장에서 정상을 달리고 있던 Activision과 PC게임 시장에서 정상을 달리고 있던 Blizzard의 모회사인 비벤디의 합병으로 재탄생하였다.

물론 일반적인 M&A가 아닌 경영권과 지분 인수에 관한 합병이었으나 이제는 동종 업계의 막강한 기업이 되었다.

Blizzard는 크게 IT 분야와 유통분야로 나눠진다. 전자인 IT 분야의 경우는 컴퓨터 게임 프로그램의 개발이다. 1998년 3월에 출시된 〈Starcraft〉는 일정한 규칙 하에서 공정하게 대결을 해서 이기는 형식으로 시장 영역을 활성화 시킨 1등 공신이다. 원작 출시 당시로서는 이색적이었던 PC방을 출현시켜 프로게임 구단 및 프로 게이머의 출현으로 새로운 IT 문화를 탄생시킨 시초가 되었으며 세계적으로 1200만장이 판매된 작품으로 10년이 넘게 꾸준한 사랑을 받아 왔다.

〈스타크래프트2 - 자유의 날개〉(2010. 7. 27 부분 출시)〉

-세계적으로 사랑받았던 Starcraft(1998년 작)의 후속작으로 수억에 달하는 사람들의 기대를 받고 있는 작품으로 3가지 파트로 나뉘어 출시된다. 그 중 첫 파트는 지난 7월 27일 출시되었고, 남은 두 파트는 추후에 출시될 예정으로 있다.

〈Warcraft3: Reign of Chaos(워 크래프트3)(2002. 6. 28 출시)〉

- 탄탄한 스토리의 구성과 꾸준한 이색적인 시스템 도입으로 Starcraft와는 다른 매력 을 느낄 수 있는 전략시뮬레이션 게임으로 국내에서보다는 해외 게임시장에서 더 인정받는 게임이며 Warcraft3 관련 시장은 E-스포츠 역시 국내보다는 해외에서 더욱 발달 되어 있다. 판매량에서는 스타크래프트를 못 미치지만 PLC가 즉시 순환되는 IT 게임의 시장의 특징과는 다르게 발매 후 8년이 지난 현재까지도 꾸준히 찾는 유저들이 존재하고 있다.

〈World of Warcraft: Cataclysm(월드 오브 워크래프트 - 대격변)

(2010년 12월 9일 출시)〉

세계 정상의 온라인 캐릭터 육성 RPG 게임인 월드 오브 워크래프트의 시리즈 가운데 4번째 시리즈로 스타크래프트2에 이어 집중 관심을 받고 있는 작품이다. 월드 오브 워크래프트 시리즈는 유저들이 몰리는 시기에는 5조원에 육박하는 블리자드의 총매출의 40%이상을 창출하며 최근 2010년 10월 10일에는 전 세계 가입자가 1200만명을 넘었다는 통계가 나왔다.

〈Diablo3 (디아블로 3) (2011년 발매〉

다른 블리자드의 게임들과 같이 시리즈가 발매 될 때마다 인기를 얻는 Diablo 시리즈는 Diablo의 3번째 시리즈가 발표를 앞두고 있다는 이유만으로 열광을 받고 있다.

10년 전인 2000년에 출시된 Diablo 2와 그 1년 후 출시된 Diablo2의 확장팩 Lord of Destruction의 누적 판매량은 650만장으로 많은 판매량을 기록했다.

누적 판매량에서는 Starcraft에 떨어지나 Diablo의 경우에는 출시 한 달 만에 200만장이 팔리는 무서운 기세를 보여주기도 했다.

▶ 후자인 유통분야에서 blizzard는

그들이 개발한 상품의 유통에 직접 관여하기도 하며, 개발 제품의 관련 상품(게임 캐릭터 모형, 팬 아트, 캐릭터 상품, 디지털 다운로드 전용 사이버 아이템 등)을 제작하며, 탄탄한 게임 시나리오를 바탕으로 게임 내에서는 확인할 수 없었던 내용은 책으로 발매하여 고객들에게 상품을 파는 등 마케팅 활동에도 노력을 기울이면서 블리자드스토어(http://kr.blizzard. com/store/)도 운영하고 있다.

2) 회사 연혁

캘리포니아의 어바인(Irvine)에 본사를 두고 있는 블리자드 엔터테인먼트는 액티비전 블리자드(Activision Blizzard)의 자회사로서, 앨런 애드햄 회장(Allen Adham)과 마이크 모하임 사장(Mike Morhaime), 그리고 프랭크 피어스 부사장(Frank Pearce)에 의해 1991년 실리콘 앤드 시냅스(Silicon & Synapse)로 설립되었고 이후 1994년 블리자드로 회사명을 변경하였다.

이후 회사의 꾸준한 성장으로 EA와 함께 양대 게임 개발사로 성장하였으며 콘솔게임 퍼블리셔였던 Activision과 온라인게임 퍼블리셔였던 Viven di그룹 산하의 Blizzard가 2007년 12월 2일 Activision과 Blizzard의 합병을 발표, 2008년 7월10일 합병 완료하여, Activision은 Activision Blizzard로 사명을 변경하고 새로운 도약기를 만들며 게임 개발 퍼블리셔로 발돋움하였다.

Blizzard는 이제 빠르게 성장하고 있는 Interactive Entertainment 소프트웨어 업계에서 모든 부문에 걸쳐 시장 선두자리에 있는 세계적인 순수 온라인, 콘솔게임 기업으로서 독보적 우위를 갖고 있다. Activision Blizzard는 미국, 캐나다, 영국, 프랑스, 독일, 아일랜드, 이탈리아, 스웨덴, 스페인, 노르웨이, 덴마크, 네델란드, 루마니아, 호주, 칠레, 인도, 일본, 중국, 대만, 한국에 지사를 설립하였다.

지금까지 언급한 내용을 연도별로 정리하면 다음의 〈표 11-3〉과 같다.

〈표 11-3〉 Blizzard의 연도별 실적

날 짜	내용
1991	▸ '실리콘 앤드 시냅스'로 회사 설립. 250명 이상의 기획자, 프로듀서, 프로그래머, 아티스트, 사운드 엔지니어 들로 구성
1994	▸ Blizzard라고 회사 상호 명명
1994	▸ Blizzard 초창기인 당시 최고의 전략 시뮬레이션 게임 Warcraft Orc&Human
1995	▸ Warcraft2: Tide of Darkness 출시로 올해의 게임상 수상.

1996.12	▶ 블리자드의 액션 롤플레잉 게임(RPG) Diablo 출시
1998.3	▶ Starcraft 출시, 확장팩 Starcraft: Brood war는 1998년 최고의 확장팩으로 기록
2000	▶ Diablo 2를 출시. 출시 이후 단기간 가장 빠른 판매고를 올린 PC 게임
2001	▶ 확장팩 Diablo 2: Lord of Destruction은 2001년 최고의 베스트셀러로 기록
2002.7	▶ Warcraft3: Reign of Chaos 출시
2004.11	▶ World of Warcraft의 북미,호주, 뉴질랜드 출시
2005.1	▶ Warld of Warcraft의 한국 상용화 서비스 시작
2007.7	▶ Activision주주총회에서 Activision 주주의 92% 찬성으로 합병계약
2007.7	▶ Vivendi 와 Activision의 합병 완료, 공식명칭 Activision Blizzard 출범.
2008.11	▶ World of Warcraft: Wrath of Rich King출시하면서 상용화 시작, 최단 시간, 최대 판매 기록을 달성

3) 경영 방침

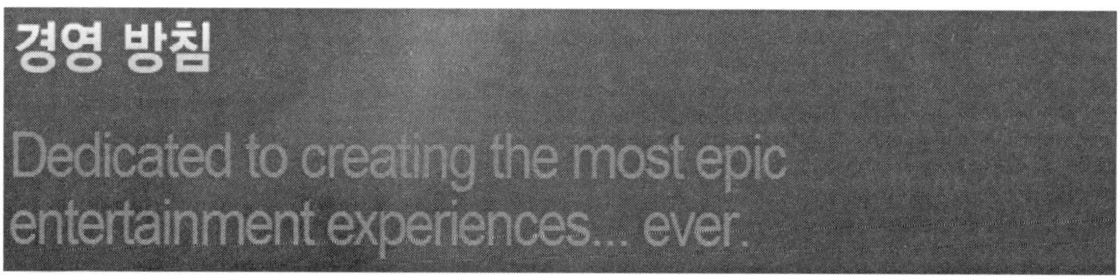

4) 손익 계산서 및 매출 현황(단위 : 천 달러)

Blizzard는 2008년도의 수익은 아래의 〈표 11-4〉에 보는 것처럼 2007년도에 비해 92%가 증가하였다. 이는 각 지역에서 2008년 동안 게임들이 출시되어 시장점유율이 7.2%나 올라 17.3%를 기록하였으며 특히 'Guitar Hero III:

Legends of Rock'이 미국과 유럽에서 좋은 반응을 얻어 매출 신장에 기여하였다.

또한 달러강세로 외환차익으로 인해 약 8천7백만 달러의 이익을 얻었으며 지역별 수익은 2007년도에 비해 2008년에 모든 지역에서 급속하게 수익이 증가했는데, 이유는 'Guitar Hero III : Legends of Rock 와 Call of Duty 4: Modern Warfare'의 매출증가로 인한 것으로 분석되고 있다.

제품분야별 수익을 분석해보면 PC시장에서는 'Call of Duty 4: Modern Warfare'의 판매증가로 인해 매출이 오른 것으로 분석된다. 콘솔시장을 보면 Play Station3가 2006년에 미국에서, 2007년에 유럽에서 각각 판매를 시작하여 대단한 성과를 올려 2008년도 현재 이익이 482%가 증가하는 등 매출액 증가에 기여 하였다. 또한 Xbox360의 경우 292%가 증가하였고, Play Station2는 43%정도 증가하였다. 닌텐도 Wii는 2006년 11월에 출시되어 소비자들에게 강한 인상을 남겨 빠르게 매출을 신장시키고 있다.

수익구조는 크게 Publishing과 Distribution으로 나뉘는데 2006년도에는 Publishing부분에서 순손실을 기록하였으나 2007년부터는 이익으로 전환되어 2008년에는 Publishing부문에 수익이 편중되어 있는 것을 알 수 있다.

<표 11-4> Blizzard의 손익계산 및 매출 현황

	2008	2007	2006
수익	2,898,136	1,513,012	1,468,000
비용	2,418,522	1,439,865	1,452,774
영업이익	479,614	73,147	15,226
투자수익	51,254	36,678	30,630
법인세차감전순이익	530,868	109,825	45,856
법인세비용	185,985	24,038	5,605
당기순이익	344,883	85,787	40,251
지역별 수익			
북아메리카	1,761,753	753,376	710,040
유럽	1,037,257	718,973	717,494
기타	99,126	40,663	40,466
제품분야별 수익			

Publishing			
Console	2,129,799	886,795	812,345
Hand-held	219,299	153,357	158,861
PC	156,068	78,886	183,457
Distribution			
Console	268,794	238,662	196,413
Hand-held	94,918	122,293	76,973
PC	29,258	33,019	39,951
영업이익 분배			
Publishing	461,718	64,076	(6,715)
Distribution	17,896	9,071	21,941

5) 마케팅 전략

(1) SWOT 분석

Strength	Weakness
· 성장가능성이 큰 독점판매권 · 합병&인수를 통한 산업 내 입지 확보 · 높은 현금보유량/낮은 부채비율 · 온라인게임 수익비율 점차증가 (온라인게임의 대중화에 따른 수익증가) · Diablo3 및 World of Warcraft의 확장팩 Cataclysm(대격변) 출시에 따른 기대감 증가	· 대부분의 수익이 소수게임에 의해 창출 · 각국 게임 유저, 지사들의 요구에 대해 수동적 대응 · 게임시장의 추세에 영향이 큼 · 최근 출시한 Starcraft 2: Wings of Liberty(자유의 날개)의 예상보다 저조한 실적
Opportunity	**Threat**
· 확산되는 게임시장 및 신규게임시장 등장 · 새로운 온라인 게임개발을 통한 수익 다양화 · 스마트폰 및 테블릿 PC의 보급·확대능 · 합병, 운영을 통한 성장 가능성 농후 · 게임 내에서의 광고 노출을 통한 수익	· 무수한 경쟁기업들의 게임개발 활동 · 경쟁기업간의 합병이 성사될 경우 시장점유율 하락 가능성 농후 · 시장의 경제상황과 소비심리 위축 · 기술의 발전이 기업의 경영전반에 걸쳐 영향을 미침

▶ SWOT 분석의 경우 기업의 거대한 능력이나 뛰어난 자본력과 시장에서의 높은 점유율에서의 강점, 기업이 거대하여 소비자들의 만족을 충족시키기 힘든 약점을 가지고 있다. 단기간에 급속도로 성장한 노하우에서의 기회를 갖고 있으나 타 경쟁기업의 합병으로 인해 넘어야만 하는 위기를 생각해 볼 수 있다.

특히 최근 Startcraft2: Wings of Liberty의 예상 밖의 저조한 실적은 경제적으로 부담이 되고 있으나 스마폰과 테블릿 PC의 보급·확대 추세는 새로운 사업영역의 기회이며 경쟁적 우위가 될 수 있다.

(2) STP분석

- Segmentation(시장세분화)

		연령대 구분		
		10대	20대	30~50대
게임장르	MMORPG	H(↑)	H(↑)	H(↑)
	RTS	H(↓)	H(•)	L(↓)
	RPG	H(↓)	M(•)	M(•)

Blizzard의 시장을 9개의 시장으로 분류하였다. 최근 새로운 게임의 개발보다는 기존 게임의 후속작의 개념으로 꾸준히 게임들을 출시하며 당분간 그럴 예정이기 때문에 게임의 장르에 따라서 시장을 세분화 하였다.

온라인을 기반으로 현재 Blizzard에서 가장 높은 수익비중을 차지하는 World of Warcraft가 있는 MMORPG영역, 지금의 Blizzard가 존재할 수 있도록 해준 Starcraft시리즈와, Warcraft시리즈가 포함되어있는 RTS영역, 이 밖에도 빠질 수 없는 Diablo시리즈가 있는 RPG영역으로 시장을 세분화 하였다.

게임시장에 있어서는 연령대도 중요하기 때문에 학업과 부모님 경제력을 바탕으로 게임을 즐기는 청소년 층 10대, 자력으로 게임을 즐기면서 조금 더 적극적인 소비를 보이는 20대, 바쁜 현실에 비교적 게임을 즐길 여건이 부족해지는 30~50대층으로 총 9개 시장으로 분류된다.

또한 표에 나타난 H, M, L은 High, Middle, Low의 약자로 인터넷 조사를 참고로 한 관심도를 나타내며 ↑는 높은 수익성 ● 는 중간정도의 수익성 ↓는 낮은 수익성으로 예상되는 수익성을 나타낸 것이다.

위에서 언급한 MMORPG는 Massive(ly) Multiplayer Online Role-Playing Game의 약자로 RPG게임을 인터넷 기반으로 여러 사람들이 동시에 즐기는 게임 장르를 일컫는다. 또한 RTS는 실시간 전략 게임을 말하는 것으로 Real Time Strategy의 약자이며 유저 vs 인공지능 혹은 유저 vs 유저간 실시간 명령을 통해 전략을 겨루는 게임 장르를 일컫는 것이다. RPG는 롤플레잉 게임을 말하며 Role-Playing Game의 약어로 플레이어들이 가상의 인물의 역할을 맡아 정해진 규칙을 따라 자신의 캐릭터를 키우고 조종하는 게임 장르를 일컫는다.

- Targeting

  Group A - 게임을 즐기지 않는 그룹.

  Group B - 게임을 좋아하는 10대 청소년 그룹

  Group C - 게임을 좋아하는 20대 성인 그룹

  Group D - 게임을 좋아하는 30대 이상 성인 그룹

  Group 1 - MMORPG 게임영역

  Group 2 - RTS 게임 영역

  Group 3 - RPG 게임 영역

위의 표에서 알파벳 그룹 가운데 Grup C인 게임을 좋아하는 20대 성인그룹이 소비에서 가장 적극적인 모습을 띄고 있으며, 숫자 그룹에서는 Group 1인 MMORPG가 제일 높은 수익성을 낼 것으로 보인다. 따라서 중점적으로 신경을 써야 할 목표는 Group C-1이며 한편 잠재적인 고객들을 위해서는 Group B-1에 대하여 집중하여야 한다.

-Positioning

Activision Blizzard는 합병 이후에도 서로 분리된 2개의 운영조직으로 Activision Publishing과 Blizzard Entertainment가 별도로 움직이며 Activision Publishing은 콘솔 및 PC게임, 휴대기기에 Blizzard는 온라인 게임에 전력을 다하고 있다.

Blizzard의 게임 시장을 장르별로 나누어 보면 Starcraft, World of Warcraft, Diablo 세 가지로 나눌 수 있다. 이처럼 소수의 기업들만이 수익 구조를 갖게 되는 것은 위험 요소로 작용할 수도 있지만 프리미엄 정책으로 고수익을 창출하기 위한 전략적 접근방안 일수 도 있다. 즉 브랜드 로열티와 제품 차별화 전략의 일환이라는 것이다.

따라서 Blizzard의 경우 앞으로도 계속기업으로서의 자리매김에 있어 위협에 대한 대안으로서는 소수 제품군 라인의 확충이 필요하다.

(3) 4p 분석

-Product

다양한 소비자층을 겨냥한 게임 개발하여 게임마니아, 아이, 성인, 대형시장 소비자에 이르기까지 폭넓은 소비자층의 확보를 위해 게임을 만들고 있다.

제품 생산 시 연동 가능 플랫폼 구축을 통한 원가 절감으로 하나의 제품이 하나의 플랫폼에서만 실행될 수 있는 한계를 뛰어넘어 플랫폼별로 같은 제품을 출시하여 위험을 줄이고 매출을 상승시키고 있다.

-Price

-Blizzard사의 World of Warcraft의 요금표

-국내 게임기업 NC Soft사의 Lineage2의 요금표

상품명	요금(VAT 별도)	요금(VAT 포함)
7일 (스타크래프트II 무료 이용 가능)	6,400원	7,040원
30일 (스타크래프트II 무료 이용 가능)	18,000원	19,800원
90일 (스타크래프트II 무료 이용 가능)	43,200원	47,520원

위의 표에서 보는 것처럼 Blizzard사의 제품은 타사의 제품보다 낮은 가격에 책정되어 있다. 초기 Blizzard사는 타사보다 높은 월 정액제나 비싼 패키지 게임의 발매로 프리미엄 전략을 펼쳐 왔었다.

하지만 국내 게임유저들의 반발로 다른 경쟁업체와 비슷한 정도의 가격전략을 사용하거나 또는 Starcraft2와 World of Warcraft의 추가 이용을 가능하게 하여 오히려 질 좋은 서비스를 저렴한 가격에 제공하는 저가전략을 선택하고 있다.

- Promotion

Blizzard사가 촉진 활동을 통해 자신들의 게임을 더 알리고 고객들을 끌어들이는 방법은 다음과 같다.

먼저 클로즈베타서비스는 테스트를 하고자 하는 기업에서 정해준 특정한 사람들로만 발매 전의 게임을 사전 테스트하는 것이다. 이를 통해 알파테스트에서는 포착하지 못한 게임의 문제점을 발견하고 수정하는 과정을 거치고 있으며 이러한 테스트 기간 동안 테스터들에게 게임과 관련된 정보를 수시로 제공하고, 테스터들만을 위한 게시판, 클라이언트 다운로드 등을 제공하여 테스터들로 인해 Starcraft2 뿐만 아니라 World of Warcraft의 좋은 인식이 입소문을 통해 퍼져 나갈 수 있도록 하였다. 앞으로도 출시될 Diablo3에서도 사용 될 경우 바람직한 프로모션이 될 수 있을 것이다.

오픈베타서비스는 게임에 참여하고 싶은 불특정 다수의 사람을 모두 참여시켜 문제점을 찾아내 보완하고, 게이머들의 요구를 수용해 더 나은 게임을 만든 후 비로소 상용화에 들어가게 된다. 또한 블리자드의 경우는 이미 게임 산업 내에서 상당한 위치를 차지하고 있기 때문에 오픈베타서비스 만으로도 언론의 집중을 받게 된다. 그렇기 때문에 이를 통해 광고효과를 볼 수도 있으며 오픈베타서비스의 참여한 게이머는 유료 서비스 이후에도 게임을 할 가능성이 높기 때문에 지속적인 수익창출의 유인이 된다.

게임 시연회, 박람회(G☆Star, WWI)의 경우 게임시장에서는 정기적으로 세계적인 게임 박람회가 열린다. 대표적인 예로 우리나라에서 매년 열리는 G☆

Star(지스타), 블리자드 주관으로 매년 열리는 World Wide Invitational, Tokyo Game Show 등으로 각종 박람회에 꾸준히 나가 상당한 규모의 부스를 차지하고 게임을 개발 중인 게임을 출시 전에 시연시켜주는 등의 방법을 통해서 게임을 알리고 잠시지만 기존 고객, 잠재 고객들이 Blizzard사의 게임들을 접하게 되는 좋은 판촉활동이 되고 있다.

〈부산 Bexco에서 개최 된 G☆Star 2010 홍보 포스터와 현장사진〉

-Place

북미시장의 경우 판매나 대여가 가능한 Best Buy, Circuit City, GameStop, 월카트 등의 제3의 유통업자를 판매 소매점에 배치하였다.

특히 미국, 캐나다에서는 대량 판매 소매상, 전자상가, 할인점, 게임 전문 스토어에서 직접 판매하는 방식으로 소매상과의 직접적인 거래 관계를 통해 재고관리, 판매, 간접적 소비자와의 커뮤니케이션에 효과적으로 대응하였다.

또한 국제 유통망은 영국, 독일, 프랑스, 일본, 한국 등의 지사를 소유한 지역에서는 지사가 직접 관리하고 있으며 지사가 없는 지역에서는 전문유통업자와의 계약을 통해 판매 관리하였다.

6) 제휴 및 인수합병 전략

(1) 인수합병 단계별 핵심 요약

Vivendi 그룹은 기존의 Vivendi Games의 주식을 Activision에 매각하는 동시에 Activision의 신규 발행 주식을 매입하므로써, Vivendi는 Activision의 총 발행주식의 52%를 보유한 대주주가 되어, 사실상 그들의 자회사가 되었다.

그리하여 Vivendi 그룹에 속해 있던 기존의 Blizzard와 Activision의 합병으로 게임시장의 거대 기업이 탄생했음에도 불구하고 Activision Blizzard는 그들이 각자 개발해 오던 주력분야는 그대로 지키는 '한 지붕 분권형 개발 전략'방식을 택하고 있다.

Activision과 Blizzard는 서로 분리된 2개의 운영조직으로 Activision Publishing과 Blizzard Entertainment가 별도로 움직이며, Activision Publishing은 콘솔 및 PC게임, 휴대기기 게임에 북미와 유럽시장에서 강점을 갖고 있고 Blizzard는 온라인 게임과 아시아권 에서 경쟁력을 갖고 있다.

기존 Vivendi games하에 있던 Blizzard는 온라인 게임 시장에서 이미 World of Warcraft, StarCraft 시리즈, Diablo 시리즈, Warcraft 시리즈로 명성을 떨치고 있다. 따라서 블리자드는 'World of Warcraft', 'Starcraft' 게임 라인업에 집중하고 Activision은 'Guitar Hero', 'Call of Duty' 등 각자의 게임 타이틀을 키우고, 독자적 개발 방식을 택한다. 또한 Activision은 Special Force로 유명한 국내 개발사 Dragon Fly와 'Quake wars'를 공동개발하고 있는 상황이다.

이 역시 Activision과 Dragon Fly와의 전략적 제휴이며 Blizzard는 관여하지 않고 있어 Activision과 Blizzard의 '한 지붕 분권형 개발' 전략을 뒷받침하는 대표적인 사례라고 볼 수 있다.

(2) 예상되는 시너지 효과와 Activision Blizzard의 전략

Vivendi 그룹의 미디어 사업과의 시너지 효과를 이용한 전략으로 Activision Blizzard는 Activision의 히트 게임인 'Guitar Hero'와 Vivendi 그룹 산하의 Universal Music Group을 연계시킨 온라인 음악 플랫폼을 구상하고 있다.

실제로 'Guitar Hero' 사용자만 해도 2000만 명에 달하고, 이미 많은 사용자들이 기타 히어로에 사용된 음악 악보를 다운받고 있어 Activision과 Blizzard의 합병을 통해 새로운 비즈니스 모델에 대한 기대감을 주고 있다.

수익원 및 수익모델 확보전략으로는 콘솔과 온라인의 강자가 결합한 것인 만큼, 콘솔 게임을 온라인으로 출시하고, 온인게임을 콘솔, 모바일로 출시하는 등 크로스 플랫폼 전략을 구사할 수 있다. 비즈니스 모델 면에서도 Blizzard의 안정적인 모델이나 게임광고 등의 온라인 게일의 다양한 수익모델을 Activision의 콘솔 게임과 접목시키는 시도가 활발해지고 있다.

또한 글로벌 성장 전략의 성공적인 요소로는 Activision의 콘솔 패키지 게임 퍼블리싱, 유통 네트워크와 Vivendi의 모바일, 음악 콘텐츠 유통 네트워크, Blizzard의 아시아 지역에서의 강력한 브랜드 파워 등이 큰 자산이 될 것으로 예상된다.

마지막으로 운영 비용상의 절감 효과를 얻을 수 있는 점으로 글로벌 유통망, 경영지원 조직, 고객 관리 서비스를 공유할 수 있어서 운영비용 등에서의 절감 효과가 기대되고 있다.

(3)) Activision Blizzard가 극복해야 할 리스크

Activision과 Vivendi의 수익구조는 소수 타이틀에 집중한 것으로 분명히 시장 내에서는 확고한 입지를 점유하고 있지만, 그들의 수익구조는 합병된 이후에도 소수의 제품에 치중되어 있어 매출 구도의 불안정성이 리스크의 요인으로 작용하고 있다.

실제로 Activision의 2008년 매출의 65%가 상위 3개 게임(Guitar Hero, Call of Duty, Tony Hawk)에 의존하고 있으며, World of Warcraft는 Vivendi 게임의 2007년 매출의 77%를 차지하고 있다.

인수합병 이후에도 소수의 제품에 집중되어 있는 비즈니스 포트폴리오의 특성을 잘 관리하기 위해서는 지속적으로 인기 타이틀을 제작해 낼 수 있는 역량을 확보를 통하여 다양한 수익원으로 최대한 활용할 수 있는 전략을 세워야 한다.

또한 Activision Blizzard가 추진하고 있는 Guitar Hero와 Vivendi 그룹 산하의 Universal Music Group을 연계시킨 온라인 음악 플랫폼을 구축하는 전략은 경쟁사들의 미디어 사업자들과의 활발한 연계전략에 대한 대응전략에 성패가 달려있다.

실제로 경쟁사인 THQ는 Disney. Pixar, WWE(월드 레슬링 엔터테인먼트 등의 콘텐츠를 활용하여 매출의 54%를 창출하고 있으며, 미디어 사업자인 Activision과 게임사업자의 대표주자인 Blizzard의 합병은 THQ에게 미디어와 게임의 혼합이라는 그들의 합병에 의한 시너지를 간파할 수 있는 도구를 마련해 준 계기라고도 할 수 있겠다.

따라서 Activision Blizzard는 이들 경쟁사들을 벤치마킹하는 동시에 효과적으로 견제하는 전략이 필요하다.

(4) 국내기업과의 제휴

Activision Blizzard는 과거부터 한국은 물론 세계의 PC 패키지시장에서 꾸준히 성장해온 대형 게임 퍼블리셔이다. Activision과 Dragon Fly의 양사 간의 'Quake wars Online' 게임으로 온라인게임 시장의 진출을 가속화하고 있다.

한국시장에서 Special Force를 통해 수익성과 흥행성 모두를 만족시키고 한국형 온라인 FPS게임을 성공적으로 정착시킨 Dragon Fly와 제휴하여 그들의 노하우를 바탕으로 온라인 FPS시장을 공략하려고 하고 있다. 또한 'Quake wars Online'의 아시아 판권 이하, 일부 지역을 제외한 모든 판권을 Dragon Fly에게 위임하며 이를 통해 양 사 간의 제휴관계를 지속하고 있다.

온라인 FPS시장을 개척하므로 해서 오프라인게임에 편중된 매출 비율을 온라인게임 분야로 변화시키면서 안정된 매출을 이룰 수 있다. 또한 Dragon Fly의 Special Force는 한국시장을 제외하면 활동 폭이 좁은 것이 사실이다.

'Quake wars'는 잘 구성된 시나리오 및 게임 데이터들과 이미 제작된 많은 그래픽과 흥행요소까지 게임 개발에 이용되기 때문에 신제품의 개발시간이 단축되는 상점이 있다.

제 12 장

글로벌 시대의 국제마케팅

제1절 글로벌 시장의 변화와 M&A

제2절 사회적 책임의 활성화와 현지화

제3절 글로벌 공동브랜드의 등장

제 1 절 글로벌 시장의 변화와 M&A

1) M&A의 의의

국경과 지역을 초월하여(stateless and borderless) 이질적인 정치와 경제 및 문화적인 환경을 갖고 있는 글로벌 시장에서 계속기업(going concern)으로서의 역할을 수행하고 있는 글로벌기업들은 이제 세계 방방곡곡에서 쉽게 찾아볼 수 있게 되었다.

이제 글로벌경영(global management)은 기업활동의 롤 모델(role model) 이 되는 가운데 어느 국가나 기업들도 거스를 수 없는 대세(大勢)가 되었다.

해외시장에 진출하는 기업들은 적극적으로 경영활동을 수행하기 위하여 직접투자(FDI)를 시행하게 된다. 물론 이러한 투자활동은 투자 지분율에 따라서 단독투자(sole investment)와 합작투자(joint investment)로 나눠진다.

현지국에 진출하여 먼저 공장 부지를 마련하고 공장이나 사업장을 건설하는 신규설립(Greenfield investment)의 과정을 거치기도 하지만 이와는 반대로 현지의 기업을 인수하거나 합병(M&A)을 하는 방식(Brownfield)을 채택하기도 한다.

기업 특유의 자본과 경영전략을 수행할 수 있어서 통제와 자율권이 보장되는 단독투자(sole investment)는 이를 수행하는 과정에서 발생하는 위험이나 손실을 감당해야만 하는 단점은 있으나 기업의 지분을 공동으로 소유하는 것은 물론 기업 경영에서의 의사결정도 함께 하는 장점도 있다. 물론 대개의 다국적기업들은 단독투자를 선호하지만 전략적인 차원에서 합작투자(Joint Venture)를 시행하기도 한다.

이러한 경우 합작투자를 실현하려는 기업들은 자원이나 위험의 공유 또는 신제품 및 신시장의 신속한 진입이나 점유율의 제고를 위하여 전략적 제휴(strategic alliance)를 맺게 된다.

그동안 M&A는 자동차, 가전 및 섬유산업과 등과 같이 수직적 관계에서 이뤄졌으나 최근에는 Licensing, Franchising의 분야에서 활발하게 이뤄지면서 생산, 기술개발, 마케팅 등의 비정형화된 분야에서도 이뤄지고 있다. 물론 이러한 전략적 제휴를 통하여 제휴기업들은 투자비용 및 위험을 감소시키고 기술 등에서의 경쟁적인 우위(competitive advantage)의 획득을 통하여 결과적으로는 특정 성장산업에서의 선점(先占) 및 선진국의 경영관리 기법이나 기술 등을 획득할 수 있게 된다.

전략적 제휴의 사례로는 1997년에 결성된 Star Sky Alliances를 들 수 있다. 이는 항공 마일리지의 공유(共有)로 항공시장을 선점(先占) 내지 확대(擴大)를 위하여 Asiana를 비롯한 Air Canada, ANA, United Lines, Luft Hansa, Thai Air Lines, Swiss Air Lines 등이 참여했으며, 이어서 2000년에 결성된 Sky Team에는 KAL, Delta, NW, KLM, Alitalia, 中國南方航空 등이 참여하고 있다.

그리하여 전략적 제휴의 참여 기업들은 기술 · 조달 · 생산 · 판매에서의 제휴를 통하여 그들 각 기업들의 경쟁력을 제고시키면서 서로 간에 Win-Win 할 수 있게 되는 것이다.

물론 다국적기업들은 해외 시장에 진출하여 새로운 기업을 설립할 수도 있지만 기존의 기업을 인수 · 합병하는 것이 훨씬 유리하기에 이를 선호하고 있다. 대개의 경우 특정의 기업은 피인수기업 전체를 흡수(merger)하는 경우도 있으나 이와는 반대로 오직 경영권만을 확보하여 인수(acquisition)하는 경우도 있다. 이러한 추세는 특히 최근에 이르러 국내의 대기업과 세계적인 대기업들인 다국적기업들 간에 빈번하게 M&A가 이뤄지고 있다.

2) M&A의 종류

M&A는 무엇보다 신속하게 원(願)하는 시장에 진입할 수 있다는 장점과 진입하려는 시장에서 필요한 기술이나 경영에서의 경쟁력을 획득할 수 있을 뿐만 아니라 기존의 자사제품에 신제품을 추가시킬 시장기회를 획득할 수 있다는 장점을 갖고 있다.

그러나 언제나 장점(merit) 내지 기회(opportunity)만이 있는 것이 아니라 인수 또는 합병하는 기업들간의 기업 문화의 차이로 갈등이 이전보다도 심화되거나 M&A 이후에 도 생산성이 높지 않고 또는 기대한 만큼의 시너지 효과가 실질적으로는 높게 나타나지 않는것 등의 단점(demerit) 내지 문제점들도 갖고 있다.

이러한 M&A에는 기존의 산업분야의 고객 등을 대상으로 한 수평적(vertical) M&A, 기존의 경쟁기업을 대상으로 한 수직적(horizontal) M&A, 기존 기업에서의 제품라인을 보완하기 위한 제품 확장형(product extension) M&A, 진입시장에서의 지속적인 성장 및 확대를 위한 시장 확장형(production extension) 그리고 M&A 및 기존 기업의 성격과는 전혀 관련이 없는 기업에 대한 M&A 등으로 구분하여 볼 수 있다.

이제 기업의 외적 성장을 위한 발전전략으로서 빈번하게 사용되고 있는 기업의 인수와 합병, 즉 M&A에 관련하여 알아보기로 하자.

M&A는 타 기업의 경영권 확보를 위해 합병(merger)하거나 자산 또는 주식의 취득을 통해 인수(acquisition)하는 것으로 여기에서 얻게 되는 장점들은 다음과 같다.

첫째는 경쟁력이 소진된 기업의 소유 및 지배력을 특정의 기업이 인적·물적·자본적 결합으로 동일한 관리체제하에서 기업활동을 통하여 신속하게 시장진입을 할 수 있다.

둘째는 기존 기업의 생산·판매·재무·R&D 등에서의 시너지 효과를 얻을 수 있다.

셋째는 새롭게 제품라인을 추가할 수 있는 점을 통하여 기업활동을 연장 내지 강화시키려는 기업결합행위로 인수기업의 생산성과 자본 투자에서의 효율성을 제고할 수 있다.

물론 M&A에 따른 단점도 있을 수 있으며 이들의 내용은 다음과 같다.

첫째는 인수대상 기업의 선정과 평가가 쉽지 않은 점으로 비밀유지는 물론 회계기준의 차이나 허위재무제표 등의 문제가 있다.

둘째는 공장설비의 노후화로 신규투자비가 소요되는 점이다.

셋째는 법률·행정적인 점으로 현지국이나 본국에서 인수합병에 의한 시장진입을 제한하는 점이다.

M&A가 성사될 경우에는 기본적으로 주식확보를 통하여 이뤄지며 이 경우 대개는 기존의 대주주가 보유한 주식을 사들이게 된다. 그리하여 M&A는 거래 성격에 따라 목표기업, 즉 피인수기업의 경영측과의 우호적(friendly)인 합의에 따라 이뤄지는 우호적 M&A가 있고 이와는 반대로 경영층의 반대에도 불구하고 대상기업의 범위가 넓고 인수가액에 경영권 프리미엄이 포함되지 않아 인수 가액이 낮아지는 매력이 많다는 점 때문에 주주들을 대상으로 하여 인수하면서 공개매수방식(TOB)을 이용하는 적대적(hostile) M&A가 있다.

이외에도 Trio M&A라 하여 2개 업체만 결합하는 것이 아니라 관련된 3개 업체가 합치는 M&A도 있으며 A&D(Acquisition & Development)라 하여 R&D를 통해 높은 기술력을 확보하고 있거나 높은 성장성을 갖고 있는 기업이나 유망 벤처기업을 인수하여 인수기업의 가치를 극대화하는 전략도 있다.

구체적으로 M&A 협상이 이뤄지게 될 경우에는 매수기업(買受企業)은 먼저 매수희망기업(事業)과 희망가격을 제시하고 매도기업(賣渡企業)은 매도기업에 대한 개괄적인 자료 및 재무자료와 함께 매도희망가격을 제시하는 정보매칭(matching)을 하면서 비밀유지를 약정하게 된다.

한편 매수기업(買收企業)은 매수대상기업의 사업타당성 및 합목적성을 평가하며 매도기업(賣渡企業)은 해당 산업 및 시장에 대한 분석을 실시하는 등 본격적으로 협상을 시작하게 된다. 이어서 양 기업들 간에 매수·매도에 대한 기본 합의서(基本合意書)를 작성하 및 비밀유지계약을 작성하는 기본합의서 작성단계를 거치며 상대 기업으로부터 제공받은 자료를 검증하고 평가하는 기업실사(企業實査)의 단계를 갖게 되고 이어서는 법률 및 세무 및 구체적인 매도·매수조건에 대한 최종협상이 있고 다음으로는 양수도계약(讓受渡契約)을 체결하면 된다.

끝으로 매수기업은 대금 지급 등과 같은 의무를 실행하면서 매수기업을 경영하는 한편 매도기업은 대금을 인수하게 되면 M&A협상은 종료하게 된다.

마지막으로 효율적인 M&A를 수행하기 위한 요건으로는 첫째로 재무전문가와 변호사 등으로 이뤄진 인수팀의 구성과 이들에 의한 인수기업에 대한 전반적인 콘텐츠에 관련한 사전적인 자료의 수집 및 분석에 대한 작업과 함께 인수 이후의 성장전략을 수립하고 추진할 수 있는 기업개발팀의 구성이 필요하다.(DBR, 2008)

둘째는 대규모의 M&A를 추진하기 이전에 소규모의 M&A를 통한 학습과정이 되는 M&A에서의 경험 축적이 필요하다.

셋째는 수요와 공급이 풍부한 핵심사업분야에서의 M&A시장을 고려하여야 한다.

넷째는 자신의 기업분야에서 핵심능력(core competence)을 갖고 있지 못한 분야에서의 M&A는 실패하기 쉽다는 점을 간과해서는 안 된다.

이제는 위에서 언급한 현지국에 신규투자로서 진출하는 Greenfield와 그렇지 아니한 Brownfield에 관련하여 최근의 사례를 통하여 살펴보기로 하자.

국내에서의 유통환경이 치열해지면서 중국에 진출한 이마트에서는 부지(敷地)를 구입하고 점포를 새로 열어 상권을 창출하는 적극적인 마케팅전략을 수행하였으나 이마트보다 10년이나 늦게 후발기업으로 진출한 롯데쇼핑은 마크로와 타임스 등 현지에 진출하여 있는 기존의 업체를 인수 · 합병(M&A)하는 전략을 수행하였다. 중국에 처음 진출시는 물론 최근까지도 호황을 보이고 있던 이마트는 현재 중국에 27개의 매장을 보유하고 있으나 매년 적자가 늘어나 철수를 하거나 재정비를 해야 할 처지에 놓였다.

그러나 롯데는 2007년에 이마트보다도 늦게 진출하였음에도 불구하고 현재 82개의 매장을 개점하면서 중국 시장에 안착을 하여 지속적인 성장을 보이고 있다. 즉 Lotte의 경우 현지국에 부지(敷地)를 마련하여 공장을 설립하는 식으로 현지법인을 세우는 이른바 'Green field' 투자방식이 아니라 M&A를 통하여 단번에 현지 인력 · 기술 등을 얻는 'Bown filed' 투자방식이 더욱 유효하다는 것을 보여주는 사례이다.

물론 처음에는 기업 또는 기업 최고의사결정권자의 신념에 의한 적극적인 진출전략으로 해외시장에 진출하는 것이지만 이에 못지않게 일사불란(一絲不

亂)하게 한국 또는 본사의 독창적인 시스템을 현지 시장(국가나 지역)에 구축 내지 적용시키는 것이 훨씬 용이하다는 이유도 있다.

3) M&A의 최근 사례

2011년 8월 공정거래위원회의 보고서에 따르면 한국의 기업들에 의한 M&A의 신고 건수는 모두 17건에 금액으로는 1조 9000억 원에 이르렀다. 이는 2008년 9건(규모 1039억 원)이나 2009년 9건(3006억 원)에 비하면 급격히 늘어난 것이다.

이에 관련한 구체적인 사례에는 다음의 〈그림 12-1〉에서 보는 것처럼 미래에셋-휠라코리아가 컨소시엄을 이뤄 세계적인 골프용품업체인 아쿠쉬네트(6월, 12억3000만 달러)의 인수, 포스코에서의 동남아시아 최대 스테인리스 생산업체인 태국 타이녹스 인수(7월, 5000억원), 이랜드의 이탈리아의 가방 브랜드인 만다리나덕 인수(7월, 700억원), 아모레퍼시픽의 프랑스 향수 브랜드 아닉구딸(8월, 300억 원) 인수 등이 있다.

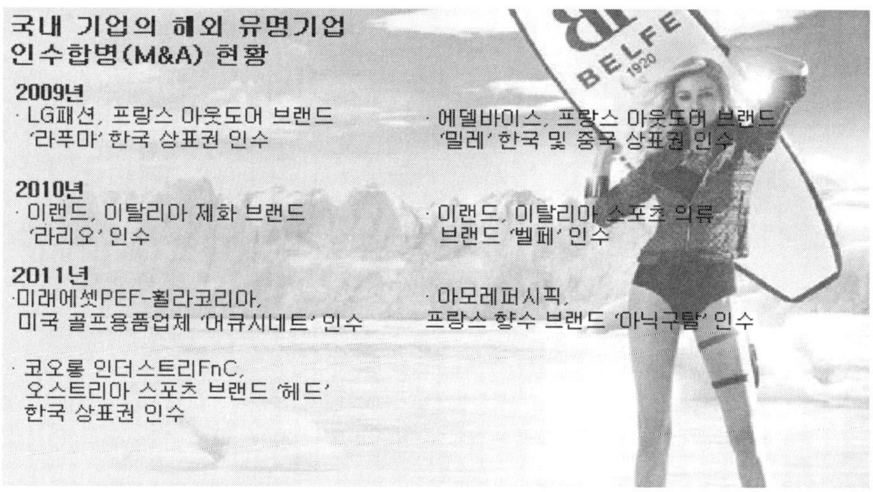

이처럼 Brown Field M&A가 늘어난 것은 금융위기 이후 유럽과 미국 등지에서 괜찮은 매물이 꾸준히 나오고 있기 때문이기도 하지만 M&A를 통해 시장

과 기술을 단기간에 확보할 뿐만 아니라 기업들이 '10년 내 몇 배로 성장을 하겠다'는 식의 목표를 갖고 적극적으로 추진하기 때문이다.

삼성전자는 Google의 Motorola 인수에 대응하기 위하여 해외 소프트웨어 업체나 헬스케어 업체를 M&A 대상으로 적극적으로 물색하고 있다.

적극적인 기업인수는 장점을 갖고 있기는 하지만 기업의 설립이나 성장과정에서의 독창적인 문화가 노출되면서 서로 충돌하게 되고 드디어는 M&A 이후 인수대상 기업의 핵심적인 인력의 이탈을 불러올 수 있다는 단점도 가지고 있다. 그러므로 M&A가 대세라고 하여 성급하게 추진하는 것 보다는 합작이나 공동개발과 같은 전략적 제휴를 거쳐 중장기적인 차원에서 단계적인 절차를 거쳐 인수·합병을 고려하는 것이 바람직하다.

제 2 절 사회적 책임의 활성화와 현지화

1) CSR의 의의

국제표준화기구(International Standard Organization)는 지난 2011년 말에 사회적 책임의 국제표준인 ISO26000을 발표하였다. 이의 주요 내용은 7대 원칙인 설명 책임, 투명성, 윤리적 행동, 이해관계자의 이해관계 존중, 법률 존중, 국제행동규범 존중, 인권 존중과 7대 핵심 주체인 조직 거버넌스, 인권, 노동관행, 환경, 공정운영관행, 소비자 이슈, 지역사회 참여와 발전 등 36개의 쟁점들이다.

중국 경제는 개혁 개방 이후 '소비-투자' 주도의 성장에서 2000년대 이후부터는 '투자-수출'의 외부지향으로 바뀌었으며 그 결과 고도의 경제 성장을 이룩하였다. 그러나 대외적으로는 중국의 경제발전이 가속화되면서 통상마찰과 압력이 가중되고 국내적으로는 도시와 농촌, 지역간, 계층간의 소득격차에 따른 사회갈등의 격화 및 이에 동반한 노사분규의 증가는 더욱 심화되고 있는 상황에 이르렀다.(유정, 중국의 비즈니스 환경변화에 대한 한국 중소기업의 대응전

략 : 기업의 CSR을 중심으로, 2011 추계학술대회 발표논문집, 한국국제경영관리학회)

그리하여 중국의 행정 당국은 '12-5 계획'으로 새로운 성장 동력(成長動力)을 찾으려 하고 있다.

<표 12-1> 계획의 주요 목표와 방향

기본방향	주 요 내 용	
	구 분	비 고
거시목표	GDP 성장률	12-5 계획 시기 연평균 7% 성장
	GDP 총금액	2015년 목표 55조 위안(2010년 기준)
	경제성장방식	내수(內需)주도 경제로 전환 강조
경제산업 구조조정	신농촌건설	- 농업 현대화 추진 - 농민 수입(收入)의 다양화 추진 - 인프라 건설 지속 - 농촌 발전 체제 완비
	제조업 구조의 고도화	- 정보화와 공업화의 융합/핵심경 쟁력 향상 - 중소기업 진흥
	전략적 신흥 산업 발전	- 7대 전략적 신흥산업 육성:에너지 절약 및 환경보호/정보기술/바이오/첨단장비 제조/신에너지/신소재/신에너지 자동차
	서비스업 발전 가속화	- GDP 대비 서비스업의 비중 4% 증가 - 금융/물류/첨단 기술/상무/관광 등 서비스업 발전 추진
지역간 균형발전	지역발전, 전반적 전략 실시	- '서부대개발' 전략 지속화 - '중부굴기(屈起)'전략 본격 추진
	도시화 가속화	도시화율 47.5%(2010년)에서 51%로 증가(2015년)
자원절약 및 환경보호	에너지 자원의 절약 에너지 재생 분야 발전 가속화	1차 에너지 소비분야에서 비화석에너지 비중 11.4%로 증가
	기타 자원보호 및 절약	삼림 자원 보호(면적 21.66%) 수자원 보호

'세계의 공장'인 중국에서는 2002년에 WTO에 가입한 이후부터 '기업의 사회적 책임'에 대한 중국의 정부와 소비자의 기대 수준이 높아지고 있다. 특히 2008년의 쓰촨성 대지진 이후 기업들에 의한 기부금이 크게 늘어나면서 부터 중국에서도 기업의 사회적 책임, 곧 CSR(Corporate Social Responsibility)에 대한 관심의 고조와 함께 널리 도입되기 시작하였다.

더구나 '得人心自得天下'라는 인식이 널리 퍼져있는 중국은 2008년에 '중국 공업기업 및 공업협회의 사회적 책임 지침'을 발표하면서 기업의 사회적 책임 체계, 기업의 사회적 책임보고서, 공업협회 사회적 책임에 대한 지침을 구체화 시켰다.

그리하여 한국의 새로운 생산기지인 동시에 시장이기도 한 중국에 진출한 기업들은 CSR 활동에 적극적일 뿐만 아니라 높은 봉급 수준이나 기숙사의 제공이나 고용 촉진, 합법 납세와 같은 경제적 책임과 법적 책임과 같은 기본적인 복지를 제대로 준행(遵行)하여야만 할 것이다.

2) 중국에서의 한국기업 CSR 사례

1995년에 중국 상해에 2,200만 달러의 투자로 라면공장을 설립한 1998년에는 양쯔강 이남 지역에 판매를 담당할 상해농심유한공사를 설립한 농심은 2010년 상해에 엑스포를 축하하는 메시지를 담은 대형 옥외 광고판을 공항에서 도심에 이르기까지 설치, 운영하여 현지인들에게 우호적인 인상을 심어 준 적이 있다.

1997년에 베이징 인근에 랑팡공장 인근에 스낵공장을 설비한 오리온은 1998년 남방 지역의 홍수나 2003년 싸스, 2008년 쓰촨성의 지진 등이 발생하였을 때 거액을 기부하였다.

현재 중국에 식품 부문 회사 등 18개의 업체를 통해 사업을 운영하고 있는 롯데의 경우에는 '有樂天·好明天'이라는 브랜드 광고를 통해 브랜드 인지도를 높이는 동시에 사회공익사업인 [희망공정]에 자선기금 100만 위안(약 1억 3000만원)을 기부한 바 있다.(김주헌·조정, 외국기업의 CSR 활동이 기업 이미지와 구매의도에 미치는 영향:중국 진출 한국 식품기업을 중심으로, 국제경영리뷰, 한국국제경영관리학회, 2011. 9)

이제 한국기업들이 중국에서 수행하고 있는 구체적인 CSR 활동의 내용들을 좀더 살펴보기로 하자.

지난 1997년 2월에 중국에 진출한 이마이더(E-Mart)와 지난 1993년부터 진출하기 시작하여 중국에서 '愛在中國'의 기업이념을 갖고 LG 전자유한공사를 설립하여 13개의 생산 및 판매법인, 2개의 판매법인과 6개의 연구소를 운영하면서 지역별 총괄본부를 화북(華北)지역에는 북경(北京)에, 화동(華東)지역은 상해(上海)에, 화남(華南)지역은 광주(廣州), 동북(東北)지역은 심양(沈陽), 화서(華西)지역은 성도(星都), 화중(華中)지역은 무한(武漢)에 두고 있으며 A/S센터 1,200여개에 40,000명의 직원들을 고용하는 등 활발한 경영활동을 수행하고 있다.

또한 SK 케미칼은 2001년에 청도에 복합소재 전문회사인 SK 청도화공유한회사를 설립 한 이후 소주(蘇州)와 북경(北京에 유한공사를 설비하는 등 화학관련의 기업체를 법인 5개, 사무소를 3개소를 설립하고 활발한 활동을 벌이고 있다.

〈표 12-2〉 E-Mart · LG · SK의 중국에서의 CSR 활동 요약

CSR	내 용
경제적 책임	이익 창출/고용 창출
법률적 책임	현지 법규 준수/합법적인 납세/법정 복지 제도 준수
환경적 책임	환경 정화/에너지 절약/폐기물 감축/친환경제품 개발/에너지 절감 제품의 사용
윤리적 책임	정도(定道) 경영(공정거래/투명경영/공정경쟁/납품 결제시기 축소)
자선적 책임	교육지원/일자리 창출/농촌생활 및 문화환경 개선/재해지역 기부/불우이웃돕기/사회약자 후원 /빈곤학생 지원

이밖에도 POSCO를 비롯하여 중국에 진출한 한국의 대기업들은 물론 중소기업들도 다양한 CSR 활동을 수행하는 가운데 우선 직접적으로는 기업의 단합(團合)과 협력(協力)을 도모하면서 동시에 효율적인 생산의 향상과 함께 대외

적으로는 기업의 이미지를 제고시키고 있는 등 현지의 경제적 환경은 물론 문화적인 차원에서의 현지화(localization)를 이루는 가운데 장기적인 측면에서의 기업의 글로벌화(globalization)를 수행하고 있다.

이들 기업들의 경우 CSR에 대한 관리를 한국 본사 - 중국 지주회사 및 총괄법인 - 자회사의 체계로 수행하고 있으며 이러한 CSR 수행 과정에서의 장애요인들은 각 지역의 자회사별로 다양하게 발생되고 있었다.

결론적으로 한국기업들의 CSR 활동에서의 특징은 사업의 규모나 진출 시기에 따라 다르다는 것과 국제화활동에서의 현지화(localization)가 중요한 것 못지않게 CSR에서도 현지화에 대한 필요성이 큰 점이다.

제 3 절 글로벌 공동브랜드의 등장

1) 공동브랜드의 의의

최근 기업들의 경영환경이 미래를 예측할 수 없을 정도로 급속하게 변화할 뿐만 아니라 기술의 발달이나 소비자들의 기호(嗜好) 역시 급변하게 되면서 원자재의 안정적 확보를 통한 생산이나 자본의 안정적인 조달과 운용 그리고 유능한 인재의 채용 및 확보 등의 경영 환경(business environments)들 가운데 기업에서의 제품을 시장에 출시하여 판매하고 관리하는 마케팅의 중요성은 그 어느 때 보다도 커지고 있다.

소비자를 설득하는 강력한 힘을 가지고 있을 뿐만 아니라 제품의 강점과도 구별되는 경쟁적 우위를 갖게 되는 상표의 자산인 브랜드는 마케팅전략의 수행에 있어 유용한 도구이다. 따라서 브랜드 전략은 미리 계획된 마케팅 목적을 갖고 이에 맞춰 브랜드를 만들거나 윤용(運用)하는 것을 말한다.

이를 위해서는 막대한 투자가 필요하게 되어 브랜드의 강화(强化)는 곧 자금의 투자와 직결되는 것이어서 대기업의 경우에는 장기적이고 강력한 자본의 투입이 가능하지만 특히 중소기업의 경우에는 독자적인 마케팅활동의 수행에는 상당한 초기 비용이 요구되며 이러한 고정투자는 자금력, 인력 및 마케팅 파워가 떨어지는 중소기업에는 자금압박으로 작용하게 된다.

소비자의 머릿속에 기억되어 있는 브랜드는 구매 시점에서 중요한 역할을 하게 된다. 이처럼 기억되는 2-3개의 브랜드는 자유연상상표(自由聯想商標, evoked set)라고 하여 시장에 관련한 여러 가지의 지표 가운데 마케팅전문가들은 이를 가장 중요시 여기고 있다.

치밀(緻密)하고 완벽(完璧)한 의사결정을 거쳐 상품을 구입하는 소비자는 드물며 대부분의 소비자들은 유력 구매대상 중에서 하나를 선택하게 된다. 결국 브랜드 인지도(認知度)는 소비자들로 하여금 충분한 구매이유가 되게 하고 일정량의 시장점유율을 보장하게 된다.

다시 말해 브랜드 인지율과 시장점유율은 동반자적 관계라고 볼 수 있는 것으로 브랜드는 '제품의 얼굴'로서 특정 판매업자의 제품이나 서비스를 다른 경쟁의 판매업자들로부터 식별하고 차별화시키기 위하여 사용되는 명칭(名稱), 상징(象徵), 기호(嗜好), 디자인, 로고와 이들이 결합된 결합체인 것이다.

더구나 국내외의 경영환경이 급변하고 있다. 즉 대외적으로는 국제 유가 및 각종 원자재 가격의 가파른 상승에 따른 원가구조 악화와 금융시장의 불확실성 증가로 그 어느 때 보다도 경영환경은 악화되고 있으며 대내적으로도 내수경기 침체의 장기화 조짐이 현실로 다가오고 있는 상황에 있다.

이러한 기업환경의 여건 속에서 지속가능한 기업의 요체(要諦)는 가격이라고 할 수 있다. 가격(價格)은 기업의 이익에 가장 크게 영향력을 주는 미치는 것으로 1%의 가격 개선효과는 영업이익에 6.8%나 미치고 있어서 원가(原價)나 판매량의 동일한 비율이 영업이익에 미치는 영향보다 훨씬 큰 것으로 나타났다. 하지만 가격은 최고경영자가 마음대로 올린다고 해서 수익성 개선 효과가 나타나는 것은 아니다.

그러나 가격책정(pricing)은 제품, 원가, 브랜드 전략 등과 밀접히 연결되어 이뤄져야만 한다. 대개의 경우 가격은 크게 제품이나 서비스가 가지는 가치(value), 시장 내 경쟁강도의 정도, 그리고 기업이나 제품이 가지는 브랜드 속성에 의해 크게 좌우되고 있다. 즉 고객에게 전달하는 가치가 크고, 경쟁 강도가 작으며, 좋은 브랜드 이미지를 가진 제품이나 서비스는 높은 가격으로 책정되어 질 수 있고 결국은 높은 매출로 이어지게 된다.

기업으로 하여금 수익성의 극대화를 추구하기 위해서는 다음과 같은 브랜드에 대한 이해가 필요하게 된다.(매일경제, 2011. 12.17)

첫째는 브랜드가 고객 · 제품 · 가격 · 메시지의 복합체라는 점이다. 고객들은 관심 정도에 따라 크기, 성능, 가격, 디자인 등에 대한 다양한 브랜드의 특성을 만들어 내고 있어서 기업은 이를 제품에 적용시켜 적합한 브랜드를 개발하여야 한다.

둘째는 브랜드가 고객의 의사결정을 돕는 일종의 정보 집합체라는 점으로 기업은 고객의 의사결정 기준에 근거하여 브랜드 전략을 목표화(targeting)시킬 수 있어야 한다.

셋째는 브랜드 홍보에 대한 비용의 지출은 까다롭고 선택적이어야 한다는 점이다. 대개의 경우 브랜드에 대한 광고비의 지출이나 투자 확대가 매출 증대에 직접적인 영향을 준다고 믿고 있으나 제품이나 고객의 특성에 대한 정확하지 못한 통계나 분석은 오히려 수익성을 저해할 수 있다.

다음의 〈표 12-3〉과 〈표 12-4〉는 중국인들이 선호하고 있는 브랜드들과 중국인들이 선호하고 있는 한국의 브랜드들을 정리하여 본 것이다. 중국인들은 최근 그들의 급성장하는 경제발전에 따라 세계적인 브랜드의 상품을 선호하기 시작하면서 한국에서는 일본인들을 제치고 가전제품이나 의류 및 화장품에 대한 최고의 고객들이 되고 있다.

〈표 12-3〉 중국인들의 선호 브랜드들

2010년	2011년
1 루이비통	샤넬
2 샤넬	루이비통
3 에르메스	까르띠에
4 프라다	에르메스
5 로베르토 까발리	타파니
6 설화수	롤렉스
7 롤렉스	설화수
8 티파니	오휘
9 오휘	불가리
10 오즈세컨	오즈세컨

〈표 12-4〉 중국인들이 선호하는 한국 브랜드들

2010년	2011년
지코트/여성 정장 의류	MCM/잡화
오브제/여성 정장 의류	지고트/여성 정장 의류
아이잔바바/여성 정장 의류	오즈 세컨/여성 캐주얼
쿠쿠 밥솥/가전제품	손석화/여성 의류
정관장/건강식품	엠비오/남성 캐주얼

자료 : 현대백화점, 2011

브랜드는 상표명, 상표 마크, 등록상표 등으로 분류되고 있으며, 상표명은 말로 발음하고 나타낼 수 있는 문자, 단어, 숫자부문을 의미하며 상표마크는 브랜드 중에 상징, 다자인, 독특한 색상이나 문자와 같이 인식(認識)은 되지만 말(言語)로 표현할 수 없는 부분을 말한다. 등록상표(登錄商標)는 그 상표의 독점적 사용이 법적으로 보장되어 보호를 받을 수 있는 상표를 말한다.

브랜드는 이러한 본원적인 기능에 의한 구별기능을 갖고 있었으나 최근에 들어서는 브랜드에 많은 투자를 통하여 자산기능을 중시하고 있다.

그리하여 마케팅차원에서 본원적(本源的) 기능, 정보전달(情報傳達) 기능, 시장세분화 (市場細分化)기능, 신뢰담보(信賴擔保) 기능 등으로 분류되는 브랜드의 기능은 점차로 소비자의 구매 효율성을 제고시킬 수 있는 자산(資産) 기능으로서의 역할이 더욱 중요시되고 있다.

그리하여 기업은 강력한 브랜드를 통하여 진입장벽(進入障壁)의 구축을 통하여 경쟁적 우위를 할 수 있을 뿐만 아니라 더불어 신제품의 도입을 용이하게 할 수 있으며 상품에서의 유통업자와의 거래에서도 우위성 확보 그리고 고가격(高價格)의 책정 등에서 유리한 위치를 확보하는 가운데 지속적인 시장점유율을 유지하여 계속기업(繼續企業)으로서의 성장을 이룩할 수 있고 고객들은 신뢰성이 있는 상품을 구매할 수 있게 되는 것이다.

2) 공동브랜드의 최근 사례

공동 브랜드가 내국시장이 아닌 해외시장에 진출할 경우에 이의 중요성은 더욱 커지게 된다.

일본의 Matsushita가 미국에 진출하면서 National이라는 브랜드가 현지에서 이미 된다는 이유로 Panasonic을 사용한 사례나 태평양화학(Amore Pacific)이 Amorean이라는 브랜드로 독일에 진출하였을 경우에도 현지의 기업이 자사의 Amorena라는 브랜드와 발음이 유사하다는 주장 때문에 태평양화학은 결국 이를 인수한 사례 등은 브랜드 내지 브랜딩의 중요성을 단적으로 말해 주는 것이다.

최근 정보의 발달에 의한 일반화와 공유화(共有化) 및 접근성(接近性)이 용이해 짐에 따라 생산에서의 경쟁 보다는 시장에서의 경쟁이 더욱 치열해지면서 단일산업 혹은 여러 산업에서 다수의 기업들은 광고 및 판촉에 소요되는 마케팅 비용을 감축시키는 일괄 구매로 제품의 원가를 절감하여 하나의 단일 브랜드를 공동으로 사용하는 공동 브랜드(Cobrand) 전략이 각광을 받고 있다.

이러한 공동 브랜드는 내부능력이 취약한 기업들이 상호보완을 통하여 시너지효과를 위하여 체결하게 되는 기업들 간의 전략적 제휴로 새로운 상표 혹은 기존 상표의 공유를 통한 효율적 공동 마케팅 활동이다.

공동브랜드의 구체적인 수행은 단순히 동일 브랜드를 공유하는 것만을 의미하지 않고 공동 광고, 홍보, 공동물류배송, 공동시장정보 시스템, 공동 마케팅 조직 등 다양한 영역에서 협력(協力) 또는 제휴(提携) 활동도 포함된다. 따라서 사용 브랜드, 브랜드 대상, 협력형태 및 사업의 주체에 따라 다양한 유형이 가능하다.

이의 사례에는 르노-삼성 자동차처럼 대기업간의 연합형이나 'Chemeric', 'Mirvil'과 같은 외국-국내의 브랜드가 공동화하거나 '귀족', '각시번' 등 처럼 중-소 영세업체들 간에 이뤄지는 협동조합형도 있다.

공동 브랜드전략은 일본의 경우 1971년 통일 상표법을 제정하여 견직물, 안경테, 식탁용 가구 등의 중소기업들이 통합상표를 개발하여 수출하기 시작하였으며 오렌지색 로고로 널리 알려진 Will은 1999년 하나의 상품에 하나의 브랜드라는 기존 개념을 깨고 자동차, 맥주, 여행, 가전제품 등에 통일된 한 개의 동일 브랜드를 붙여 화제가 된 바 있는 이업종(異業種) 합동 프로젝트의 첫 번째로 알려지고 있다.

자동차 업계의 Toyota, 가전업계의 Matsushita(松下), 맥주업계의 'Ashai, 가정용품 업계의 Kao, 여행업계의 近畿日本Tourist(긴끼니혼쯔리스토) 등 5개 업체에 의한 프로젝트로 공동 브랜드는 각 산업의 대표주자들에 의하여 결성된 사업전략의 일환으로 중소기업 혹은 협동조합형태의 공동브랜드 사업과는 차이가 있다.

Toyota 자동차가 주도한 이 공동 브랜드사업은 처음에는 새로운 세대의 출현에 따라 도요타가 본래 갖고 있었던 기존 브랜드의 올드(Old)함을 불식시킬 수 있는 새로운 탈출구의 마련이 커다란 계기였으며 이의 중요성을 인식한 여러 기업들의 공조(共助)로 출현된 것이었다.

공동브랜드의 의미를 잘 보여주는 사례로는 미국의 Webb-Pomerene Act에 따라 설립된 협동조합 브랜드인 Sunkist, Sunmade, Blue Diamond를 들 수 있으며 이들은 이제 세계적으로 알려진 성공한 공동브랜드이다.

또한 정부의 주도로 이뤄진 공동브랜드 사업의 대표적인 사례로는 이스라엘의 감귤사업에서 찾을 수 있다. 이스라엘 정부는 Citrus Marketing Board를 조직하여 Jjaffa 브랜드를 개발하여 유럽지역으로 수출하면서 시장점유율 20%을 이상 달성하였다.

이제 공동 브랜드의 도입 및 안착(安着)의 과정에서 요구되는 방안들을 찾아 보기로 하자.

공동브랜드 도입에 따른 장점은 첫째로는 브랜드의 도입기에 신속한 시장진입과 고정투자 그리고 마케팅 비용의 절감을 들 수 있다.

둘째로는 협력사간의 네트워크의 구축에 따른 기술, 고객 및 시장에 대한 정보의 공유가 가능한 점이다.

셋째로는 다수 기업의 참여로 인한 브랜드의 노출 증가로 소비자들에게 브랜드 이미지를 제고할 수 있는 기회가 제공된다는 점이다.

그러나 이와는 달리 다음과 같은 단점들도 찾아 볼 수 있다.

첫째로는 동일상품을 생산하는 경우 협력사들 간의 자금투자 및 수익배분에 따른 갈등이 발생할 수 있다는 점이다.

둘째로는 브랜드 인지도가 증가하면서 뒷거래를 통해 이윤을 획득하려는 기회주의적 행동이 협력업체들 간에 나타날 수 있다는 점이다.

셋째로는 협력업체간의 일관된 품질이 유지되지 않을 경우 브랜드 이미지에 큰 타격을 안겨줄 수 있는 점이다.

넷째로는 관리회사나 협동조합의 비효율적이고 방만한 경영은 부도(不渡)로 이어지면서 결정적인 어려움에 처할 수 있다.

이에 관련한 공동브랜드 사업의 구체적인 사례가 있다. 지난 1995년에 한국신발 공업협동조합에서는 '귀족'이라는 브랜드를 숙녀화, 신사화, 캐주얼화, 아동화 등 5개의 품목에 공동으로 사용한 적이 있다.

'귀족'은 180여개의 중소신발업체들이 참여하여 대기업보다 50%나 저렴한 가격으로 판매하여 런칭을 한 지 얼마 되지 않아 140억 원의 매출액을 기록하는 등 영세업체와 소비자 모두가 윈-윈 할 수 있는 새로운 마케팅 전략으로 각광을 받았다. 그럼에도 불구하고 '귀족'은 런칭을 한지 1년도 채 되지 않아 부도를 맞게 되었다. 이에 관련하여 여러 가지의 원인을 찾아볼 수 있겠지만 무엇보다도 무리한 대리점의 확대가 균일한 품질유지와 공급 및 애프터 서비스에서의 관리 등을 어렵게 만들었고 결국 이러한 문제점들은 대리점들로 하여금 불만을 야기하면서 자금의 회전을 어렵게 하였다.

또한 브랜드 이미지 제고를 위하여 정부구매 사업이나 각종 스포츠 행사 등에 대량의 제품 공급과 같은 여러 가지의 사업을 추진하였으나 제품공급에 대한 업체 간의 이해관계의 차이를 불러와 갖가지 대안 내지 방안들이 마련되고 시행되기도 하였으나 결국에는 부도로 이어지게 되었다.

이제 공동브랜드에 관련한 외국기업들의 사례를 살펴보기로 하자. 네덜란드에서는 'Branded Brand' 또는 'Cross Brand'라로 명명되는 가운데 공동 브랜드로 맥주회사인 하이네켄에서 가정용 생맥주 공급기계를 선보여 선풍적인 인기를 끈 적이 있으며 세계적인 가전회사인 Philips가 다양한 형태의 공동브랜드를 출시하면서 지속적인 히트상품으로 기록되는 등 많은 기업에서 새로운 형태의 마케팅 전략으로 정착되고 있다.

이는 공동브랜드전략이 신제품을 출시하면서 시장에서 이미지를 확고히 굳히고 있는 기업 또는 브랜드와 짝을 이루는 가운데 시너지효과를 발휘하여 더욱 강력한 시장지배력을 형성하려는 전략이라고 볼 때 치열한 경쟁을 보이는 시장에의 진입이나 점유율 제고에 효율적인 방안이 되고 있음을 보여 주고 있는 것이다.

Netherland의 컨설팅 기업인 'Cap Gemini'은 공동 브랜드 전략이 전자제품, 식료품 등과 같이 소비자들에게 직접적인 영향을 미치는 분야에서 성공가능성이 크고 소비자의 경우에는 유명기업들 간의 공동전략에 대해 깊은 신뢰를 가지게 됨으로써 제품에 대한 신뢰가 깊어지면서 지속적인 구매로 이어지게 된다고 강조하고 있다.

현재 Netherland에서 공동브랜드로서 선풍적인 인기를 끌고 있는 제품들은 다음과 같다. 즉 Beertender는 Heineken과 Krups의 공동 브랜드이며 Sensoe 커피 메이커는 Philips와 Douwe Egbert 및 Sara Lee의 공동 브랜드이다.

Sensoe는 Netherland의 세계적인 가전회사인 Philips가 커피전문 기업인 Douwe Egbert와 세계적인 디자이너인 Sara Lee와의 협력(collaboration)으로 가정용 원두커피 기계를 출시하였다. 즉 커피 전문점의 품질에 뒤떨어지지 않는 고급스런 커피를 뽑는데 1분도 걸리지 않고 일반 가정에서도 누구나 손쉽게 Espresso 커피를 만들 수 있도록 하여 2003년에 Netherland에서만 60만대가 판매되었으며 미국은 물론 세계에서도 큰 인기를 끌고 있다.

또한 Perfective 다리미는 Philips와 Unilever와의 공동브랜드로 기존의 스팀다리미에 직물 보호액을 내장한 카트리지 교환방식의 제품으로 획기적으로 다림질 환경을 개선시키면서 세계적으로 널리 판매되는 제품이 되었다.

Coolskin 면도기는 Philips와 Nivea와의 공동 브랜드로 면도를 할 때마다 매번 번거롭게 발라야 하는 쉐이빙 젤을 Nivea와의 합작을 통하여 카트리지 형태로 면도기에 장착시킨 제품으로서 간편하다는 장점과 함께 샤워시에 사용이 가능한 기능을 갖고 있어서 세계적인 선풍을 일으키며 시장 점유율을 제고시킬 수 있었다.

이러한 브랜드의 공동작업인 공동브랜드는 아무리 혁신적인 제품이라고 할지라도 경쟁기업으로터의 모방 그리고 무엇보다 소비자의 선호도가 신속하게 변화함에 따른 PLC의 단축은 시장에서의 경쟁강도를 더욱 심화시키고 있을 뿐만 아니라 새로운 브랜드의 출시는 80-90%의 실패율과 함께 1억불 이상의 비용이 추가적으로 소요되고 있다.

이의 대안으로 등장한 공동브랜드(cobrand)는 두 개 혹은 그 이상의 잘 알려진 브랜드가 하나의 단일 제품에 결합하는 것이다. 이를 통하여 각각의 브랜드가 갖고 있는 고유의 강점을 이용하여 시너지효과를 얻을 수 있어서 개별브랜드(private label brand)가 갖고 있는 위험을 넘어설 뿐만 아니라 막대한 촉진비용을 제휴 파트너와 분담하여 더 큰 수익을 추구할 수 있게 된다.

최근에 이르러 공동브랜드는 항공산업(Star Alliance), 하이테크산업(Sony Ericsson Mobile Phones), 자동차산업(Mercedes Cars with Bridgestone Tires), FMGG(Fast Moving Growing Goods의 약어로 담배나 식료품과 같이 빠르게 소비되는 소비재, 소모품을 뜻하며 이의 사례는 Katjes Sweets with MTV), 서비스산업(Amex Card by Air Brussels), 패션산업(Adidas designer Sneakers cobranded by Yohji Yamamoto), 컴퓨터산업(IBM, Intel) 등에서 다양하게 도입되고 활용되고 있으며 중국의 경우 第一汽車集團(FAW)과 Folkswagen,

FAW와 Toyota, 상해와 GM, 상해와 Volkswagen, 북경과 현대 그리고 북경과 Bentz에서 사용하고 있다.

이러한 공동브랜드가 도입 및 시행이 자산의 결정요인에 관련한 연구 결과에 의하면 다국적기업 브랜드 자산과 현지기업 브랜드 자산 모두 공동브랜드 자산에 직접적인 영향을 주고 있으며 소비자들도 다국적기업의 브랜드 자산을 높게 인식할수록 공동브랜드에 대하여 높은 인지도를 갖고 있다.

특히 중국의 경우에는 현지기업 브랜드 자산을 높게 인식할수록 공동브랜드 인지도와 충성도를 높게 인식하고 있었다.(이장로·김미옥, 공동브랜드 자산의 결정요인에 관한 실증 연구, 한국국제경영학회, 2011.8)

또한 다국적기업 브랜드자산과 현지기업 브랜드자산의 경우 포지셔널 우위(Positional advantage)에 영향을 미치고 있으며 차별화에서의 우위는 브랜드 인지도, 인식된 품질, 브랜드 충성도 모두에 영향을 미치고 있어서 공동브랜드의 차별화우위를 높게 인식할수록 공동브랜드 자산에 있어서 인지도, 품질, 충성도를 높게 평가하는 것으로 나타났다.

브랜드 인지도와 인식된 품질을 결정하는데 있어 크게 영향을 미치는 것은 다국적기업 브랜드 자산이며 다국적기업 브랜드자산을 높게 인식할수록 현지 브랜드 자산도 높게 인식할수록 적합성을 높게 인식하게 된다.

따라서 글로벌화를 추구하려는 기업들은 초기에는 국내시장의 포화나 타 선도기업들의 해외진출에 동반하여 해외시장에 진출하거나 현지국의 국제화 정책이나 저렴한 생산비를 활용하기 위하여 진출하였다고 하더라도 점차로 현지국의 정치 및 경제적 발달에 따른 제반 기업환경의 압박 내지는 강화와 함께 공동브랜드에 대한 면밀한 연구 및 정치한 마케팅 전략을 수립하여야 할 것이다.

INDEX

V

W

ㄱ

ㄴ

ㄷ

ㄹ

ㅁ

ㅂ

저자 소개

■ 김성호

김성호교수는 고려대학교에서 국제경영을 전공하여 경영학 박사학위를 받은 후 협성대학교 경영대학에서 강의하여 왔다. 대학에서는 학생처장, 경영대학장, 경영정보대학원장, 평생교육원장 등을 역임하였다. 또한 한국무역협회와 중소기업진흥공단 및 대우와 현대, 삼성 등의 기업체에서 연수와 특강을 하기도 했다.

그동안 40여편의 논문과 [Business Correspondence with Documents](법문사), [글로벌 경쟁시대의 국제무역](학문사), [국제통상실무](법문사), [국제통상협상](두남), [국제경영](공저, 학현사), [국제해상운송실무(공저)](박영사), [글로벌 경쟁시대의 국제경영](비즈프레스), [기업컨설팅 이렇게 한다](공역) [해운이야기](한국경제신문사) 등 13권의 저서와 번역서를 출간하였다.

국제마케팅

2012년 3월 5일 초판 인쇄
2012년 3월 10일 초판 발행

저자와의 협의하에 인지생략

공저자 김성호
발행인 추일재
발행처 비즈프레스

서울시 강동구 천호동 359-23
E-mail : bizperss@hanmail.net
등록 : 2006년 11월 27일 제324-2006-0044호
전화 : (02) 309 - 5356

정가 20,000원
ISBN 978-89-92730-75-4(92320)

이책의 무단 전재 또는 복제행위는 저작권법 제98조에 의거, 5년이하의 징역 또는 5,000만원 이하의 벌금에 처합니다.